U0628856

中華文化促進會主持編纂

國家"十一五"~"十四五"重點圖書出版規劃項目

中國社會科學院哲學社會科學創新工程學術出版資助項目

出品人 王石 段先念

今注本二十四史

舊五代史

宋　薛居正等　撰

陳智超　紀雪娟　主持校注

中國社會科學出版社

三　　梁書〔三〕

舊五代史　卷一二

梁書十二

宗室列傳第二[1]

[1]《輯本舊史》之原輯者案語：“《梁宗室傳》，《永樂大典》唯友寧、友倫、友裕三傳有全篇，餘多殘闕。今彙其散見者十五條，《通鑑注》引一條，其見《册府元龜》者又得六條，謹考其事蹟前後，敘次如左。”

　　廣王全昱　子友諒　友能　友誨

　　廣王全昱，太祖長兄，受禪後封。[1]太祖與仲兄存俱亡爲盜，全昱獨與其母猶寄食劉崇家。[2]太祖已貴，乃與其母俱歸宣武，領嶺南西道節度使。[3]天祐二年二月戊戌，以安南節度使、同平章事朱全昱爲太師，致仕。[4]全昱戇樸無能，先領安南，全忠自請罷之。[5]

[1]太祖：即後梁太祖朱溫。紀見本書卷一至卷七、《新五代史》卷一至卷二。　“廣王全昱”至“受禪後封”：《大典》卷一

457

六六二八 "建" 字韻 "封建 (一一) 唐五代" 事目。

　　[2]存：人名。即朱存。朱温的兄長。傳見《新五代史》卷一三。　　劉崇：人名。單州單父 (今山東單縣) 人。事見本書卷一、本卷。

　　[3]宣武：方鎮名。治所在汴州 (今河南開封市)。　　嶺南西道：道名。方鎮名。唐懿宗咸通三年 (862) 分嶺南節度使西部地置，治邕州 (今廣西南寧市南)。後號建武軍。中華書局本原作 "山南西道"，有校勘記："'山南西道'，宋丙本、宗文本作'嶺南西道'。"但未改。唐山南西道爲今陝南、川渝地區，嶺南西道爲今兩廣地區。《通鑑》卷二六五云全昱爲 "安南節度使"，則當以 "嶺南" 爲是，據改。　　節度使：官名。唐時在重要地區所設掌握一州或數州軍、民、財政的長官。　　"太祖與仲兄存俱亡爲盗" 至 "領嶺南西道節度使"：《新五代史》卷一三《廣王全昱傳》。

　　[4]天祐：唐昭宗李曄開始使用的年號 (904)。唐哀帝李柷即位後沿用 (904—907)。唐亡後，河東李克用、李存勗仍稱天祐，沿用至天祐二十年 (923)。五代其他政權亦有行此年號者，如南吴、吴越等，使用時間長短不等。　　安南：都護府名。唐代設安南都護府，負責管理南部邊疆及中南半島北部部分地區之軍民政務。治所在今越南河内市西北。　　同平章事：官名。"同中書門下平章事" 的簡稱。唐高宗以後，凡實際任宰相之職者，常在其本官後加同平章事的職銜。後成爲宰相專稱。或爲使相加銜。後晋天福五年 (940)，升中書門下平章事爲正二品。　　太師：官名。與太傅、太保並爲三師。唐後期、五代多爲大臣、勳貴加官。正一品。

　　[5]"天祐二年二月戊戌" 至 "全忠自請罷之"：《通鑑》卷二六五天祐二年 (905) 二月戊戌條。

　　太祖將受禪，有司備禮前殿，全昱視之，顧太祖曰："朱三，爾作得否？"[1]昱樸野，常呼帝爲 "三"。宫中博戲之事諱之。太祖既受禪，宮中閒宴，惟親王得與。因爲博戲，全昱酒酣，忽起取骰子擊盆迸散，大呼梁祖曰："朱三，汝碭山一民，因天下饑荒，入黄巢作賊，天子用汝爲四鎮節度使，富貴足矣，何故滅他李家三百年社稷，稱王稱朕。我不忍見汝血吾族矣，安用博爲！"梁祖不悦而罷。[2]全昱亦不樂在京師，常居碭山故里。[3]開平元年五月乙酉，封兄全昱爲廣王。[4]

[1]前殿：即正殿，此處指朝元殿。位於今河南洛陽市。"太祖將受禪"至"爾作得否"：《新五代史》卷一三《廣王全昱傳》。

[2]"昱樸野"至"梁祖不悦而罷"：《五代史闕文》。下有王禹偁論："臣謹按《梁史·廣王全昱傳》曰：昱樸野，常呼帝爲'三'。宮中博戲之事諱之。夫梁祖弑二君（昭宗、濟陰王），弑一皇后（何皇后），名臣被害者不可勝紀。及莊宗即位，盡誅朱氏，惟全昱先令終。至道初，知單州有稱廣王之後與尼訟田者，豈以一言之善，獨存其嗣耶！"其中，"昱樸野常呼帝爲三宮中博戲之事諱之"一句，當爲《舊五代史》原文，今補入正文。《舊五代史考異》："按《通鑑考異》引王仁裕《玉堂閑話》曰：骰子數匝，廣王全昱忽駐不擲，顧而向梁祖再呼朱三，梁祖動容。廣王曰：'你受它爾許大官職，久遠家族得安否！'於是大怒，擲戲具於階下，抵其盆而碎之，暗嗚眦睚，數日不止。與王禹偁所述微異。"見《通鑑》卷二六六開平元年（907）四月甲子條《考異》。

[3]碭（dàng）山：縣名。治所在今安徽碭山縣。　全昱亦不樂在京師，常居碭山故里：《新五代史》卷一三《廣王全昱傳》。

[4]開平：後梁太祖朱温年號（907—911）。　開平元年五月乙酉，封兄全昱爲廣王：《新五代史》卷二《梁太祖紀下》。

庶人篡位，授宋州節度使。[1] 乾化元年，還睢陽，命内臣拜餞都外。[2] 親王出宿，至於偃師，仍詔其子衡王友諒侍從以歸。[3]

[1]庶人：即朱友珪。朱温次子，勾結韓勍殺朱温。後追廢爲庶人。傳見本書本卷、《新五代史》卷一三。　宋州：州名。治所在今河南商丘市睢陽區。　庶人篡位授宋州節度使：明本《册府》卷二八一《宗室部·領鎮門四》。

[2]乾化：後梁太祖朱温年號（911—912）。　睢陽：即宋州。

[3]偃師：縣名。治所在今河南偃師市。　衡王友諒：人名。即朱友諒。朱全昱之子，後梁太祖朱温之侄。後梁建國，初封衡王，後襲封廣王。傳見本書本卷、《新五代史》卷一三。　“乾化元年”至“仍詔其子衡王友諒侍從以歸”：明本《册府》卷二七七《宗室部·褒寵門三》。《新五代史》卷一三《廣王全昱傳》：“乾化元年，升宋州爲宣武軍，以友諒爲節度使。友諒進瑞麥，一莖三穗。太祖怒曰：‘今年宋州大水，何用此爲！’乃罷友諒，居京師。太祖卧病，全昱來視疾，與太祖相持慟哭，太祖爲釋友諒，使與東歸。”

貞明二年卒，[1] 徙衡王友諒嗣封廣王。[2] 贈尚書令，謚德靖。[3]

[1]貞明：後梁末帝朱友貞年號（915—921）。　貞明二年卒：《大典》卷一六六二八“建”字韻“封建（一一）唐五代”事目。

[2]徙衡王友諒嗣封廣王：《新五代史》卷一三《廣王全昱傳》。

[3]尚書令：官名。秦始置。隋、唐前期爲尚書省長官，與中書令、侍中並爲宰相。唐後期多爲大臣加衔，不參與政務。正二

品。　贈尚書令謚德靖：《五代會要》卷一二謚條。

友諒，全昱子，初封衡王，後嗣廣王。[1]

[1]“友諒”至“後嗣廣王”：《大典》卷一六六二八“建”字韻“封建（一一）唐五代”事目。

天復三年十月辛巳，宿衛都指揮使朱友倫與客擊毬於左軍，墜馬而卒。[1]全忠悲怒，疑崔胤故爲之，凡與同戲者十餘人盡殺之，遣其兄子友諒代典宿衛。[2]

[1]天復：唐昭宗李曄年號（901—904）。　宿衛都指揮使：官名。掌都城宿衛。　朱友倫：人名。朱溫之侄。傳見本書本卷、《新五代史》卷一三。

[2]崔胤：人名。清河武城（今山東武城縣）。唐末宰相。傳見《舊唐書》卷一七七、《新唐書》卷二二三下。　“天復三年十月辛巳”至“遣其兄子友諒代典宿衛”：《通鑑》卷二六四天復三年（903）十月辛巳條。《通鑑》該條《考異》：“《編遺録》：‘丁亥，趙廷隱自長安馳來告，今月十四日，朱友倫墜馬而卒。’十四日，則庚辰也。《後唐紀年録》、薛居正《五代史》、《昭宗實録》皆云辛巳，今從之。”

天祐元年正月戊申，朱全忠密令宿衛都指揮使朱友諒以兵圍崔胤第，殺胤及鄭元規、陳班并胤所親厚者數人。[1]

[1]鄭元規：人名。籍貫不詳。唐末將領。事見《舊唐書》卷

二○上、卷一七七，《新唐書》卷一八三、卷二○八。　陳班：人名。籍貫不詳。唐末大臣。事見《舊唐書》卷二○上、《新唐書》卷二二三下。　"天祐元年正月戊申"至"殺胤及鄭元規、陳班并胤所親厚者數人"：《通鑑》卷二六四天祐元年（904）正月戊申條。

開平元年五月乙酉，封姪友諒衡王。[1]四年四月丁卯，宋州節度使衡王友諒獻瑞麥，一莖三穗。帝曰："豐年爲上瑞。今宋州大水，安用此爲！"詔除本縣令名，遣使詰責友諒，以兗海留後惠王友能代爲宋州留後。[2]

[1]開平元年五月乙酉，封姪友諒衡王：《新五代史》卷二《梁太祖紀下》。

[2]兗海：方鎮名。治所在沂州（今山東臨沂市）。　留後：官名。唐、五代節度使多以子弟或親信爲留後，以代行節度使職務，亦有軍士、叛將自立爲留後者。掌一州或數州軍政。　"四年四月丁卯"至"以兗海留後惠王友能代爲宋州留後"：《通鑑》卷二六七開平四年（910）四月丁卯條。胡注："《歐陽史·職方考》：梁都大梁，徙宣武節度使於宋州。《薛史》：開平三年五月，升宋州爲宣武軍節鎮，仍以亳、輝、潁爲屬郡。"　《新五代史》卷一三《廣王全昱傳》："乾化元年，升宋州爲宣武軍，以友諒爲節度使。"

太祖臥病，全昱來視疾，與太祖相持慟哭，太祖爲釋友諒，使與束歸。貞明二年，全昱以疾薨。徙衡王友諒嗣封廣王。[1]

〔1〕"太祖卧病"至"徙衡王友諒嗣封廣王"：《新五代史》卷一三《廣王全昱傳》。《輯本舊史》卷一〇《梁末帝紀下》龍德元年（921）七月甲辰條："制以特進、檢校太傅、衡王友諒可封嗣廣王。"

友諒繼歷藩郡，多行不法。〔1〕坐弟友能反，〔2〕廢囚京師。唐師入汴，與友能、友誨同日遇害。〔3〕

〔1〕友諒繼歷藩郡，多行不法：明本《册府》卷二九九《宗室部·專恣門》。

〔2〕友能：人名。朱全昱之子。傳見本書本卷、《新五代史》卷一三。

〔3〕汴：即開封。 "坐弟友能反"至"與友能友誨同日遇害"：《大典》卷一六六二八"建"字韻"封建（一一）唐五代"事目。

友能，全昱子，封惠王，後爲宋、滑二州留後。〔1〕

〔1〕滑：州名。治所在今河南滑縣。 "友能"至"後爲宋滑二州留後"：《大典》卷一六六二八"建"字韻"封建（一一）唐五代"事目。明本《册府》卷二八一《宗室部·領鎮門四》："惠王友能，全昱第二子也。末帝時鎮陳州。"《新五代史》卷二《梁太祖紀下》開平元年（907）五月乙酉條："封姪友能惠王。"

開平四年四月丁卯，宋州節度使衡王友諒獻瑞麥，一莖三穗。帝曰："豐年爲上瑞。今宋州大水，安用此爲！"詔除本縣令名，遣使詰責友諒，以兗海留後惠王友能代爲宋州留後。[1]

　　[1]　“開平四年四月丁卯”至“以兗海留後惠王友能代爲宋州留後”：《通鑑》卷二六七開平四年（910）四月丁卯條。

　　友能爲宋、滑二州留後，陳州刺史，[1]所至爲不法，姦人多依倚之。而陳俗好淫祠左道，其學佛者，自立一法，號曰“上乘”，晝伏夜聚，男女雜亂。妖人母乙、董乙聚衆稱天子，建置官屬。友能初縱之，乙等攻劫州縣，末帝發兵擊滅之。[2]

　　[1]陳州：州名。治所在今河南淮陽縣。　刺史：官名。漢武帝始置。州一級行政長官。總掌考核官吏、勸課農桑、地方教化等事。唐中期以後，節度、觀察使轄州而設，刺史爲其屬官，職任漸輕。從三品至正四品下。
　　[2]母乙、董乙：人名。籍貫不詳。事見本書本卷。　末帝：即朱友貞。朱温第三子。鳳曆元年（913）殺其兄友珪自立。即位後連年與河東李存勖爭戰，龍德三年（923），後唐軍陷洛陽，友貞自殺，後梁亡。紀見本書卷八至卷一〇、《新五代史》卷三。“友能爲宋滑二州留後”至“末帝發兵擊滅之”：《新五代史》卷一三《朱友能傳》。《輯本舊史》卷九《梁末帝紀中》貞明四年（918）十二月乙巳條：“起復雲麾將軍、檢校太保、陳州刺史、惠王友能，鎮國軍節度、陝虢等州觀察處置等使、起復雲麾將軍、檢校太保、邵王友誨，並落起復，加檢校太傅。”

　　龍德元年四月，[1]陳州刺史惠王友能反，舉兵趣大梁，詔陝州留後霍彦威、[2]宣義節度使王彦章、[3]控鶴指揮使張漢傑將兵討之。[4]友能至陳留，兵敗，走還陳州，諸軍圍之。[5]七月，惠王友能降；庚子，詔赦其死，降封房陵侯。[6]

[1]龍德：後梁末帝朱友貞年號（921—923）。

[2]陝州：州名。治所在今河南三門峽市陝州區。　霍彥威：人名。洺州曲周（今河北曲周縣）人。五代將領。傳見本書卷六四。

[3]宣義：方鎮名。治所在滑州（今河南滑縣）。　王彥章：人名。鄆州壽張（今山東梁山縣壽張集）人。後梁將領。傳見本書卷二一、《新五代史》卷三二。

[4]控鶴指揮使：官名。所部統兵將領。控鶴爲禁軍番號。張漢傑：人名。清河（今河北清河縣）人。張歸霸之子。後梁將領。傳見本書附錄、《新五代史》卷二二。

[5]陳留：縣名。治所在今河南開封市陳留鎮。　“龍德元年四月”至“諸軍圍之”：《通鑑》卷二七一龍德元年（921）四月條。《新五代史》卷一三《廣王全昱傳》繫此事於貞明四年（918）。

[6]“七月”至“降封房陵侯”：《通鑑》卷二七一龍德元年七月庚子條。《輯本舊史》卷一〇《梁末帝紀下》龍德元年七月庚子條載末帝詔書。《大典》卷一六六二八“建”字韻“封建（一一）唐五代”事目友諒條：“唐師入汴，與友能、友誨同日遇害。”

友誨，全昱子，封邵王。[1]

[1]友誨，全昱子，封邵王：《大典》卷一六六二八“建”字韻“封建（一一）唐五代”事目。明本《册府》卷二八一《宗室部·領鎮門四》：“邵王友誨，全昱第三子也。末帝時鎮陝州。”《新

465

五代史》卷二《梁太祖紀下》開平元年（907）五月乙酉條：“封姪友誨邵王。”

乾化元年，以檢校兵部尚書充控鶴二指揮使。[1]

[1]檢校兵部尚書：官名。爲散官或加官，以示恩寵，無實際執掌。　乾化元年，以檢校兵部尚書充控鶴二指揮使：明本《册府》卷二六九《宗室部·將兵門》。《輯本舊史》卷九《梁末帝紀中》貞明四年（918）十二月乙巳條：“起復雲麾將軍、檢校太保、陳州刺史、惠王友能，鎮國軍節度，陝虢等州觀察處置等使，起復雲麾將軍、檢校太保、邵王友誨，並落起復，加檢校太傅。”

坐友能反廢，後爲唐兵所殺。[1]

[1]坐友能反廢，後爲唐兵所殺：《大典》卷一六六二六“建”字韻“封建（九）後魏北齊”事目。中華書局本有校勘記：“檢《永樂大典目録》，卷一六六二六爲‘建’字韻‘封建（九）後魏北齊’，與本則内容不符，恐有誤記，疑出自卷一六六二八‘封建（一一）唐五代’。”《大典》該卷友諒條：“唐師入汴，與友能、友誨同日遇害。”《通鑑》卷二七二同光元年（923）十月丁丑條：“初，梁陝州節度使邵王友誨，全昱之子也，性穎悟，人心多向之。或言其誘致禁軍欲爲亂，梁主召還，與其兄友諒、友能並幽于別第。及唐師將至，梁主疑諸兄弟乘危謀亂，并皇弟賀王友雍、建王友徽盡殺之。”《通鑑考異》：“《薛史》云：‘友諒、友能、友誨，莊宗入汴，同日遇害。’按中都既敗，均王親弟猶疑而殺之，況其從弟嘗爲亂者，豈得獨存！故附於此。”《輯本舊史》之原輯者案語：“考《通鑑》以友諒等爲末帝自殺，《考異》祇以事理度之，而不言所據何書。《歐陽史》仍從《薛史》。王禹偁《五代史闕文》亦

云莊宗即位，盡誅朱氏。度當日事勢，梁末帝自中都告敗，救死不暇，未必遽誅兄弟，當以《薛史》爲得其實。《通鑑》所載，恐未足據也。”

朗王存　子友寧　友倫

朗王存，太祖仲兄。唐乾符中，與太祖俱逐黃巢嶺表，[1]中流矢而卒。開平四年四月追封。[2]子友寧、友倫。[3]

[1]乾符：唐僖宗李儇年號（874—879）。　黃巢：人名。曹州冤句（今山東菏澤市）人。唐末農民起義領袖。傳見《舊唐書》卷二〇〇下、《新唐書》卷二二五下。

[2]“朗王存”至“開平四年四月追封”：明本《册府》卷二九六《宗室部·追封門》。《會要》卷一一封建條：“開平四年四月，追封皇兄存爲朗王。”《新五代史》卷一三《朗王存傳》：“太祖即位，已封宗室，中書上議，故皇兄存、皇姪建武軍節度使友寧、寧遠軍節度使友倫，皆當封。於是追封存朗王、友寧安王、友倫密王。”“太祖仲兄”，原作“太祖從兄”，《北夢瑣言》卷一七梁祖爲傭保條云：“仲兄存於賊中爲矢石所中而卒”；《新五代史》卷一三《梁文惠皇后王氏傳》云：“梁太祖母曰文惠皇后王氏，單州單父人也。其生三子：長曰廣王全昱，次曰朗王存，其次太祖”；明本《册府》卷二六六《宗室部·材藝門》、卷二六九《宗室部·將兵門》朱友倫條，均言友倫爲太祖仲兄存次子，據改。“嶺表”，《新輯會證》：“嶺表，册府元龜缺‘嶺’字。《新五代史》卷一三《梁家人傳》云‘初與太祖俱從黃巢攻廣州，存戰死’，謹據以酌補。”按，嶺表即指廣州，《晋書》卷五七《滕脩傳》：“廣州部曲督郭馬等爲亂，（孫）晧以脩宿有威惠，爲嶺表所伏，以爲使持節、都督

廣州軍事、鎮南將軍、廣州牧以討之。"

[3]子友寧友倫：《新五代史·朗王存傳》。

安王友寧，字安仁。[1]少習詩禮，長喜兵法，有倜
儻之風。[2]太祖鎮汴，累署軍職，每因出師，多命統驍
果以從。[3]及擒秦宗權，太祖令友寧轞送宗權西獻於長
安，詔加檢校右散騎常侍、行右監門衛將軍。[4]自是繼
立軍功，累官至檢校司空兼冀、柳二州刺史。[5]太祖駐
軍岐下，遣友寧領所部兵先歸梁苑，以備守禦。[6]屬青
帥王師範搆亂，[7]以關東諸鎮兵悉在岐隴，[8]欲乘虛竊
發，自齊魯至於華下，羅布姦黨，皆詐以委輸貢奉爲
名，陰與淮夷、并門結好。[9]會有青人詣裴迪言其
狀，[10]迪以事告，友寧不俟命，乃率兵萬餘人東討。師
範遣其弟將兵圍齊州，友寧引兵救之，青寇大敗，奪馬
四千蹄，斬首數千級。[11]及昭宗歸長安，朝廷議迎駕
功，友寧授嶺南西道節度使，[12]加特進、檢校司徒，[13]
賜號迎鑾毅勇功臣。[14]時青寇數千，越險潛伏，欲入兗
州。[15]友寧知之，伏兵於兗南邀之，大破賊衆，無得免
者。自是兗壁危窘，友寧督諸軍進逼營丘，首攻博昌
縣，月餘未能拔。[16]太祖怒，遣劉捍督戰。[17]友寧乃下
俘民衆十餘萬，各領負木石，牽牛驢，於城南爲土山。
既至，合人畜木石排而築之，冤枉之聲，聞數十里。俄
而城陷，盡屠其邑人，清河爲之不流。[18]及進迫寇壘，
與青人戰於石樓，[19]王師小却，友寧旁自峻阜馳騎以赴
敵，所乘馬蹶而仆，遂没於陣。友寧將戰之前一日，有
大白蛇蟠於帳中，友寧心惡之，既而果遇禍焉。[20]《永

樂大典》卷一萬八千一百二十六。[21]

[1]安王友寧，字安仁：句下明本《册府》卷二六九《宗室部·將兵門》有"太祖從子"四字。明本《册府》卷二九六《宗室部·追封門》："安王友寧，太祖兄子。唐末遙領邕州節度使。昭宗自奉鳳翔還，降詔書，以青寇未殄，委之攻討。友寧進師逼青州，青人悉出，大戰于石樓。王師少却，友寧自峻阜騎馳殿軍，馬蹶仆，爲敵人所及而薨。開平三年追封。"《新五代史》卷一三《朗王存傳》："太祖即位，已封宗室，中書上議，故皇兄存，皇姪建武軍節度使友寧、寧遠軍節度使友倫，皆當封。於是追封存朗王、友寧安王、友倫密王。"

[2]少習詩禮，長喜兵法，有倜儻之風：亦見明本《册府》卷二六九《宗室部·將兵門》。《新五代史》卷一三《朱友寧傳》："友寧字安仁，幼聰敏，喜慍不形於色。"

[3]驍果：勇猛果敢之士。　多命統驍果以從：亦見明本《册府》卷二六九《宗室部·將兵門》，無"統"字。

[4]秦宗權：人名。河南許州（今河南許昌市）人。唐末軍閥。傳見《舊唐書》卷二〇〇下、《新唐書》卷二二五下。　右監門衛將軍：官名。唐置，掌宮禁宿衛。唐代置十六衛，即左右衛、左右驍衛、左右武衛、左右威衛、左右領軍衛、左右金吾衛、左右監門衛、左右千牛衛，各置上將軍，從二品；大將軍，正三品；將軍，從三品。

[5]龔：州名。治所在今廣西平南縣。　柳：州名。治所在今廣西柳州市。　自是繼立軍功，累官至檢校司空兼龔、柳二州刺史：《宋本册府》卷二九一《宗室部·立功門二》："從太祖征討，繼立軍功，爲柳州刺史。"《新五代史·朱友寧傳》："太祖以爲軍校，善用弓劍。遷衙内制勝都指揮使、襲州刺史。"

[6]岐下：岐山以下。此指鳳翔（治所在今陝西鳳翔縣）。

梁苑：地名。西漢梁孝王在大梁所建的東苑。代指大梁（今河南開封市）。

[7]青：州名。治所在今山東青州市。　王師範：人名。青州（今山東青州市）人。唐末、五代軍閥。傳見本書卷一三、《新五代史》卷四二。

[8]關東：指潼關、函谷關以東地區。　岐：唐州名。治雍縣（今陝西鳳翔縣）。唐中後期稱鳳翔府，五代因之。此爲舊稱。隴：州名。治所在今陝西隴縣。

[9]華下：指華州。治所在今陝西渭南市華州區。　淮夷：指淮南。治所在揚州（今江蘇揚州市）。　并門：指并州。治所在今山西太原市。

[10]裴迪：人名。河東聞喜（今山西聞喜縣）人。後梁大臣。傳見本書附録、《新五代史》卷四三。

[11]齊州：州名。治所在今山東濟南市。　"太祖駐軍岐下"至"斬首數千級"：亦見《宋本册府》卷二九一《宗室部·立功門二》。"太祖駐軍岐下，遣友寧領所部兵先歸梁苑"，《宋本册府》卷二九一作："太祖迎昭宗於歧下，遣友寧部兵先歸於梁。""關東諸鎮兵"，中華書局本有校勘記："'鎮'字原闕，據《册府》卷二九一補。""歧隴"，《宋本册府》卷二九一作"歧隴"，《輯本舊史》之影庫本粘籤："歧隴，原本作'歧寵'，今據文改正。""皆詐以委輸貢奉爲名"，《宋本册府》卷二九一無"皆"字。"淮夷"，《宋本册府》卷二九一作"淮南"。明本《册府》卷七二一《幕府部·謀畫門二》："裴迪爲太祖節度判官。唐天復中，太祖駐軍于岐下，忽有青州健步苗公立者，齎其帥王師範書問至府，迪召之，詢以東事，微覺色動，因去左右，密徵其説，公立乃具述師範稱兵之狀。時太祖猶子友寧爲馬步軍指揮使，迪不俟命，遽請友寧統在府諸軍至兖、鄆巡警，以示軍威。"《新五代史》卷四三《裴迪傳》："太祖用兵四方，常留迪以調兵賦。太祖乃牓院門，以兵事自處，而以貨財獄訟一切任迪。太祖西攻岐，王師範謀襲汴，遣健卒苗公

立持書至汴，陰伺虛實。迪召公立問東事，公立色動，乃屛人密詰之，具得其事。迪不暇啓，遣朱友寧以兵巡兗、鄆，以故師範雖竊發而事卒不成。"《通鑑》卷二六三天復三年（903）正月丙午條："全忠留節度判官裴迪守大梁，師範遣走卒齎書至大梁，迪問以東方事，走卒色動。迪察其有變，屛人問之，走卒具以實告。迪不暇白全忠，亟請馬步都指揮使朱友寧將兵萬餘人東巡兗、鄆。友寧召葛從周於邢州，共攻師範。全忠聞變，亦分兵先歸，使友寧并將之。"同書卷二六四天復三年三月戊午、戊辰條："戊午，朱全忠至大梁。王師範弟師魯圍齊州，朱友寧引兵擊走之。師範遣兵益劉鄩軍，友寧擊取之。由是兗州援絕，葛從周引兵圍之。友寧進攻青州；戊辰，全忠引四鎮及魏博兵十萬繼之。"

[12] 昭宗：即唐昭宗李曄。888 年至 904 年在位。紀見《舊唐書》卷二〇上、《新唐書》卷一〇。

[13] 特進：官名。西漢末期始置，授給列侯中地位較特殊者。隋唐時期，特進爲散官，授給有聲望的文武官員。正二品。　檢校司徒：官名。爲散官或加官，以示恩寵，無實際執掌。

[14] "及昭宗歸長安" 至 "賜號迎鑾毅勇功臣"：明本《册府》卷二九九《宗室部·禍敗門》載："梁友寧，太祖之姪也，爲嶺南西道節度使。"《新五代史·朱友寧傳》："太祖奉昭宗還京師，拜友寧建武軍節度使，賜號迎鑾毅勇功臣。"《通鑑》卷二六四天復三年二月戊寅條：賜 "諸將朱友寧等號迎鑾果毅功臣"，以 "朱友寧領寧遠節度使"。

[15] 兗州：州名。治所在今山東濟寧市兗州區。

[16] 營丘：指淄州。治所在今山東淄博市淄川區。中華書局本有校勘記："原作 '營兵'，據《册府》卷二九九改。" 見明本《册府》卷二九九《宗室部·禍敗門》。　博昌縣：縣名。治所在今山東博興縣。

[17] 太祖怒遣劉捍督戰：《舊五代史考異》："案：《通鑑考異》引《紀年錄》作 '朱溫自至，拔其城'。據《編遺錄》，則劉捍自

請督戰，溫未嘗親至博昌也。《通鑑》從《薛史》。"見《通鑑》卷二六四天復三年五月條《考異》。劉捍，人名。開封（今河南開封市）人。後梁將領。傳見本書卷二〇、《新五代史》卷二一。

[18]清河：河流名。濟水自巨野澤以下，因水色清深，別名清水。位於今山東境內。　"自是充壁危窘"至"清河爲之不流"：《通鑑》卷二六四天復三年五月條："朱友寧攻博昌，月餘不拔；朱全忠怒，遣客將劉捍往督之。捍至，友寧驅民丁十餘萬，負木石，牽牛驢，詣城南築土山，既成，并人畜木石排而築之，冤號聲聞數十里。俄而城陷，盡屠之。"築之，《輯本舊史》之影庫本粘籤："築之，原本作'業之'，今據《册府元龜》改正。"檢《册府》，未見此記載。

[19]石樓：地名。治所在今山東青州市西。

[20]友寧將戰之前一日："一"字原闕，據明本《册府》卷二九九《宗室部·禍敗門》、《宋本册府》卷九五一《總錄部·咎徵門二》補。　"及進迫寇壘"至"既而果遇禍焉"：明本《册府》卷二九九《宗室部·禍敗門》："友寧督諸軍進逼營丘，月餘不能拔。與青人戰于石樓，王師小卻，友寧旁自峻阜馳騎以赴敵，所乘馬蹶而仆，遂没於陣。友寧將戰之前一日，有大白蛇磻於帳中，友寧心惡之，遇害焉。"同書卷四二五《將帥部·死事門二》："（天復三年）六月丙子，友寧復進逼青州及石樓，與賊相遇決戰，我師未振，友寧馳騎督軍，薨於陣。"《宋本册府》卷九五一《總錄部·咎徵門二》："與青州王師範戰于石樓，王師小却，友寧旁自峻阜馳騎以赴敵，所乘馬蹶而仆，遂没於陣。友寧將戰之前一日，有大白蛇蟠於帳中，友寧心惡之，既而果遇禍焉。"《新五代史》卷一《梁太祖紀上》天復三年四月條："王已還梁，四月，如鄆州，遣朱友寧攻青州。師範敗之于石樓，友寧死。"同書卷一三《朱友寧傳》："戰於石樓，兵敗，友寧墮馬見殺。"同書卷二三《王景仁傳》："梁太祖遣子友寧攻王師範於青州，師範乞兵於行密，行密遣景仁以步騎七千救師範。師範以兵背城爲兩栅，友寧夜擊其一栅，

柵中告急，趣景仁出戰，景仁按兵不動。友寧已破一柵，連戰不已。遲明，景仁度友寧兵已困，乃出戰，大敗之，遂斬友寧，以其首報行密。”《通鑑》卷二六四天復三年六月乙亥、丙子條：“乙亥，汴兵拔登州。師範帥登、萊兵拒朱友寧於石樓，爲兩柵。丙子，夜，友寧擊登州柵，柵中告急，師範趣茂章出戰，茂章按兵不動。友寧破登州柵，進攻萊州柵。比明，茂章度其兵力已疲，乃與師範合兵出戰，大破之。友寧旁自峻阜馳騎赴敵，馬仆，青州將張土枭斬之，傳首淮南。”

[21]《大典》卷一八一二六“將”字韻“五代後梁將（一）”事目。

密王友倫，[1]幼聰悟，喜筆札，曉聲律。及長，好騎射，有經度之智，太祖每奇之，曰：“吾家千里駒也。”[2]年十九，爲宣武軍校。景福初，充元從騎軍都將，尋表爲右武衛將軍，漸委戎事。[3]太祖征兗、鄆，[4]友倫勒所部兵收聚糧穀，以濟軍須。幽、滄軍至內黃，[5]友倫以前鋒夜渡河擊賊，奪馬千匹，擒斬甚衆。因引兵往八議關，卒逢晉軍萬餘騎，友倫乃分布兵士，多設疑軍，因聲鼓誓衆，士伍奮躍，追斬數十里。[6]其後李罕之請以上黨來歸，[7]爲晉軍所圍。太祖遣友倫總步騎數萬，越險救應，遂大破晉軍。唐朝加檢校司空、守藤州刺史。[8]天復元年，岐、隴用兵，晉人乘虛侵於北鄙。友倫率徒兵三萬，徑往礬山，[9]晉人望塵奔逸。友倫與氏叔琮等躡其轍，追至太原，摩壘挑戰，獲牛馬萬餘。[10]二年，領所部兵西赴鳳翔，前後累接戰。[11]三年，昭宗歸長安，制授友倫寧遠軍節度使、檢校司徒，賜號迎鑾毅勇功臣。[12] 及太祖東歸，留友倫宿衛京師。[13] 歲餘，因會賓擊鞠，墜馬而卒。[14] 昭宗輟視朝一日，詔贈太傅，歸葬於碭山縣。[15]

[1]密王友倫：明本《册府》卷二六六《宗室部·材藝門》："梁朱友倫，太祖仲兄存次子。"同書卷二六九《宗室部·將兵門》："友倫，太祖仲兄存次子也，帝愛其才氣，録爲皇子，署軍職，領騎卒。"同書卷二九六《宗室部·追封門》："密王友倫，太祖兄子。"

[2]"幼聰悟"至"吾家千里駒也"：明本《册府》卷二六六《宗室部·材藝門》："幼歲從師讀書，稍長，學歐陽詢筆迹，甚得其體勢。弱冠有壯志，嘗侍立帝側。陳自試之請，帝笑曰：'昔之東阿，今復爾耳。'"《新五代史》卷一三《朱友倫傳》："友倫，幼亦明敏，通《論語》、小學，曉音律。"

[3]景福：唐昭宗李曄年號（892—893）。　元從騎軍都將：官名。所部統兵將領。元從，自初始即追隨在側的部屬。

[4]鄆：州名。治所在今山東東平縣。

[5]幽：州名。治所在今北京市。　滄：州名。治所在今河北滄縣舊州鎮。　内黄：縣名。治所在今河南内黄縣。

[6]友倫以前鋒夜渡河擊賊：中華書局本有校勘記："'以'字原闕，據《册府》卷二九一、卷三六七補。"　因引兵往八議關：明本《册府》卷三六七《將帥部·機略門七》同，卷二九一《宗室部·立功門二》作"因引軍往八議關"。八議關，地名。位於今山西高平市以北。《輯本舊史》之影庫本粘籤："八議關，原本作'八識'，今據《通鑑》改正。"查《通鑑》，未見此記載。　"太祖征兖鄆"至"追斬數十里"：亦見《宋本册府》卷二九一《宗室部·立功門二》、卷三六七《將帥部·機略門七》。

[7]李罕之：人名。陳州項城（今河南沈丘縣）人。唐末軍

閥，後依附於諸葛爽。傳見《新唐書》卷一八七、本書卷一五、《新五代史》卷四二。　　上黨：即潞州。治所在今山西長治市。其後李罕之請以上黨來歸：《宋本册府》卷二九一《宗室部・立功門二》無“其”“請”字。

[8]唐朝加檢校司空、守藤州刺史：藤州，中華書局本有校勘記：“原作‘滕州’，據劉本、《新五代史》卷一三《梁家人傳》改。按《太平寰宇記》卷一五，滕時爲縣名；又據同書卷一五八，藤州屬嶺南道。”

[9]礬（fán）山：山名。位於今河北涿鹿縣東南。

[10]氏叔琮：人名。河南尉氏（今河南尉氏縣）人。唐末將領。傳見本書卷一九、《新五代史》卷四三。

[11]鳳翔：府名。治所在今陝西鳳翔縣。　　“天復元年”至“前後累接戰”：亦見《宋本册府》卷二九一《宗室部・立功門二》，下有“以功爲寧遠軍節度使”九字。

[12]制授：授官方式。唐制，封授三品以上官用册，爲册授，五品以上制授，六品以下敕授。　　寧遠軍：方鎮名。治所在容州（今廣西容縣）。　　“三年昭宗歸長安”至“賜號迎鑾毅勇功臣”：《新五代史・朱友倫傳》：“昭宗還長安，拜友倫寧遠軍節度使。”

[13]及太祖東歸，留友倫宿衛京師：《輯本舊史》卷九一《李頲傳》：“天復中，梁祖自鳳翔送唐昭宗歸長安，留軍萬人，命姪友倫與頲總之，以宿衛爲名。”《新五代史》卷一《梁太祖紀上》天復三年（903）二月甲戌條：“王乃留子友倫爲護駕指揮使，以爲天子衛，引兵東歸。”《新五代史・朱友倫傳》：“太祖東歸，留友倫宿衛，伺察昭宗所爲。”《通鑑》卷二六三天復三年正月甲子條：“全忠乃令朱友倫將兵扈從，自留部分後隊，焚撤諸寨。”同書卷二六四天復三年二月乙未條：“乙未，全忠奏留步騎萬人於故兩軍，以朱友倫爲左軍宿衛都指揮使。”

[14]歲餘，因會賓擊鞠，墜馬而卒：《舊唐書》卷一七七《崔胤傳》：“其年（天復三年）十月，全忠子友倫宿衛京師，因擊鞠墜

馬而卒。全忠愛之，殺會鞠者十餘人。"《輯本舊史》卷二《梁太祖紀二》天復三年十月辛巳條："護駕都指揮使朱友倫因擊鞠墮馬，卒於長安。訃至，帝大怒，以爲唐室大臣欲謀叛己，致友倫暴死。"《宋本册府》卷一八七《閏位部·勳業門五》載，天復三年十月辛巳，"護駕都指揮使朱友倫因擊鞠墮馬，卒于長安。節至，帝大怒，以爲唐室大臣欲謀背已，致友倫暴死"。明本《册府》卷二九六："（友倫）唐末爲宿衛都指揮使，遥領容州節度使。因會客擊鞠，馬逸墜車而薨。"《新五代史·梁太祖紀上》天復三年條："友倫擊鞠，墮馬死。王怒，以爲崔胤殺之，遣朱友謙殺胤于京師。其與友倫擊鞠者，皆殺之。"《新五代史·朱友倫傳》："友倫擊鞠墜馬死，太祖大怒，以兵七萬至河中。昭宗涕泣，不知所爲，將奔太原，不果。宰相崔胤遣人止太祖，太祖以爲友倫胤等殺之，奏請誅胤等，昭宗未從，乃遣友諒至京師，以兵圍開化坊，殺胤及京兆尹鄭元規、皇城使王建勳、飛龍使陳班、閤門使王建襲、客省使王建義、前左僕射張濬。"《通鑑》卷二六四天復三年十月丁丑條後："宿衛都指揮使朱友倫與客擊球於左軍，墜馬而卒。全忠悲怒，疑崔胤故爲之，凡與同戲者十餘人盡殺之，遣其兄子友諒代典宿衛。"該條《考異》曰："《編遺録》：'丁亥，趙廷隱自長安馳來告，今月十四日，朱友倫墜馬而卒。'十四日，則庚辰也。《後唐紀年録》、薛居正《五代史》、《昭宗實録》皆云辛巳，今從之。"

[15] 輟視朝：又稱輟朝、廢朝。古代帝王遇親喪或文武大臣病故，停止視朝數日，以示哀悼。

　　開平初，有司上言曰："東漢受命，伯升預其始謀；[1]西周尚親，叔虞荷其封邑。[2]故皇兄存，凋零霜露，綿歷歲時，恩莫逮於陟岡，禮方弘於事日。皇姪故邕州節度使友寧、故容州節度使友倫，[3]頃因締搆，俱習韜鈐，[4]並以戰功，歿於王事，永言帶礪，合議封崇。”於是存追封朗王，友寧追封安王，友倫追封密王。[5]《永樂大典》卷一萬八千一百二十六。[6]

[1]伯升：即劉縯，字伯升。南陽蔡陽（今湖北棗陽市西）人。光武帝劉秀之兄。傳見《後漢書》卷一四。

[2]叔虞：人名。周成王之弟，受封於唐，又名唐叔虞。事見《史記》卷三九。

[3]邕州：州名。治所在今廣西南寧市。　容州：州名。治所在今廣西北流市。

[4]締搆：指帝王創業。　韜鈐：古兵書《六韜》《玉鈐篇》的並稱，代指兵書、兵法。

[5]“開平初”至“友倫追封密王”：《輯本舊史》之原輯者案語：“《五代會要》：開平二年正月，追封皇從子友寧爲安王、友倫爲密王。四年四月，追封皇兄存爲朗王。是朗王之封，實在安王、密王之後，據《薛史》有司上言，又似一時並封，未詳孰是。又《會要》載：四年六月，追封皇伯義方爲潁王，皇叔義譚爲韶王，《薛史》闕載。”見《會要》卷一一封建條。明本《册府》卷二九六《宗室部·追封門》：“（友倫）開平三年追封。”《新五代史》卷一三《朗王存傳》：“太祖即位，已封宗室，中書上議，故皇兄存皇姪建武軍節度使友寧、寧遠軍節度使友倫，皆當封。於是追封存朗王、友寧安王、友倫密王。”

[6]《大典》卷一八一二六“將”字韻“五代後梁將（一）”事目。

太祖諸子

郴王友裕，字端夫，太祖長子也。幼善射御，從太祖征伐，性寬厚，頗得士心。[1]唐中和中，太祖會并帥李克用攻圍華州，賊將黃鄴固守甚堅。[2]俄有一人登陴大詈，克用令蕃騎連射，終不能中，命友裕射之，應弦而斃。大軍喜噪，聲震山谷，克用囡以良弓百矢遺焉。[3]太祖鎮汴，表爲宣武軍牙校。及蔡賊殄滅，朝廷議功，加檢校左僕射，尋爲牙內馬步都指揮使。[4]景福元年，總大軍伐徐。時朱瑾領兗、鄆之衆，爲徐戎外援，陣於彭門南石佛山下。[5]友裕縱兵擊之，斬獲甚衆，瑾領殘黨宵遁。[6]時都虞候朱友恭羽書聞於太祖，誣友裕按兵不追賊，太祖大怒，因驛騎傳符，令裨將龐師古代友裕爲帥，仍令按劾其事。[7]會使人誤致書於友裕，友裕懼，遂以數騎遁於山中。[8]尋詣廣王於輝州，[9]以訴其冤。賴元貞皇后聞而召之，令束身歸汴，力爲營救，太祖乃捨之，令權知許州。[10]乾寧二年，加檢校司空，尋爲武寧軍節度留後。[11]四年，太祖下東平，改天平軍留後，加檢校司徒。[12]光化元年，再領許州。[13]天復初，爲奉國軍節度留後。[14]太祖兼鎮河中，以友裕爲護國軍節度留後，尋遷華州節度使，加檢校太保、興德尹。[15]天祐元年七月，兼行營都統，領步騎數萬，經略邠、岐。[16]十月，友裕有疾，將校乃謀旋師，尋卒於梨園，[17]歸葬東京。開平初，追贈郴王。[18]乾化三年，又贈太師。《永樂大典》卷一萬八千一百二十六。[19]

[1]“郴王友裕”至“頗得士心”：《宋本册府》卷二七一《宗室部·武勇門》：“梁郴王友裕，太祖之長子也。氣貌雄傑，幼即明敏，常從征伐，破黃巢於陳，又破賊於冤句。後討蔡寇於澱

水，又戰於斤溝。秦宗權來寇也，領馬軍翼帝於府西板橋，大勝之。又從破張晊於封丘南，破郓之范縣寨，擒都將尹萬榮，敗魏卒於黎陽臨河。"《新五代史》卷一三《郴王友裕傳》："郴王友裕，字端夫。幼善騎射，從太祖征伐，能以寬厚得士卒心。"同卷《次妃郭氏傳》：太祖"八子：長曰友裕"。

[2]中和：唐僖宗李儇年號（881—885）。 并：州名。治所在今山西太原市。 李克用：人名。沙陀部人，生於神武川新城（一說是今山西朔州市朔城區之梵王寺村，一說是今山西應縣縣城，一說在今山西懷仁縣之日中城）。唐末軍閥。紀見本書卷二五、卷二六，《新五代史》卷四。 黃鄴：人名。曹州冤句（今山東菏澤市）人。黃巢堂弟，爲黃巢部將。事見本書本卷、卷一、卷二五。

[3]陴（pí）：城上的矮墙。 "唐中和中"至"克用因以良弓百矢遺焉"：《新五代史·郴王友裕傳》："太祖與晉圍黃鄴於西華，鄴卒荷稍登城罵敵，晉王使胡騎連射不能中。太祖顧友裕，一發中之，軍中皆大讙呼，晉王喜，遺友裕良弓百矢。"

[4]蔡：州名。治所在今河南汝南縣。 牙內馬步都指揮使：官名。又稱衙內馬步都指揮使。唐、五代節度使府衙內之牙將，統最親近衛兵。 "太祖鎮汴"至"尋爲牙內馬步都指揮使"：《通鑑》卷二五八大順元年（890）四月條："夏，四月，宿州將張筠逐刺史張紹光，附于時溥；朱全忠帥諸軍討之。溥出兵掠碭山，全忠遣牙內都指揮使朱友裕擊之，殺三千餘人，擒石君和。"同年七月條："秋，七月，官軍至陰地關，朱全忠遣驍將葛從周將千騎潛自壺關夜抵潞州，犯圍入城。又遣別將李讜、李重胤、鄧季筠將兵攻李罕之於澤州，又遣張全義、朱友裕軍於澤州之北，爲從周應援。"

[5]朱瑾：人名。宋州下邑（今河南夏邑縣）人。朱瑄之弟。唐末將領。傳見《舊唐書》卷一八二、本書卷一三、《新五代史》卷四二。 彭門：指徐州。 石佛山：山名。即今江蘇徐州市南雲龍山。其東南嶺有大石佛，故名。

[6]"景福元年"至"瑾領殘黨宵遁"：亦見《宋本冊府》卷

二九一《宗室部·立功門二》，"彭門""縱兵"，《册府》卷二九一分別作"鼓門""進兵"；《輯本舊史》之原輯者案語："《通鑑》：朱友裕圍彭城，時溥數出兵，友裕閉壁不戰。朱瑾宵遁，友裕不追。據《薛史》則友裕擊破朱瑾援師，斬獲甚衆，未嘗閉壁，與《通鑑》異。《歐陽史》從《薛史》。"《新五代史·郴王友裕傳》："冬，友裕取濮州，遂圍時溥於徐州。朱瑾以兵二萬救溥，友裕敗瑾于石佛山，瑾走。都虞候朱友恭讒之太祖，以爲瑾可追而友裕不追。太祖大怒，奪其兵屬龐師古，以友裕屬吏。"《通鑑》卷二五九景福元年（892）二月戊寅條："戊寅，朱全忠出兵擊朱瑄，遣其子友裕將兵前行，軍于斗門。"同月甲申、乙酉、丁亥條："甲申，朱全忠至衛南，朱瑄將步騎萬人襲斗門，朱友裕棄營走，瑄據其營。全忠不知，乙酉，引兵趣斗門，至者皆爲鄆人所殺。全忠退軍瓠河，丁亥，瑄擊全忠，大破之，全忠走。"同年十一月乙未條："朱全忠遣其子友裕將兵十萬攻濮州，拔之，執其刺史邵儒，遂令友裕移兵擊時溥。"同卷景福二年二月辛卯條："時溥求救於朱瑾，朱全忠遣其將霍存將騎兵三千軍曹州以備之。瑾將兵二萬救徐州，存引兵赴之，與朱友裕合擊徐、兖兵於石佛山下，大破之，瑾遁歸兖州。"

[7]羽書：古代軍中文書，上插鳥羽以示緊急。　龐師古：人名。曹州（今山東曹縣）人。唐末將領。傳見本書卷二一、《新五代史》卷二一。

[8]遂以數騎遁於山中：《輯本舊史》之原輯者案語："《通鑑》作以二千騎逃入山中，《歐陽史》從《薛史》作數騎。"《新五代史》卷一三《元貞皇后張氏傳》："郴王友裕攻徐州，破朱瑾於石佛山，瑾走，友裕不追，太祖大怒，奪其兵。友裕惶恐，與數騎亡山中，久之，自匿於廣王。后陰使人教友裕脫身自歸，友裕晨馳入見太祖，拜伏庭中，泣涕請死，太祖怒其，使左右捽出，將斬之。后聞之，不及履，走庭中持友裕泣曰：'汝束身歸罪，豈不欲明非反乎？'太祖意解，乃免。"《通鑑》卷二五九景福二年二月甲午條

後：“朱友裕圍彭城，時溥數出兵，友裕閉壁不戰。朱瑾宵遁，友裕不追，都虞候朱友恭以書譖友裕於全忠，全忠怒，驛書下都指揮使龐師古，使代之將，且按其事。書誤達於友裕，友裕大懼，以二千騎逃入山中，潛詣碭山，匿於伯父全昱之所。全忠夫人張氏聞之，使友裕單騎詣汴州見全忠，泣涕拜伏於庭；全忠命左右捽抑，將斬之，夫人趨就抱之，泣曰：‘汝捨兵衆，束身歸罪，無異志明矣。’全忠悟而捨之，使權知許州。”

[9]輝州：州名。治所在今山東單縣。　元貞皇后：人名。單州碭山縣（今安徽碭山縣）人。梁太祖朱溫之妻。傳見本書卷一一、《新五代史》卷一三。　“景福元年”至“太祖乃捨之”：亦見明本《册府》卷二九八《宗室部·不悌門》。

[10]許州：州名。治所在今河南許昌市。　令權知許州：明本《册府》卷二八一《宗室部·領鎮門四》：“唐昭宗景福中，太祖令權知許州。”《通鑑》卷二五九繫於景福二年二月甲午條後。

[11]乾寧：唐昭宗李曄年號（894—898）。　武寧軍：方鎮名。治所在徐州（今江蘇徐州市）。

[12]天平軍留後：明本《册府》卷二八一《宗室部·領鎮門四》作“天平留後”。天平軍，方鎮名。治所在鄆州（今山東東平縣）。

[13]光化：唐昭宗李曄年號（898—901）。明本《册府》卷二八一《宗室部·領鎮門四》作“光啟”，中華書局本有校勘記：“‘光化’，原作‘光啟’，據《通鑑》卷二六一及本卷上下文改。按光啟爲唐僖宗年號，此敘唐昭宗時事，當作光化。”檢《通鑑》卷二六一，未見光化元年（898）友裕領許州刺史之記載，僅於光化二年二月條有：“全忠命許州刺史朱友裕守蔡州。”《宋本册府》卷一八七《閏位部·勳業門五》乾寧四年正月乙亥：“帝入于鄆，以朱友裕爲鄆州兵馬留後。”《新五代史》卷一《梁太祖紀上》乾寧四年正月條：“龐師古克鄆州，王如鄆州，以朱友裕爲留後。”《通鑑》卷二六一乾寧四年（897）三月丙子條載，朱全忠表“朱

友裕爲天平留後"。同書卷二六四天復三年（903）二月壬辰條：
"壬辰，以朱友裕爲鎮國節度使。"

[14]奉國軍：方鎮名。治所在蔡州（今河南汝南縣）。

[15]河中：府名。治所在今山西永濟市。　護國軍：方鎮名。
治所在河中府（今山西永濟市）。　興德：府名。乾寧四年升華州
置，治鄭縣（今陝西渭南市華州區）。光化元年復爲華州。　"乾
寧二年"至"加檢校太保興德尹"：亦見明本《册府》卷二八一
《宗室部·領鎮門四》。

[16]行營都統：官名。唐末設諸道行營都統，作爲各道出征兵
士的統帥。　邠：州名。治所在今陝西彬縣。　"天祐元年七月"
至"經略邠岐"：《通鑑》卷二六五天祐元年六月、七月條："六月，
李茂貞、王建、李繼徽傳檄合兵以討朱全忠；全忠以鎮國節度使朱
友裕爲行營都統，將步騎擊之；命保大節度使劉鄩棄鄜州，引兵屯
同州。癸丑，全忠引兵自大梁西討茂貞等；秋，七月，甲子，過東
都入見；壬申，至河中。"

[17]尋卒於梨園：《通鑑》卷二六五天祐元年十月庚戌條後：
"鎮國節度使朱友裕薨於梨園。"梨園，地名。位於今陝西淳化縣。

[18]開平初，追贈郴王：明本《册府》卷二九六《宗室部·
追封門》："彬王友裕……天祐元年卒，開平五年追封。"《新五代
史·次妃郭氏傳》："友裕前即位卒，追封郴王。"

[19]《大典》卷一八一二六"將"字韻"五代後梁將
（一）"事目。

　　博王友文，本姓康，名勤，太祖養以爲子，受禪後
封爲王。[1]字德明。幼美風姿，好學，善談論，頗能
爲詩。[2]

[1]"博王友文"至"受禪後封爲王"：《大典》卷一六六二

八。《輯本舊史》原注《大典》卷一六六二六。中華書局本有校勘記：“檢《永樂大典目錄》，卷一六六二六爲‘建’字韻‘封建（九）後魏北齊’，與本則內容不符，恐有誤記。疑出自卷一六六二八‘封建（一一）唐五代’。”但未改。今改。《輯本舊史》在其後有原輯者案語：“下有闕文。”

　　［2］“字德明”至“頗能爲詩”：《新五代史》卷一三《博王友文傳》。

　　太祖領四鎮，以友文爲度支鹽鐵制置使。[1]太祖用兵四方，友文征賦聚斂以供軍實。太祖即位，以故所領宣武、宣義、天平、護國四鎮征賦，置建昌宮總之，[2]以友文爲使，封博王。太祖幸西都，友文留守東京。[3]嗜酒，頗怠於爲政。[4]

　　［1］度支鹽鐵制置使：官名。時朱友文掌四鎮財政、軍需事務。
　　［2］建昌宮：官署名。五代梁太祖建國時設建昌院，後改稱建昌宮，掌管所轄境內財賦收入。
　　［3］“太祖領四鎮”至“友文留守東京”：《新五代史》卷一三《博王友文傳》。明本《册府》卷二六九《宗室部·委任門》：“梁太祖幸西京，制加建昌宮使、金紫光祿大夫、檢校司徒、守開封尹、博王友文爲特進，檢校太保，使開封尹，依前建昌宮使，充東都留守。”
　　［4］嗜酒，頗怠於爲政：明本《册府》卷二九八《宗室部·躭溺門》。

　　開平元年四月，以宣武節度副使皇子友文爲開封尹，判建昌院事。[1]五月乙酉，立皇子友文爲博王。[2]

[1]判建昌院事：官名。建昌院長官。五代梁太祖建國時設建昌院，後改稱建昌宮，掌管所轄境内財賦收入。 "開平元年四月"至"判建昌院事"：《大典》卷一二一一三"柳"字韻"事韻（二）"事目，與本傳無涉。此句《輯本舊史》收入卷三《梁太祖紀三》開平元年（907）四月條。

[2]五月乙酉，立皇子友文爲博王：《大典》卷一六六二八"建"字韻"封建（一一）唐五代"事目。此句《輯本舊史》收入《梁太祖紀三》開平元年五月乙酉條。

四年十月乙亥，東京博王友文入覲，召之也。[1]

[1]"四年十月乙亥"至"召之也"：明本《册府》卷二六八《宗室部·來朝門》。

乾化元年二月，帝召蔡州刺史張慎思至洛陽，久未除代。[1]蔡州右廂指揮使劉行琮作亂，縱兵焚掠，將奔淮南；[2]順化指揮使王存儼誅行琮，[3]撫遏其衆，自領州事，以衆情馳奏。時東京留守博王友文不先請，遽發兵討之，兵至鄢陵，[4]帝曰："存儼方懼，若臨之以兵，則飛去矣。"馳使召還。甲子，授存儼權知蔡州事。[5]

[1]張慎思：人名。清河（今河北清河縣）人。唐末、五代軍閥。傳見本書卷一五。

[2]右廂指揮使：官名。指揮使的屬官。 劉行琮：延州（今陝西延安市）人。五代將領。本書僅此一見。 淮南：方鎮名。治所在揚州（今江蘇揚州市）。此處代指楊吴政權。

[3]順化：方鎮名。治所在楚州（今江蘇淮安市）。 王存儼：

人名。籍貫不詳。後梁將領。事見《通鑑》卷二六七。

[4]鄢陵：縣名。治所在今河南鄢陵縣。

[5]“乾化元年二月”至“授存儼權知蔡州事”：《通鑑》卷二六七乾化元年（911）二月甲子條。亦見明本《册府》卷二一四《閏位部·權略門》開平五年（即乾化元年，五月改元）二月條。

友珪弑逆，並殺友文。末帝即位，盡復官爵。[1]

[1]“友珪弑逆”至“盡復官爵”：《大典》卷一六六二八“建”字韻“封建（一一）唐五代”事目。可參見《新五代史》卷一三《博王友文傳》、《輯本舊史》卷八《梁末帝紀上》、明本《册府》卷二九五《宗室部·復爵門》之詔書。

友珪，小字遥喜。母失其姓，本亳州營妓也。[1]唐光啓中，[2]帝徇地亳州，召而侍寢。月餘，將捨之而去，以娠告。是時元貞張后賢而有寵，帝素憚之，由是不果攜歸大梁，因留亳州，以別宅貯之。及期，妓以生男來告，帝喜，故字之曰遥喜。後迎歸汴。[3]受禪後封郢王。[4]

[1]亳州：州名。治所在今安徽亳州市。　營妓：軍中官妓。

[2]光啓：唐僖宗李儇年號（885—888）。

[3]“友珪”至“後迎歸汴”：《通鑑》卷二六八乾化二年（912）閏五月條注引《薛史》。

[4]受禪後封郢王：《大典》卷一六六二八“建”字韻“封建（一一）唐五代”事目。《輯本舊史》卷三《梁太祖紀三》開平元年（907）五月乙酉條收錄《大典》卷一六六二八“建”字韻“封

建（一一）唐五代"事目作"立皇子友珪爲郢王"。

　　開平四年十月，檢校司徒，充左右控鶴都指揮使，兼管四蕃將軍。乾化元年，充諸軍都虞候。[1]二年，弒太祖篡位，均王以兵討之，自殺，追廢爲庶人。[2]

[1]左右控鶴都指揮使：官名。控鶴軍主帥。控鶴爲禁軍番號，主要職責爲防守宮城。　諸軍都虞候：官名。唐、五代禁軍高級統兵官。　"開平四年十月"至"充諸軍都虞候"：明本《册府》卷二六九《宗室部·將兵門》。

[2]"二年"至"追廢爲庶人"：《大典》卷一六六二八"建"字韻"封建（一一）唐五代"事目。《新五代史》卷一三《朱友珪傳》："（友珪）長而辯黠多智。博王友文多材藝，太祖愛之，而年又長。太祖即位，嫡嗣未立，心嘗獨屬友文。太祖自張皇后崩，無繼室，諸子在鎮，皆邀其婦入侍。友文妻王氏有色，尤寵之。太祖病久，王氏與友珪妻張氏，常專房侍疾。太祖病少間，謂王氏曰：'吾知終不起，汝之東都，召友文來，吾與之決。'蓋心欲以後事屬之。乃謂敬翔曰：'友珪可與一郡，趣使之任。'乃以友珪爲萊州刺史。太祖素剛暴，既病而喜怒難測。是時，左降者必有後命，友珪大懼。其妻張氏曰：'大家以傳國寶與王氏，使如東都召友文，君今受禍矣！'夫婦相對而泣。左右勸友珪曰：'事急計生，何不早自爲圖？'友珪乃易衣服，微行入左龍虎軍，見統軍韓勍計事，勍夜以牙兵五百隨友珪，雜控鶴衛士而入。夜三鼓，斬關入萬春門，至寢中，侍疾者皆走。太祖惶駭起呼曰：'我疑此賊久矣，恨不早殺之，逆賊忍殺父乎？'友珪親吏馮廷諤以劍犯太祖，太祖旋柱而走，劍擊柱者三，太祖憊，仆于牀，廷諤以劍中之，洞其腹，腸胃皆流。友珪以裀褥裹之，瘞之寢中，祕喪四日。乃出府庫，大賚群臣及諸軍。遣受旨丁昭浦矯詔馳至東都，殺友文。又下詔曰：'朕艱

難創業，踰三十年。託于人上，忽焉六載，中外叶力，期于小康。豈意友文陰畜異圖，將行大逆。昨二日夜，甲士突入大內，賴郢王友珪忠孝，領兵剿戮，保全朕躬。然而疾恙震驚，彌所危殆。友珪克平兇逆，厥功靡倫，宜委權主軍國。'然後發喪。乾化二年六月既望，友珪於柩前即皇帝位，拜韓勍忠武軍節度使，以末帝爲汴州留後，河中朱友謙爲中書令。友謙不受命。而懷州龍驤軍三千，劫其將劉重霸，據懷州，自言討賊。三年正月，友珪祀天於洛陽南郊，改元曰鳳曆。太祖外孫袁象先與駙馬都尉趙巖等，謀與末帝討賊。二月，象先以禁兵入宮，友珪與妻張氏趨北垣樓下，將踰城以走，不果，使馮廷諤進刃其妻及己，廷諤亦自殺。末帝即位，復友文官爵，廢友珪爲庶人。"《會要》卷二諸王條："梁太祖第三子友珪，郢王，開平元年五月九日封，至乾化二年六月三日篡位，僞改鳳曆元年。二月十七日，京城軍亂，侍衛都將袁象先率兵入宮，友珪自殺。少帝即位，追削爲庶人。"卷十八修國史條顯德四年（957）正月，兵部尚書張昭奏："梁末主之上，有郢王友珪，篡弑居位，未有紀錄，請依《宋書》劉劭例，書爲'元兇友珪'。其末帝請依古義，書曰《後梁實錄》。"《輯本舊史》之原輯者案語繫此條於"周廣順中"，誤；又云："《梁實錄》今無考。"

福王友璋，太祖第五子；賀王友雍，太祖第六子；建王友徽，太祖第七子。受禪後封。[1]

[1]"福王友璋"至"受禪後封"：《大典》卷一六六二八"建"字韻"封建（一一）唐五代"事目。《輯本舊史》卷三《梁太祖紀三》開平元年（907）五月乙酉條收錄《大典》卷一六六二八"建"字韻"封建（一一）唐五代"事目："立皇子友璋爲福王，皇子友雍爲賀王，皇子友徽爲建王。"《舊五代史考異》："《洛陽縉紳舊聞記》：梁祖爲福王納齊王張全義之女。"見《洛陽縉紳

舊聞記》卷二《齊王張令公外傳》。《輯本舊史》卷八《梁末帝紀上》乾化三年（913）十二月庚午條：“以前鄆州節度、檢校司徒、食邑二千戶、福王友璋爲許州節度使、檢校太保。”

　　友璋好接賓客。[1]初爲壽州團練使、押左右番殿直、監豐德庫。[2]友珪時，爲鄆州留後，末帝時，爲忠武軍節度使，徙鎮武寧，及友雍、友徽皆不知其所終。[3]

　　[1]友璋好接賓客：《輯本舊史》卷九二《梁文矩傳》：“文矩少遊其門，初試太子校書，轉祕書郎。友璋領鄆州，奏爲項城令，及移鎮徐方，辟爲從事。”

　　[2]壽州：州名。治所在今安徽壽縣。　團練使：官名。唐代中期以後，於不設節度使的地區設團練使，掌本區各州軍事。　殿直：官名。皇帝侍從人員，前朝未見，當是後梁始置，有受旨殿直、黃門殿直等。　豐德庫：唐、五代內廷庫藏之一。

　　[3]“初爲壽州團練使”至“及友雍、友徽皆不知其所終”：《新五代史》卷一三《梁家人傳》。《通鑑》卷二六九乾化四年（914）九月條：“帝以福王友璋爲武寧節度使。”《輯本舊史》卷八《梁末帝紀上》貞明元年春：“詔福王友璋赴鎮。”《通鑑》卷二七二同光元年（923）十月丁丑條：“及唐師將至，梁主疑諸兄弟乘危謀亂，并皇弟賀王友雍、建王友徽盡殺之。”該條《考異》：“《薛史》云：‘友諒、友能、友誨，莊宗入汴，同日遇害。’按中都既敗，均王親弟猶疑而殺之，況其從弟嘗爲亂者，豈得獨存！故附於此。”《輯本舊史》卷一二《邵王友誨傳》之原輯者案語：“考《通鑑》以友諒等爲末帝自殺，《考異》祇以事理度之，而不言所據何書。《歐陽史》仍從《薛史》。王禹偁《五代史闕文》亦云莊宗即位，盡誅朱氏。度當日事勢，梁末帝自中都告敗，救死不遑，未必遽誅兄弟，當以《薛史》爲得其實。《通鑑》所載，恐未足據也。”

康王友孜，太祖第八子，末帝即位後封，後以
反誅。[1]

[1]“康王友孜”至“後以反誅”：《大典》卷一六六二八
“建”字韻“封建（一一）唐五代”事目。《通鑑》卷二六八乾化
三年（913）三月丙辰條：“立皇弟友敬爲康王。”“友敬”應爲
“友孜”，形近之訛。

友孜目重瞳子，自謂當爲天子，遂謀作亂。冬，十
月，辛亥夜，德妃將出葬，友敬使腹心數人匿於寢殿；
帝覺之，跣足踰垣而出，召宿衛兵索殿中，得而手刃
之。壬子，捕友敬，誅之。[1]

[1]德妃：即德妃張氏。後梁末帝朱友貞之妃。傳見本書本卷、
《新五代史》卷一三。 “友孜目重瞳子”至“誅之”：《通鑑》卷
二六九貞明元年（915）十月條。《舊五代史考異》引此條，且云：
“友孜，《通鑑》及《五代會要》俱作‘友敬’。……《歐陽史》
作‘友孜’，與《薛史》同。”見《會要》卷二諸王條。

舊五代史　卷一三

梁書十三

列傳第三

朱瑄

朱瑄,[1]宋州下邑人也。[2]父慶,里之豪右,以攻剽販鹽爲事,吏捕之伏法。瑄坐父罪,以笞免,因入王敬武軍爲小校。[3]唐中和二年,[4]諫議大夫張濬徵兵於青州,[5]敬武遣將曹全晸率軍赴之,[6]以瑄隸焉。以戰功累遷列校。賊敗出關,[7]全晸以本軍還鎮。會鄆帥薛崇卒,[8]部將崔君預據城叛,[9]全晸攻之,殺君預,自爲留後。[10]瑄以功授濮州刺史、鄆州馬步軍都將。[11]光啓初,[12]魏博韓允中攻鄆,[13]全晸爲其所害。[14]瑄據城自固,三軍推爲留後。[15]允中敗,[16]朝廷以瑄爲天平軍節度使,[17]累加官至檢校太尉、同平章事。[18]

[1]朱瑄:《舊唐書》《通鑑》同,《新五代史》《新唐書》作

“朱宣”。

[2]宋州：州名。治所在今河南商丘市睢陽區。　下邑：縣名。治所在今河南夏邑縣。

[3]王敬武：人名。青州（今山東青州市）人。唐末將領。傳見《新唐書》卷一八七。　因入王敬武軍爲小校：《舊唐書》卷一八二《朱瑄傳》：“瑄逃於青州，爲王敬武牙卒。”《新五代史》卷四二《朱宣傳》：“宣乃去事青州節度使王敬武爲軍校。”《新唐書》卷一八八《朱宣傳》：“宣亡命去青州，爲王敬武牙軍。”

[4]中和：唐僖宗李儇年號（881—885）。

[5]諫議大夫：官名。秦始置，掌朝政議論。隋唐仍置，有左、右諫議大夫各四人，分屬門下、中書二省。掌諫諭得失，侍從贊相。唐後期、五代多以本官領他職。正四品下。　張濬：人名。籍貫不詳。唐末高級官員。事見《舊唐書》卷二〇上。　青州：州名。治所在今山東青州市。

[6]曹全晟：人名。亦作曹全晟。籍貫不詳。唐末將領。事見《通鑑》卷二五二、卷二五三、卷二五四、卷二五五。《輯本舊史》之原輯者案語：“《新唐書》及《通鑑》俱作曹存實，《舊唐書》、《歐陽史》與《薛史》同。”見《新唐書·朱宣傳》、《通鑑》卷二五五中和二年（882）五月條、《舊唐書·朱瑄傳》、《新五代史·朱宣傳》。

[7]關：地名。此處指潼關。位於今陝西潼關縣東北。

[8]鄆：州名。治所在今山東東平縣。此處代指天平軍。　薛崇：人名。籍貫不詳。唐末將領。事見《通鑑》卷二五三。

[9]崔君預：人名。籍貫不詳。唐末將領。事見《通鑑》卷二五五。《輯本舊史》之原輯者案語：“《舊唐書》作‘崔君裕’。”見《舊唐書·朱瑄傳》，《新唐書·朱宣傳》亦作“崔君裕”。

[10]留後：官名。唐、五代節度使多以子弟或親信爲留後，以代行節度使職務，亦有軍士、叛將自立爲留後者。掌一州或數州軍政。　“會鄆帥薛崇卒”至“自爲留後”：《新五代史·朱宣傳》：

"中和二年，敬武遣全晟入關與破黃巢。還過鄆州，鄆州節度使薛崇卒，其將崔君預自稱留後。全晟攻殺君預，遂據鄆州。"

[11]濮州：州名。治所在今山東鄄城縣。　刺史：官名。漢武帝時始置。州一級行政長官，總掌考核官吏、勸課農桑、地方教化等事。唐中期以後，節度、觀察使轄州而設，刺史爲其屬官，職任漸輕。從三品至正四品下。　都將：官名。即軍將。唐、五代時節度使屬將。

[12]光啓：唐僖宗李儇年號（885—888）。　光啓初：《輯本舊史》之原輯者案語："《新唐書》作'中和初，魏博、韓簡東窺曹、鄆'，與《薛史》異。考《舊唐書·韓允忠傳》，乾符元年十一月，卒，子簡起復爲節度觀察留後。《新唐書·本紀》亦云，韓允中卒，其子簡自稱留後。是東窺曹、鄆實韓簡，非允中也。《薛史》似微誤。《通鑑》作中和二年，韓簡擊鄆州，當得其實。"見《新唐書·朱宣傳》、《舊唐書》卷一八一《韓允忠傳》、《新唐書》卷九《僖宗紀》乾符元年（874）十一月條、《通鑑》卷二五五中和二年十月癸丑條後。

[13]魏博：方鎮名。治所在魏州（今河北大名縣）。　韓允中：人名。亦作"韓允忠"。魏州人。唐末軍閥。傳見《舊唐書》卷一八一、《新唐書》卷二一〇。《舊唐書·韓允忠傳》作"韓允忠"，《新唐書》卷二一〇《韓允中傳》，云其原名韓君雄，僖宗即位，賜名允中。

[14]全晟爲其所害：《輯本舊史》之原輯者案語："《舊唐書·韓簡傳》云：移軍攻鄆，鄆帥曹全晟出戰，爲簡所敗，死之。鄆將崔君裕收合殘衆，保鄆州，簡進攻其城，半年不下。《朱瑄傳》云：崔君裕權知州事，全晟知其兵寡，襲殺君裕。據《韓簡傳》，全晟死而君裕保其城，據《朱瑄傳》，則君裕爲全晟所殺，二傳自相矛盾。《新唐書·本紀》作韓簡寇鄆州，天平軍節度使曹全晟死之，部將崔用自稱留後，與《舊書·韓簡傳》同，惟崔用之名有異耳。《薛史》定從《舊書·朱瑄傳》，《通鑑》與《薛史》同。"見《舊

唐書》卷八一《韓簡傳》、《舊唐書·朱瑄傳》、《新唐書·僖宗紀》中和二年十月條、《通鑑》卷二五五中和二年十月癸丑條後。《通鑑》卷二五四中和元年十月條載："天平節度使、南面招討使曹全晟與賊戰死，軍中立其兄子存實爲留後。"

[15]瑄據城自固，三軍推爲留後：中華書局本有校勘記："'固'，原作'若'，據《通鑑》卷二五五《考異》引《薛史》改。"見《通鑑》卷二五五中和二年十月癸丑條後考異。《通鑑》卷二五五中和二年十月癸丑條後："詔以瑄權知天平留後。"

[16]允中敗：《輯本舊史》之原輯者案語："《舊唐書·韓簡傳》云：簡以憂憤，疽發背而卒，時中和元年十一月也。《諸葛爽傳》云：中和元年十一月，簡鄉兵八萬大敗。明年正月，簡爲牙將所殺。《新唐書·本紀》云：中和三年二月，魏博軍亂，殺其節度使韓簡。《通鑑》與《新唐書》同，《薛史》誤作'允中'。歷考諸書，年月參差，姓名舛異，無可依據，蓋唐末典章散佚，故傳聞失實如此。"見《舊唐書·韓簡傳》、卷一八二《諸葛爽傳》，《新唐書·僖宗紀》中和三年二月條，《通鑑》卷二五五中和三年二月己未條。

[17]天平軍：方鎮名。治所在鄆州（今山東東平縣）。　節度使：官名。唐時在重要地區所設掌握一州或數州軍、民、財政的長官。　朝廷以瑄爲天平軍節度使：《通鑑》卷二五五中和三年正月條："以天平留後朱瑄爲節度使。"

[18]檢校太尉：官名。爲散官或加官，加此官以示恩寵，無實際執掌。太尉，與司徒、司空並爲三公。　同平章事：官名。全稱"同中書門下平章事"。唐高宗以後，凡實際任宰相之職者，常在其本官後加同平章事的職銜。後成爲宰相專稱。或爲節度使加銜。後晉天福五年（940），升中書門下平章事爲正二品。

太祖初鎮大梁，[1]兵威未振，連歲爲秦宗權所圍，[2]

士不解甲，危殆日數四。太祖以瑄同宗，早兄事之，乃遣使求援於瑄。[3]光啓末，宗權急攻大梁，瑄與弟瑾率兗、鄆之師來援，[4]大敗蔡賊，[5]解圍而遁。太祖感其力，厚禮以歸之。[6]先是，瑄、瑾駐於大梁，覩太祖軍士驍勇，私心愛之。及歸，厚懸金帛於界上以誘焉。諸軍貪其厚利，私遁者甚衆，太祖移牒以讓之，[7]瑄來詞不遜，由是始搆隙焉。[8]

[1]太祖：指後梁太祖朱温。　大梁：地名。指開封，位於今河南開封市。

[2]秦宗權：人名。河南郡許州（今河南許昌市）人。唐末軍閥。傳見《舊唐書》卷二〇〇下、《新唐書》卷二二五下。

[3]“太祖初鎮大梁”至“乃遣使求援於瑄”：《新五代史》卷四二《朱宣傳》：“梁太祖鎮宣武，以兄事宣。太祖新就鎮，兵力尚少，數爲秦宗權所困，太祖乞兵於宣。”《通鑑》卷二五六中和四年（884）六月丙午條後：“蔡州節度使秦宗權縱兵四出，侵噬鄰道；天平節度使朱瑄，有衆三萬，從父弟瑾，勇冠軍中。宣武節度使朱全忠爲宗權所攻，勢甚窘，求救於瑄，瑄遣瑾將兵救之，敗宗權於合鄉。全忠德之，與瑄約爲兄弟。”

[4]瑾：人名。即朱瑾。宋州下邑（今河南夏邑縣）人。朱瑄之弟。唐末將領。傳見《舊唐書》卷一八二、本書本卷、《新五代史》卷四二。　兗：州名。治所在今山東濟寧市兗州區。

[5]蔡：州名。治所在今河南汝南縣。蔡州是秦宗權的根據地。

[6]“光啓末”至“厚禮以歸之”：《宋本册府》卷一八七《閏位部·勳業門五》光啓三年（887）九月條：“帝之禦蔡寇也，鄆州朱瑄、兗州朱瑾皆領兵來援。及宗權既敗，帝以瑄、瑾宗人也，又有力於己，皆厚禮以歸之。”《通鑑》卷二五七光啓三年五月辛巳條：“朱全忠求救於兗、鄆，朱瑄、朱瑾皆引兵赴之，義成

軍亦至。辛巳，全忠以四鎮兵攻秦宗權於邊孝村，大破之，斬首二萬餘級；宗權宵遁，全忠追之，至陽武橋而還。全忠深德朱瑄，兄事之。"

[7]移牒：同級之間的公文傳遞。

[8]"先是"至"由是始搆隙焉"：《宋本册府》卷一八七光啓三年九月條："瑄、瑾以帝軍士勇悍，私心愛之，乃密於曹、濮界上，懸金帛以誘之，帝軍利其貨而赴者甚衆，帝乃移檄以讓之。自朱瑄來詞不遜，乃命朱珍侵曹伐濮，以懲其姦。未幾，珍拔曹州，執刺史丘禮以獻，遂移兵圍濮。兗、鄆之釁，自兹而始矣。"《通鑑》卷二五七光啓三年八月壬子條："朱全忠欲兼兗、鄆，而以朱瑄兄弟有功於己，攻之無名，乃誣瑄招誘宣武軍士，移書誚讓。瑄復書不遜，全忠遣其將朱珍、葛從周襲曹州，壬子，拔之，殺刺史丘弘禮。又攻濮州，與兗、鄆兵戰於劉橋，殺數萬人，朱瑄、朱瑾僅以身免。全忠與兗、鄆始有隙。"

　　及秦宗權敗，太祖移軍攻時溥於徐州。[1]時瑄方右溥，乃遣使來告太祖曰："巢、權繼爲蛇虺，[2]毒螫中原，[3]與君把臂同盟，輔車相依。今賊已平殄，人粗聊生，吾弟宜念遠圖，不可自相魚肉。或行人之失辭，疆吏之踰法，可以理遣，未得便暌和好。投鼠忌器，弟幸思之。"太祖方怒時溥通於孫儒，[4]不從其言。及龐師古攻徐州，[5]瑄出師來援，太祖深銜之。徐既平，太祖併兵以攻鄆，自景福元年冬遣朱友裕領軍渡濟，[6]至乾寧三年宿軍齊、鄆間，[7]大小凡數十戰，語在《太祖紀》中。[8]自是野無人耕，屬城悉爲我有。瑄乃遣人求救於太原，[9]李克用遣其將李承嗣、史儼等援之。[10]尋爲羅弘信所扼，[11]援路既絕，瑄、瑾竟敗。[12]乾寧四年正月，龐師古攻陷鄆州，遁至中都北，[13] 匿於民家，爲其所篚，并妻榮氏禽之來獻，俱斬於汴橋下。[14]《永樂大典》卷二千三十三。[15]

[1]時溥：人名。徐州彭城（今江蘇徐州市）人。唐末軍閥，平定黃巢之亂後割據徐州。傳見《舊唐書》卷一八二、《新唐書》卷一八八。　徐州：州名。治所在今江蘇徐州市。

[2]巢：人名。即黃巢。曹州冤句（今山東菏澤市）人。唐末農民起義領袖。傳見《舊唐書》卷二〇〇下、《新唐書》卷二二五下。　蛇虺（huǐ）：泛指蛇類。　巢權繼爲蛇虺：《輯本舊史》之影庫本粘籤："巢、權，原本脱'權'字，今據《通鑑》注增入。"朱全忠攻時溥於徐州，《通鑑》繫於卷二五九景福元年（892）十一月條至景福二年四月戊子條時溥舉族自焚，檢該時《通鑑》胡注，未見此記載。

[3]螫（shì）：毒蟲或毒蛇咬。

[4]孫儒：人名。河南府（今河南洛陽市）人。唐末軍閥。傳見《新唐書》卷一八八。

[5]龐師古：人名。曹州（今山東曹縣）人。唐末將領。傳見本書卷二一、《新五代史》卷二一。

[6]景福：唐昭宗李曄年號（892—893）。　朱友裕：人名。朱温長子。傳見本書卷一二、《新五代史》卷一三。　濟：水名。發源於今河南境内，經山東入渤海。今黃河下游河道即濟水故道。

[7]乾寧：唐昭宗李曄年號（894—898）。　齊：州名。治所在今山東濟南市。

[8]"自景福元年冬遣朱友裕領軍渡濟"至"語在《太祖紀》中"：詳見《輯本舊史》卷一《梁太祖紀一》景福元年條至乾寧三年（896）條，輯自《宋本册府》卷一八七《閏位部・勳業門五》。

[9]太原：府名。治所在今山西太原市。此處代指河東李克用

勢力。

[10]李克用：人名。沙陀部人，生於神武川新城（一説是今山西朔州市朔城區之梵王寺村，一説是今山西應縣縣城，一説在今山西懷仁縣之日中城）。唐末軍閥，後唐太祖。紀見本書卷二五。　李承嗣：人名。代州雁門（今山西代縣）人。唐末、五代將領。傳見本書卷五五。　史儼：人名。代州雁門（今山西代縣）人。李克用部將。傳見本書卷五五。

[11]羅弘信：人名。魏州貴鄉（今河北大名縣）人。唐末、五代軍閥。傳見《舊唐書》卷一八一、《新唐書》卷二一〇。

[12]"瑄乃遣人求救於太原"至"瑄瑾竟敗"：《宋本册府》卷一六六《帝王部·招懷門四》："乾寧元年五月，鄆州節度使朱瑄爲汴軍所攻，遣使來乞師，武皇遣騎將安福順、安福應、安福遷督精騎五百，假道於魏州以應之。三年正月，汴人大舉以攻兖、鄆，朱瑄、朱瑾再乞師於武皇。武皇假道於魏州，羅弘信許之。乃令都指揮使李存信將步騎三萬，與李承嗣、史儼會軍以拒汴人。存信軍於莘，與朱瑾合勢頻挫汴軍。"明本《册府》卷三四七《將帥部·佐命門八》李承嗣條："昭宗乾寧二年，兖、鄆爲汴人所攻，勢漸危蹙，遣使乞師於武皇，武皇遣承嗣帥三千騎假道於魏，度河援之。時李存信屯于莘縣，既而羅弘信背盟，掩擊王師，因兹隔絶。及朱瑄、朱瑾失守，承嗣、朱瑾、史儼同入淮南。"《通鑑》卷二六〇乾寧二年十二月條："朱瑄、朱瑾屢爲朱全忠所攻，民失耕稼，財力俱弊。告急於河東，李克用遣大將史儼、李承嗣將數千騎假道於魏以救之。"

[13]中都：縣名。治所在今山東汶上縣。

[14]汴橋：橋名。位於今河南開封市。　"乾寧四年正月"至"俱斬於汴橋下"：《輯本舊史》傳末之案語："《舊唐書》云：瑄與妻榮氏出奔至中都，爲野人所害，傳首汴州，榮氏至汴州爲尼。與《薛史》異。"見《舊唐書》卷一八二《朱瑄傳》。《宋本册府》卷一八七乾寧四年正月："帝以洹水之師大舉伐鄆。辛卯，營

于濟水之次，龐師古令諸將撤木爲橋。乙未夜，師古以中軍先濟，聲振于鄆。朱瑄聞之，棄壁夜走。葛從周逐之，至中都北，擒瑄并其妻男以獻，尋斬汴橋下，鄆州平。"《通鑑》卷二六一乾寧四年正月辛卯、癸巳、丙申條："龐師古、葛從周併兵攻鄆州，朱瑄兵少食盡，不復出戰，但引水爲深壕以自固。辛卯，師古等營於水西南，命爲浮梁。癸巳，潛決濠水。丙申，浮梁成，師古夜以中軍先濟。瑄聞之，棄城奔中都，葛從周逐之，野人執瑄及妻子以獻。"同年二月戊申條："全忠乃送瑾妻於佛寺爲尼，斬朱瑄於汴橋。"

[15]《大典》卷二〇三三"朱"字韻"姓氏（七）"事目。

朱瑾

朱瑾，瑄從父弟。[1]雄武絕倫，性頗殘忍。光啓中，瑾與兗州節度使齊克讓婚，[2]瑾自鄆盛飾車服，私藏兵甲，以赴禮會。親迎之夜，甲士竊發，擄克讓，自稱留後。及蔡賊鴟張，瑾與太祖連衡，同討宗權，前後屢捷，以功正授兗州節度使。[3]既得士心，有兼并天下之意，太祖亦忌之。瑾以厚利招誘太祖軍士，[4]以爲間諜。及太祖攻鄆，瑾出師來援，累與太祖接戰。

[1]朱瑾，瑄從父弟：《新五代史》卷四二《朱瑾傳》同，《舊唐書》卷一八二《朱瑾傳》云"朱瑾，瑄之母弟"，《新唐書》卷一八八《朱宣傳》則作"弟瑾"。

[2]兗州：此處代指泰寧軍。　齊克讓：人名。籍貫不詳。唐末將領。事見《通鑑》卷二五三、卷二五四、卷二五六。

[3]"光啓中"至"以功正授兗州節度使"：《舊唐書·朱瑾傳》載："初乾符末，朝廷以將軍齊克讓爲兗州節度。瑾將襲取之，

乃求婚於克讓。及親迎，瑾選勇士衞從，禮會之夜竊發，逐克讓，遂據城稱留後。"《宋本册府》卷四一三《將帥部·召募門》："朱瑾爲兗州節度使，募驍勇數百人，黥雙雁於其頰，立爲雁子都。"《新五代史》卷一《梁太祖紀上》光啓三年（887）十月條："朱宣、朱瑾兵助汴，已破宗權東歸。"《通鑑》卷二五六光啓二年是歲條："是歲，天平牙將朱瑾逐泰寧節度使齊克讓，自稱留後。瑾將襲兗州，求婚於克讓，乃自鄆盛飾車服，私藏兵甲以赴之。親迎之夕，甲士竊發，逐克讓而代之。朝廷因以瑾爲泰寧節度使。"朱玉龍《五代十國方鎮年表》："泰寧軍節度使、兗州刺史、管内觀察處置等使，唐舊鎮，梁、唐、晉、漢因之，後周廣順二年五月降爲防禦州。"（中華書局1997年版，第24頁）

　　[4]瑾以厚利招誘太祖軍士：《輯本舊史》卷一三《朱瑄傳》："先是，瑄、瑾駐於大梁，覩太祖軍士驍勇，私心愛之。及歸，厚懸金帛於界上以誘焉。"《宋本册府》卷一八七《閏位部·勳業門五》光啓三年九月條："帝之禦蔡寇也，鄆州朱瑄、兗州朱瑾皆領兵來援。及宗權既敗，帝以瑄、瑾宗人也，又有力於己，皆厚禮以歸。瑄、瑾以帝軍士勇悍，私心愛之，乃密於曹、濮界上，懸金帛以誘之，帝軍利其貨而赴者甚衆，帝乃移檄以讓之。"

　　乾寧二年春，太祖令大將朱友恭攻瑾，[1]掘塹柵以環之。朱瑄遣將賀瓌及蕃將何懷寶赴援，[2]爲友恭所擒。[3]十一月，瑾從兄齊州刺史瓊以州降，[4]太祖令執賀瓌、懷寶及瓊以狥於城下，[5]語曰：[6]"卿兄已敗，早宜効順。"瑾僞遣牙將胡規持書幣送降。[7]太祖自至延壽門外，[8]與瑾交語。瑾謂太祖曰："欲令大將送符印，願得兄瓊來押領，所貴骨肉，盡布腹心也。"太祖遣瓊與客將劉捍取符笥，[9]瑾單馬立於橋上，揮手謂捍曰："可令兄來，余有密款。”即令瓊往。瑾先令騎士董懷進伏于橋下，[10]及瓊至，懷進突出，擒瓊而入，俄而斬瓊首投於城外，太祖乃班師。[11]

[1]朱友恭：人名。壽春（今安徽壽縣）人。本姓李，朱温養子。傳見《新唐書》卷二二三下、本書卷一九、《新五代史》卷四三。

[2]賀瓌：人名。濮陽（今河南濮陽市）人。後梁將領。傳見本書卷二三、《新五代史》卷二三。 何懷寶：人名。籍貫不詳。後梁將領。事見本書本卷、卷一、卷二三。

[3]“乾寧二年春”至“爲友恭所擒”：亦見明本《册府》卷九四三《總録部·不誼門》。《輯本舊史》卷二三《賀瓌傳》：“乾寧二年十月，太祖親征兖、鄆。十一月，瑄遣瓌與太原將何懷寶率兵萬餘人以援朱瑾，師次待賓館，斷我糧運。太祖偵知之，自中都引軍夜馳百餘里，遲明至鉅野東，與瓌等接戰，兖人大敗。瓌竄於棘塚之上，大呼曰：‘我是鄆州都將賀瓌，願就擒，幸勿傷也。’太祖聞之，馳騎至塚前，遂擒之。并獲何懷寶及將吏數十人。”《新五代史》卷二三《賀瓌傳》：“事鄆州朱宣爲都指揮使。梁太祖攻朱瑾于兖州，宣遣瓌與何懷寶、柳存等以兵萬人救兖州，瓌趨待賓館，欲絶梁餉道。梁太祖略地至中都，得降卒，言瓌等兵趨待賓館矣！以六壬占之，得‘斬關’，以爲吉，乃選精兵夜疾馳百里，期先至待賓以逆瓌，而夜黑，兵失道，旦至鉅野東，遇瓌兵，擊之，瓌等大敗。瓌走，梁兵急追之，瓌顧路窮，登塚上大呼曰：‘我賀瓌也，可勿殺我！’太祖馳騎取之，并取懷寶等數十人，降其卒三千餘人。”

[4]齊州刺史：《舊五代史考異》：“案：原本齊州作‘濟州’，據《通鑑》及《北夢瑣言》改正。”見《通鑑》卷二六〇乾寧二年（895）十一月丁巳條後、《北夢瑣言》卷一六朱瑾殺兄條。 瓌：

人名。即朱瓊。宋州下邑（今河南夏邑縣）人。唐末將領。事見本書卷一、《通鑑》卷二六〇。

[5]太祖令執賀瓌懷寶及瓊以徇於城下：明本《册府》卷九四三無"以"字。

[6]語曰：明本《册府》卷九四三作"謂瑾曰。"

[7]牙將：官名。古代軍隊中的中低級軍官。 胡規：人名。兖州（今山東濟寧市兖州區）人。唐末、五代將領。傳見本書卷一九。中華書局本有校勘記："原作'瑚兒'，據《册府》卷九四三、《北夢瑣言》卷一六、《新五代史》卷四二《朱瑾傳》改。按本書卷五九有《胡規傳》。" 書幣：泛指修好通聘問的書劄禮單及禮品。

[8]延壽門：兖州城門之一。《通鑑》卷二六〇胡注："延壽門，蓋兖州城門也。"

[9]客將：官名。亦稱典客。唐末、五代藩鎮負責接待賓客、出使等外交職責的武官。品秩詳見吳麗娛《試論晚唐五代的客將、客司與客省》，《中國史研究》2002年第4期。 劉捍：人名。開封（今河南開封市）人。後梁將領。傳見本書卷二〇、《新五代史》卷二一。 符笥：明本《册府》卷九四三作"符印"。

[10]董懷進：人名。籍貫不詳。五代將領。本書僅此一見。騎士董懷進：明本《册府》卷九四三作"驍果董懷進。"

[11]"十一月"至"太祖乃班師"：亦見明本《册府》卷九四三。《宋本册府》卷一八七《閏位部·勳業門五》乾寧二年："十月，帝駐軍於鄆，齊州刺史朱瓊遣使請降，瓊即瑾之從父兄也。帝因移軍至兖，瓊果來降，未幾，瓊爲朱瑾所紿，掠而殺之。"《通鑑》卷二六〇乾寧二年十一月辛巳條："朱瑾僞遣使請降於朱全忠，全忠自就延壽門下與瑾語。瑾曰：'欲送符印，願使兄瓊來領之。'辛巳，全忠使瓊往，瑾立馬橋上，述驍果董懷進於橋下，瓊至，懷進突出，擒之以入，須臾，擲首城外。"

及鄆州陷，龐師古乘勝攻兖，瑾與李承嗣方出兵求芻粟於豐、沛間，[1]瑾之二子及大將康懷英、判官辛綰、小校閻寶以城降師古。[2]瑾無歸路，即與承嗣將麾下士將保沂州，[3]刺史尹處賓拒關不納，[4]乃保海州。[5]爲師古所逼，遂擁州民渡淮依楊行密，[6]行密表瑾領徐州節度使。[7]龐師古渡淮，行密令瑾率師以禦之，清口之敗，[8]瑾有力焉。[9]自是瑾率淮軍連歲北寇徐、宿，大爲東南之患。[10]

[1]豐：縣名。治所在今江蘇豐縣。　沛：縣名。治所在今江蘇沛縣。

[2]瑾之二子：《輯本舊史》之原輯者案語："《新唐書》作'子用貞'。"見《新唐書》卷一〇《昭宗紀》乾寧四年（897）二月條。　康懷英：人名。兖州（今山東濟寧市兖州區）人。唐末、五代將領。本名懷貞，避後梁末帝朱友貞諱改懷英。傳見本書卷二三、《新五代史》卷二二。　判官：官名。爲長官的佐吏，協理政事，或備差遣。　辛綰：人名。籍貫不詳。唐末官員。本書僅此一見。　閻寶：人名。鄆州（今山東東平縣）人。五代後唐將領。傳見本書卷五九、《新五代史》卷四四。中華書局本有校勘記："原作'閻實'，據殿本、劉本、邵本校改。按本書卷五九、《新五代史》卷四四有《閻寶傳》。"　"及鄆州陷"至"以城降師古"：《輯本舊史》卷二三《康懷英傳》："唐乾寧四年春，太祖既平鄆，命葛從周乘勝急攻兖州，時朱瑾在豐、沛間搜索糧餉，留懷英守其城，及從周軍至，懷英聞鄆失守，乃出降。"《宋本册府》卷一八七《閏位部・勳業門五》乾寧四年正月："己亥，帝入于鄆，以朱友裕爲鄆州兵馬留後。時帝聞朱瑾與朱儼兒在豐、沛間搜索糧饋，惟留康懷英以守兖州，帝因承勝遣葛從周以大軍襲兖。懷英聞鄆失守，俄

又我軍大至，乃出降。朱瑾、史儼兒遂奔淮南，兗、海、沂、密等州並平。"明本《册府》卷四三八《將帥部·奔亡門》："梁朱瑾，唐末爲兗州節度使。兄瑄在鄆州。及龐師古陷鄆州，與李承嗣方出兵，求芻粟于豐、沛間。瑾之二子及大將康懷英、判官辛綰、小校閻寶以城降于師古。"《新五代史·康懷英傳》："事朱瑾爲牙將，梁兵攻瑾，瑾出略食豐、沛間，留懷英守城，懷英即以城降梁，瑾遂奔于吴。"同書卷四四《閻寶傳》："少爲朱瑾牙將，瑾走淮南，寶降於梁。"《通鑑》卷二六一乾寧四年二月戊申條："朱瑾留大將康懷貞守兗州，與河東將史儼、李承嗣掠徐州之境以給軍食。全忠聞之，遣葛從周將兵襲兗州。懷貞聞鄆州已失守，汴兵奄至，遂降。"

　[3]瑾無歸路：中華書局本有校勘記："'路'字原闕，據《册府》卷四三八補。"見明本《册府》卷四三八《將帥部·奔亡門》。

　沂州：州名。治所在今山東臨沂市。

　[4]尹處賓：人名。籍貫不詳。唐末將領。本書僅此一見。《輯本舊史》之原輯者案語："《新唐書》作'尹懷賓'。"見《新唐書》卷一八八《朱宣傳》。

　[5]海州：州名。治所在今江蘇連雲港市海州區。

　[6]楊行密：人名。廬州合淝（今安徽合肥市）人。唐末軍閥，後追爲五代十國時期吴國太祖。傳見《新唐書》卷一八八、本書卷一三四、《新五代史》卷六一。　遂擁州民渡淮依楊行密：《輯本舊史》之原輯者案語："《新唐書》：刺史朱用芝以其衆與瑾奔楊行密。"見《新唐書》卷一八八《朱宣傳》。

　[7]"瑾無歸路"至"行密表瑾領徐州節度使"：亦見明本《册府》卷四三八《將帥部·奔亡門》，表述略異："瑾無歸路，即與承嗣將麾下兵走沂州。沂州刺史尹處賓拒關不納，乃走海州，爲師古所迫，遂擁州民渡淮，依楊行密，表瑾領徐州節度使。"《輯本舊史》卷二六《唐武皇紀下》乾寧四年正月條："乾寧四年正月，汴軍陷兗、鄆，騎將李承嗣、史儼與朱瑾同奔於淮南。"同書卷五五《李承嗣傳》："及瑄、瑾失守，承嗣與朱瑾、史嚴同入淮南。承

嗣、史儼皆驍將也，淮人得之，軍聲大振。"同卷《史儼傳》："及朱瑾失守，與李承嗣等奔淮南。淮人比善水軍，不閑騎射，既得儼等，軍聲大振。尋挫汴軍於清口，其後併鍾傳，擒杜洪，削錢鏐，成行密之霸迹者，皆儼與承嗣之力也。"明本《册府》卷二三〇《僭偽部·懷附門》："唐乾寧四年，梁祖平兖、鄆，朱瑾及沙陀將李承嗣、史儼等皆奔淮南，行密待之優厚，任爲將，瑾與承嗣皆位至方伯。"《新五代史》卷一《梁太祖紀上》乾寧四年正月條："龐師古克鄆州，王如鄆州，以朱友裕爲留後。遂攻兖州。朱瑾奔于淮南。"同年九月條："攻淮南，龐師古出清口，葛從周出安豐，王軍屯于宿州。楊行密遣朱瑾先擊清口，師古敗死。從周亟返兵，至于淠河，瑾又敗之。王懼，馳歸。"《通鑑》卷二六一乾寧四年條二月戊申條："二月，戊申，從周入兖州，獲瑾妻子。朱瑾還，無所歸，帥其衆趨沂州，刺史尹處賓不納，走保海州，爲汴兵所逼，與史儼、李承嗣擁州民渡淮，奔楊行密。行密逆之於高郵，表瑾領武寧節度使。"

[8]清口：地名。原爲泗水入淮之口，位於今江蘇淮安市淮陰區。

[9]"龐師古渡淮"至"瑾有力焉"：《輯本舊史》卷五五《李承嗣傳》："其年九月，汴將龐師古、葛從周出師，將收淮南，朱瑾率淮南軍三萬，與承嗣設伏於清口，大敗汴人，生獲龐師古。"《宋本册府》卷一八七乾寧四年："九月，帝以兖、鄆既平，士雄勇，遂大舉南征伐。命龐師古以徐、宿、宋、滑之師進趨清口，葛從周以兖、鄆、曹、濮之衆徑赴安豐，淮人遣朱瑾領兵以拒師古，因決水以浸軍，遂爲淮人所敗。師古歿焉，葛從周行及濠、梁，聞師古之敗，亦命班師。"《通鑑》卷二六一乾寧四年十一月癸酉條："楊行密與朱瑾將兵三萬拒汴軍於楚州，別將張訓自漣水引兵會之，行密以爲前鋒。龐師古營於清口，或曰：'營地汙下，不可久處。'不聽。師古恃衆輕敵，居常弈棋。朱瑾壅淮上流，欲灌之；或以告師古，師古以爲惑衆，斬之。十一月，癸酉，瑾與淮南將侯瓚將五千

騎潛渡淮，用汴人旗幟，自北來趣其中軍，張訓踰柵而入；士卒蒼黃拒戰，淮水大至，汴軍駭亂。行密引大軍濟淮，與瑾等夾攻之，汴軍大敗，斬師古及將士首萬餘級，餘衆皆潰。葛從周營於壽州西北，壽州團練使朱延壽擊破之，退屯濠州，聞師古敗，奔還。行密、瑾、延壽乘勝追之，及於淠水。從周半濟，淮南兵擊之，殺溺殆盡，從周走免。過後都指揮使牛存節棄馬步鬭，諸軍稍得濟淮，凡四日不食，會大雪，汴卒緣道凍餒死，還者不滿千人；全忠聞敗，亦奔還。行密遺全忠書曰：‘龐師古、葛從周，非敵也，公宜自來淮上決戰。’”

　　[10]自是瑾率淮軍連歲北寇徐、宿，大爲東南之患：《九國志》卷二《朱瑾傳》：“光化二年春，從行密攻彭門，移師侵宋。梁祖屯睢陽以禦瑾，會天大雨，與瑾交綏而退。天復三年，授瑾東面諸道行營都統、平盧軍節度使、同中書平章事。”《通鑑》卷二六三天復三年（906）正月條：“楊行密承制加朱瑾東面諸道行營副都統、同平章事。”

　　及行密卒，子渭繼立，[1]以徐溫子知訓爲行軍副使，[2]寵遇頗深。後楊溥僭號，[3]知訓爲樞密使，[4]知政事，以瑾爲同平章事，仍督親軍。時徐溫父子恃寵專政，慮瑾不附己，[5]貞明四年六月，[6]出瑾爲淮寧軍節度使。[7]知訓設家宴以餞瑾，瑾事之逾遜。翌日，詣知訓第謝，留門久之，知訓家僮私謂瑾曰：“政事相公此夕在白牡丹妓院，侍者無得往。”瑾謂典謁曰：[8]“吾不奈朝饑，且歸。”既而知訓聞之，愕然曰：“晚當過瑾。”瑾厚備供帳。瑾有所乘名馬，冬以錦帳貯之，夏以羅幬護之。愛妓桃氏有絕色，[9]善歌舞。及知訓至，奉巵酒爲壽，初以名馬奉，知訓喜而言曰：“相公出鎮，與吾暫別，離恨可知，願此盡歡。"瑾即延知訓於中堂，出桃氏。酒既醉，瑾斬知訓首，[10]示其部下。因以其衆急趨衙城，[11]知訓之黨已闔門矣，唯瑾得獨入，與衙兵戰。[12]復踰城而出，傷足，求馬不獲，遂自刎。[13]暴其屍於市，盛夏無蠅蛆，徐溫令投之于江，部人竊收葬之。溫疾亟，夢瑾被髮引滿將射之。溫乃爲之禮葬，立祠以祭之。[14]《永樂大典》卷二千三十一。[15]

[1]渭：人名。即楊渭、楊隆演。廬州合淝（今安徽合肥市）人。楊行密之子，楊渥之弟。五代十國時期吳國國主。908 年至 920 年在位。傳見本書卷一三四、《新五代史》卷六一。

[2]徐溫：人名。海州朐山（今江蘇連雲港市海州區）人。五代十國時期吳國大臣，南唐政權的實際奠基者。傳見《新五代史》卷六一。　知訓：人名。即徐知訓。徐溫之子。曾藉徐溫專權之勢欺侮吳主楊隆演，後爲朱瑾所殺。事見《新五代史》卷六一。　行軍副使：官名。當爲執掌部隊調度、作戰之軍事副官。

[3]楊溥：五代十國南吳睿帝，後禪位於徐知誥。傳見本書卷一三四、《新五代史》卷六一。

[4]樞密使：官名。樞密院長官。五代時以士人爲之，備顧問，參謀議，出納詔奏，權侔宰相。參見李全德《唐宋變革期樞密院研究》，國家圖書館出版社 2009 年版。

[5]時徐溫父子恃寵專政，慮瑾不附己：《舊五代史考異》："案陳彭年《江南別録》云：徐知訓初學兵法于朱瑾，瑾悉心教之。後與瑾有隙，夜遣壯士殺瑾，瑾手刃數人，埋于舍後。"

[6]貞明：後梁末帝朱友貞年號（915—921）。

[7]淮寧軍：方鎮名。治所在蔡州（今河南汝南縣）。中華書局本有校勘記："'淮寧軍'，《通鑑》卷二七〇、《新五代史》卷三〇《朱瑾傳》、馬令《南唐書》卷八、《九國志》卷二作'静淮

軍'。《舊五代史考異》卷一：'案原本"淮寧"作"懷寧"，今據《九國志》改正。'按今檢《九國志》卷二作'靜淮軍'。"見《通鑑》卷二七○貞明四年（918）六月條後、《新五代史》卷四二《朱瑾傳》、《南唐書》卷八《徐知訓傳》、《九國志》卷二《朱瑾傳》。

[8]典謁：官名。東宮屬官。掌引見賓客。從九品下。

[9]愛妓桃氏有絶色：《輯本舊史》之原輯者案語："《九國志》作'妻陶氏'。《五國故事》作'愛姬姚氏'。"見《九國志·朱瑾傳》、《五國故事》卷上《僞吳楊氏》。

[10]瑾斬知訓首：《舊五代史考異》："案：《五國故事》作以手板擊殺之。馬令《南唐書》云：知訓因求馬於瑾，瑾不與，遂有隙。俄出瑾爲靜淮節度使，瑾詣知訓別，且願獻前馬。知訓喜，往謁瑾家。瑾妻出拜，知訓答拜，瑾以笏擊踣，遂斬知訓。"見《五國故事·僞吳楊氏》《南唐書·徐知訓傳》。

[11]衙城：州府署衙垣墙。

[12]唯瑾得獨入，與衙兵戰：《輯本舊史》之案語："《九國志·翟虔傳》云：虔驅率散卒共閉關，瑾以是不得出。"見《九國志》卷二《翟虔傳》。

[13]遂自刎：《輯本舊史》之原輯者案語："《九國志·米志誠傳》：志誠被甲親從十餘騎至天興門，問瑾所向，聞瑾已死，乃歸。"見《九國志》卷二《米志誠傳》。按"志誠被甲親從十餘騎"，《九國志》作："志誠聞之，被甲引其子並親從十餘騎。""及知訓至"至"遂自刎"：《新五代史》卷六一《吳世家》天祐十五年（918）四月條："夏四月，副都統朱瑾殺徐知訓，瑾自殺。……知訓又與朱瑾有隙，瑾已殺知訓，攜其首馳府中示隆演，曰：'今日爲吳除患矣！'隆演曰：'此事非吾敢知。'遽起入内。瑾忿然，以首擊柱，提劍而出，府門已闔，踰垣，折其足，遂自刎死。米志誠聞瑾殺知訓，被甲率其家兵至天興門問瑾所在，聞瑾死，乃還。徐温疑志誠助瑾，遣使殺之。"《通鑑》卷二七○貞明

四年六月乙卯條後：“平盧節度使、同平章事、諸道副都統朱瑾遣家妓通候問於知訓，知訓强欲私之，瑾已不平。知訓惡瑾位加己上，置静淮軍於泗州，出瑾爲静淮節度使，瑾益恨之，然外事知訓愈謹。瑾有所愛馬，冬貯於幄，夏貯於幬；寵妓有絶色；知訓過別瑾，瑾置酒，自捧觴，出寵妓使歌，以所愛馬爲壽，知訓大喜。瑾因延之中堂，伏壯士於户内，出妻陶氏拜之，知訓答拜，瑾以笏自後擊之踣地，呼壯士出斬之。瑾先繫二悍馬於廡下，將圖知訓，密令人解縱之，馬相蹄齧，聲甚厲，以是外人莫之聞。瑾提知訓首出，知訓從者數百人皆散走。瑾馳入府，以首示吴王曰：‘僕已爲大王除害。’王懼，以衣障面，走入内，曰：‘舅自爲之，我不敢知！’瑾曰：‘婢子不足與成大事！’以知訓首擊柱，挺劍將出，子城使翟虔等已闔府門勒兵討之，乃自後踰城，墜而折足，顧追者曰：‘吾爲萬人除害，以一身任患。’遂自剄。……瑾已死，因撫定軍府。時徐温諸子皆弱，温乃以知誥代知訓執吴政，沈朱瑾尸於雷塘而滅其族。”

[14]温乃爲之禮葬，立祠以祭之：《通鑑》卷二七〇貞明四年七月戊戌條：“吴徐温入朝于廣陵，疑諸將皆預朱瑾之謀，欲大行誅戮。徐知誥、嚴可求具陳徐知訓過惡，所以致禍之由，温怒稍解，乃命網瑾骨於雷塘而葬之。”

[15]《大典》卷二〇三一“朱”字韻“姓氏（五）”事目。《舊五代史考異》：“按，馬令《南唐書》云：初，宿衛將李球、馬謙挾楊隆演登樓，取庫兵以誅知訓，陣于門橋。知訓與戰，頻却。朱瑾適自外來，以一騎前視其陣，曰：‘不足爲也。’因反顧一麾，外兵爭進，遂斬球、謙，亂兵皆潰。瑾嘗有德於知訓者也，及其凶終，吴人皆謂曲在知訓。”見《南唐書·徐知訓傳》。《輯本舊史》於傳末引《五代史補》：“瑾之奔淮南也，時行密方圖霸，其爲禮待，有加于諸將數等。瑾感行密見知，欲立奇功爲報，但恨無入陣馬，忽忽不樂。一日晝寢，夢老叟，眉髮皓然，謂瑾曰：‘君長恨無入陣馬，今馬生矣。’及厩隸報，適退槽馬生一駒，見卧未能起。

瑾驚曰：‘何應之速也！’行往視之，見骨目皆非常馬，大喜曰：‘事辦矣。’其後破杜洪，取鍾傳，未嘗不得力焉。初，瑾之來也，徐溫靚其英烈，深忌之，故瑾不敢預政。及行密死，子溥嗣位，溫與張鎬爭權（《輯本舊史》之影庫本粘籤：‘張鎬，《九國志》作張灝，與《五代史補》異，今姑仍其舊。’按，《九國志》卷三《徐溫傳》實作‘張顥’），襲殺鎬，自是事無大小，皆決于溫。既而溫復爲自安之計，乃以子知訓自代，然後引兵出居金陵，實欲控制中外。知訓尤恣橫，瑾居常嫉之。一旦知訓欲得瑾所乘馬，瑾怒，遂擊殺知訓，提其首請溥起兵誅溫。溥素怯懦，見之掩面而走。瑾曰：‘老婢兒不足爲計。’亦自殺，中外大駭且懼。溫至，遽以瑾屍暴之市中。時盛暑，肌肉累日不壞，至青蠅無敢輒泊。人有病者，或于暴屍處取土煎而服之，無不愈。”

時溥[1]

[1]《時溥傳》，《輯本舊史》之原輯者案語：“《薛史·時溥傳》，《永樂大典》原闕。今考《册府元龜》引梁時溥一條，當係《薛史》原文，謹爲補入。”所錄者爲《宋本册府》卷四一二《將帥部·得士心門》，不能證明其錄自《薛史·時溥傳》。後又錄《舊唐書》卷一八二《時溥傳》文字。中華書局本沿之。

時溥，徐州彭城人，爲州牙將。[1]黃巢據長安，詔徵天下兵進討。[2]

[1]彭城：縣名。治所在今江蘇徐州市。　時溥，徐州彭城人，爲州牙將：《新唐書》卷一八八《時溥傳》。
[2]黃巢據長安，詔徵天下兵進討：《舊唐書》卷一八二《時溥傳》。

中和二年，武寧軍節度使支詳遣溥與副將陳璠率師五千赴難。[1]行至河陰，[2]軍亂，剽河陰縣迴。溥招合撫諭，其衆復集，懼罪，屯于境上。詳遣人迎犒，悉恕之，溥乃移軍向徐州。既入，軍人大呼，推溥爲留後，送詳於大彭館。[3]溥大出資裝，遣陳璠援詳歸京。詳宿七里亭，[4]其夜爲璠所殺，舉家屠害。溥以璠爲宿州刺史，[5]竟以違命殺詳，溥誅璠，又令別將帥軍三千赴難京師。天子還宮，授之節鉞。[6]

[1]武寧軍：方鎮名。治所在徐州（今江蘇徐州市）。據《通鑑》卷二五四胡注，此處當爲"感化軍"。　支詳：人名。籍貫不詳。唐末將領。事見《新唐書》卷二二二中、《通鑑》卷二五二。　副將：官名。相對主將而言。亦稱裨將軍。　陳璠：人名。籍貫不詳。唐末將領。事見本書本卷。

[2]河陰：縣名。治所在今河南滎陽市。

[3]大彭館：地名。位於今江蘇徐州市西南。

[4]七里亭：地名。位於今江蘇徐州市西北。在彭城以西七里，故名。

[5]宿州：州名。治所在今安徽宿州市。

[6]"中和二年"至"授之節鉞"：《舊唐書》卷一八二《時溥傳》。按時溥逐支詳，諸書記載不一。《舊唐書·時溥傳》繫於中和二年（882）。《舊唐書》卷一九下《僖宗紀》繫於廣明元年（880）九月："徐軍已至河陰，聞許軍亂，徐將時溥亦以戍兵還徐，逐節度使支詳。"《宋本册府》卷五一五《憲官部·剛正門二》王華條："廣明中，徐之偏將時溥逐支詳，擅稱留後。中和中，朝廷加節制。"《新唐書》卷九《僖宗紀》繫於中和元年八月："感化軍將時溥逐其節度使支詳，自稱留後。"《通鑑》卷二五四繫於中和

元年八月："武寧節度使支詳遣牙將時溥、陳璠將兵五千入關討黃巢，二人皆詳所獎拔也。溥至東都，矯稱詳命，召師還與璠合兵，屠河陰，掠鄭州而東。及彭城，詳迎勞，犒賞甚厚。溥遣所親説詳曰：'衆心晟迫，請公解印以相授。'詳不能制，出居大彭館，溥自知留務。璠謂溥曰：'支僕射有惠於徐人；不殺，必成後悔。'溥不許，送詳歸朝。璠伏甲於七里亭，并其家屬殺之。詔以溥爲武寧留後。溥表璠爲宿州刺史，璠到官貪虐，溥以都將張友代還，殺之。"該條胡注："按《新書·方鎮表》，懿宗咸通十一年，復徐州節鎮，賜號感化軍。自此迄於天復，未嘗復武寧舊額。以下文以感化留後時溥爲節度使證之，武寧誤也，當作'感化'。"同年十二月條："以感化留後時溥爲節度使。"同卷中和二年正月辛未條："以時溥爲催遣綱運租賦防遏使。"《宋本册府》卷四一二《將帥部·得士心門》："時溥，徐州人。初爲州之驍將。唐中和初，秦宗權據蔡州，侵寇藩隣，節度使支詳命溥率師以討之，徐軍屢捷，軍情歸溥，詳即以旄節授之。"據《新唐書》卷九，秦宗權據蔡州爲廣明元年九月事。

　　三年九月，感化節度使時溥營於澱水；[1]加溥東面兵馬都統。[2]武寧節度使時溥因食中毒，[3]疑判官李凝古而殺之。[4]凝古父損，爲右散騎常侍，[5]在成都，[6]溥奏凝古與父同謀；田令孜受溥賂，[7]令御史臺鞫之。[8]侍御史王華爲損論寃，[9]令孜矯詔移損下神策獄，[10]華拒而不遣。蕭遘奏：[11]"李凝古行毒，事出曖昧，已爲溥所殺，父損相別數年，聲問不通，安得誣以同謀！溥恃功亂法，陵蔑朝廷，欲殺天子侍臣；若徇其欲，行及臣輩，朝廷何以自立！"由是損得免死，歸田里。[12]趙犨遣人間道求救於鄰道，[13]於是周岌、時溥、朱全忠皆引兵救之。[14]

[1]感化：方鎮名。治所在徐州（今江蘇徐州市）。 溵水：水名。自汝水別出，東北流經今西華、商水二縣，至周口市西北入潁水（今沙河）。

[2]兵馬都統：官名。唐朝中後期所置總諸道兵馬專征伐之最高長官，不賜旌節，兵罷則省。 “三年九月”至“加溥東面兵馬都統”：《通鑑》卷二五五中和三年（883）九月條。

[3]武寧：當作“感化”。《通鑑》卷二五五載溥爲武寧節度使，胡注曰：“‘武寧’，當作‘感化’。”

[4]李凝古：人名。籍貫不詳。唐末官員。事見本書本卷。

[5]右散騎常侍：官名。中書省屬官。掌侍奉規諷，備顧問應對。正三品下。

[6]成都：府名。治所在今四川成都市。

[7]田令孜：人名。本姓陳。蜀人。唐末宦官。傳見《舊唐書》卷一八四、《新唐書》卷二〇八。

[8]御史臺：官署名。秦、漢始置。古代國家的監察機構。掌糾察官吏違法，肅正朝廷綱紀。大事廷辨，小事奏彈。 鞫（jū）：審問、查詢。

[9]侍御史：官名。秦始置。掌糾舉百官，推鞫獄訟。從六品下。 王華：人名。籍貫不詳。唐末官員。事見本書本卷。

[10]神策獄：指中晚唐的神策軍獄。由宦官專掌。參見王素《唐五代的禁衛軍獄》，《中華文史論叢》1986年第2輯。

[11]蕭遘：人名。蘭陵（今江蘇常州市武進區）人。唐末宰相。傳見《舊唐書》卷一七九。

[12]“武寧節度使溥因食中毒”至“歸田里”：《通鑑》卷二五五中和三年十二月條。

[13]趙犨（chōu）：人名。陳州宛丘（今河南淮陽縣）人。唐

末將領，鎮守陳州，抵禦了黃巢起義軍。傳見本書卷一四、《新五代史》卷四二。

[14]周岌：人名。籍貫不詳。唐末軍閥。事見《舊唐書》卷一九下。　朱全忠：人名。即後梁太祖朱温。紀見本書卷一至卷七、《新五代史》卷一至卷二。　"趙犨遣人間道求救於鄰道"全"皆引兵救之"：《通鑑》卷二五五中和三年條。《舊唐書》卷一九下《僖宗紀》繫於六月。

　　四年二月，黃巢兵尚强，周岌、時溥、朱全忠不能支，共求救於河東節度使李克用。[1]五月庚辰，時溥遣其將李師悅將兵萬人追黃巢。[2]六月丙午，巢甥林言斬巢兄弟妻子首，[3]將詣溥；遇沙陀博野軍，[4]奪之，并斬言首以獻於溥。[5]七月壬午，時溥遣使獻黃巢及家人首并姬妾，上御大玄樓受之。[6]溥功居第一，[7]加檢校司徒、同中書門下平章事，進檢校太尉、兼中書令、鉅鹿郡王。[8]制曰：[9]"天用日月，司之以晦明；帝賴股肱，寄之以休戚。念其功，則報無所吝；厚其賞，則誠在可危。爾勿徇於驕盈，吾靡勞於姑息也。時溥爲時傑出，臨難慨然，用禮樂爲身基，知德刑爲戰器，文惟附衆，武足取威，萬旅無譁，一方底定。朕以彭門，[10]人兼滄楚，[11]地控淮河，[12]因命專征，果聞善訓，公忠所化，氣俗自平。極將相之崇高，作藩宣之軌則。[13]噫！成功未易，持禄尤難，倚伏相循，安危是繫。朕嘗覽祖宗之紀，每欽兼濟之圖，尚父、汾陽王，[14]太尉、武穆王，[15]皆道合中興，勳高往烈。然子儀以恢弘體國，保富貴於永年；而光弼雖剛正奉公，積猜嫌於晚節。蓋坦懷未至，則全美或虧。言念大臣，足爲前鑒。惟爾竭誠保奉，著節始終，疇咨雖顯於上台，制爵宜加於異姓，彼邦遺事，故老當傳，勿忘銘鼎之恭，用永紳河之誓，服茲休寵，慎乃令圖，庶俾君臣，永於竹帛也。"[16]

[1]河東：方鎮名。治所在太原（今山西太原市）。 "四年二月"至"共求救於河東節度使李克用"：《通鑑》卷二五五中和四年二月條。

[2]李師悦：人名。籍貫不詳。唐末軍閥。事見本書本卷。五月庚辰，時溥遣其將李師悦將兵萬人追黃巢：《通鑑》卷二五五中和四年（884）五月庚辰條。

[3]林言：人名。籍貫不詳。黃巢之甥。事見《舊唐書》卷二〇〇下。

[4]沙陀：古部族名。原意爲沙漠。沙陀部源出西突厥。隋文帝開皇二年（582），突厥汗國分裂爲東、西突厥。處月部爲西突厥所屬部落，朱邪是處月的別部。唐初，處月部居於大磧（今古爾班通古特沙漠），因稱沙陀突厥。唐中期時西突厥、處月部均已衰落，朱邪部遂自號沙陀，其首領以朱邪爲姓。事詳見《新唐書》卷二一八《沙陀傳》、本書卷二五、《新五代史》卷四末歐陽修考證。參見樊文禮《沙陀的族源及其早期歷史》，《民族研究》1999 年第 6 期。 博野軍：部隊番號。

[5]"六月丙午"至"并斬言首以獻於溥"：《通鑑》卷二五六中和四年六月丙午條。《考異》曰："《續寶運録》曰：'尚讓降徐州，黃巢走至碭山，路被諸軍趁逼甚，乃謂外甥朱彥之云云。外甥再三不忍下手，黃巢乃自刎過與外甥。外甥將至，路被沙陀博野奪卻，兼外甥首級一時送都統軍中。'《舊·紀》：'七月，癸酉，賊將林言斬黃巢、黃揆、黃秉三人首級降。'《舊·傳》：'巢入泰山，徐帥時溥遣將張友與尚讓之衆掩捕之。至狼虎谷，巢將林言斬巢及二

弟鄴、揆等七人首并妻子函送徐州。'《新·紀》：'七月壬午，黄巢伏誅。'《新·傳》：'巢計蹙，謂林言曰："汝取吾首獻天子，可得富貴，毋爲他人利。"言，巢甥也，不忍。巢乃自刎，不殊，言因斬之，函首將詣時溥，而太原博野軍殺言與巢首俱上。'今從《新·傳》。"見《舊唐書》卷一九下、卷二〇〇卜，《新唐書》卷九、卷二二五下。《舊唐書》卷一八二《時溥傳》："及黄巢攻陳州，秦宗權據蔡州，與賊連結。徐、蔡相近，溥出師討之，軍鋒益盛，每戰屢捷。黄巢之敗也，其將尚讓以數千人降溥，後林言又斬黄巢首歸徐州。"

[6]大玄樓：樓名。位於今四川成都市。《通鑑》卷二五六胡注："大玄樓，成都羅城正南門樓。高駢之築成都羅城，既訖功，以《周易》筮之，得《大畜》。駢曰：'畜者，養也。濟以剛健篤實，輝光日新，吉孰大焉！文宜去下存上。'因名大玄城。"
"七月壬午"至"上御大玄樓受之"：《通鑑》卷二五六中和四年七月壬午條。

[7]溥功居第一：《舊唐書·時溥傳》。

[8]"加檢校司徒"至"鉅鹿郡王"：《新唐書》卷一八八《時溥傳》。《舊唐書》卷一九下《僖宗紀》繫此事於光啓元年（885）三月。光啓元年即中和五年，是年三月改元。

[9]制：帝王命令的一種。唐制，凡行大賞罰，授大官爵，釐革舊政，赦宥慮囚，皆用制書。由中書舍人起草擬定。禮儀等級較高。

[10]彭門：地名。指時溥所據之徐州。

[11]滄楚：指南北。

[12]淮河：河流名。源自今河南桐柏山，流經河南、安徽，從江蘇入洪澤湖。

[13]藩宣：比喻衛國重臣。

[14]尚父、汾陽王：指郭子儀。華州鄭縣（今陝西渭南市華州區）人。唐代大將，平定安史之亂的功臣。後被封汾陽郡王，尊

爲尚父。傳見《舊唐書》卷一二〇、《新唐書》卷一三七。

[15]太尉、武穆王：指李光弼。營州柳城（今遼寧朝陽市）人。唐代大將，平定安史之亂的功臣。後被封臨淮郡王，死後謚"武穆"。傳見《舊唐書》卷一一〇、《新唐書》卷一三六。

[16]"制曰"至"永於竹帛也"：《宋本册府》卷一七八《帝王部·姑息門三》光啓元年三月條。

光啓元年三月，秦宗權稱帝，置百官，詔以武寧節度使時溥爲蔡州四面行營兵馬都統以討之。[1]

[1]"光啓元年三月"至"以討之"：《通鑑》卷二五六光啓元年（885）三月條。該條《考異》曰："《舊·宗權傳》，但云巢賊既誅，借稱帝號。《實録》：'明年十月，襄王即位，宗權已稱帝。不從。'《新舊·紀》皆無之，不知宗權以何年月稱帝，今因時溥爲都統書之。"見《舊唐書》卷二〇〇下《秦宗權傳》。《新唐書》卷九《僖宗紀》光啓元年三月己巳條："時溥爲蔡州四面行營兵馬都統，蕭遘爲司徒，韋昭度爲司空。"

三年閏十一月，感化節度使時溥自以於全忠爲先進，官爲都統，顧不得領淮南，[1]而全忠得之，意甚恨望。全忠以書假道於溥，溥不許。（李）璠至泗州，[2]溥以兵襲之，郭言力戰得免而還，[3]徐、汴始構怨。[4]

[1]淮南：方鎮名。治所在揚州（今江蘇揚州市）。

[2]泗州：州名。治所在今江蘇泗洪縣東南。

[3]郭言：人名。籍貫不詳。唐末、五代將領。傳見本書卷二一。

[4]"三年閏十一月"至"徐、汴始構怨":《通鑑》卷二五七光啓三年（887）閏十一月條。

文德元年正月，[1]蔡將石璠將萬餘人寇陳、亳，[2]朱全忠遣朱珍、葛從周將數千騎擊擒之。[3]癸亥，以全忠爲蔡州四面行營都統，代時溥，諸鎮兵皆受全忠節度。[4]十一月，時溥自將步騎七萬屯吳康鎮，[5]朱珍與戰，大破之。朱全忠又遣別將攻宿州，刺史張友降之。[6]

[1]文德：唐僖宗李儇年號（888）。

[2]石璠：人名。籍貫不詳。唐末將領。事見本書本卷。　陳：州名。治所在今河南淮陽縣。　亳：州名。治所在今安徽亳州市。

[3]朱珍：人名。徐州豐（今江蘇豐縣）人。後梁朱溫部將。傳見本書卷一九、《新五代史》卷二一。　葛從周：人名。濮州鄄城（今山東鄄城縣）人。唐末、五代將領。傳見本書卷一六、《新五代史》卷二一。

[4]"文德元年正月"至"諸鎮兵皆受全忠節度"：《通鑑》卷二五七文德元年（888）正月條。該條《考異》曰："《新・紀》：'正月癸亥，全忠爲蔡州都統。'《編遺録》：'二月癸未，上以時溥阻我兼鎮，具事奏聞。丙戌，上奉唐帝正月二十五日制命，授蔡州四面行營都統。'則丙戌乃全忠受詔之日。《實録》、薛居正《五代史》皆云二月丙戌，因此而誤也。《舊・紀》：'五月丁酉朔，制以全忠爲蔡州都統。'月日尤誤。今從《編遺録》《新・紀》。"見《新唐書》卷九、《舊唐書》卷二〇上。

[5]吳康鎮：地名。治所在今江蘇豐縣。

[6]張友：人名。籍貫不詳。本書僅此一見。　"十一月"至"刺史張友降之"：《通鑑》卷二五七文德元年十一月條。該條胡注

云："薛居正《五代史》，朱珍攻豐，下之。時溥以全師會戰豐南吳
康里。"見《輯本舊史》卷一九《朱珍傳》。

龍紀元年正月，[1]汴將龐師古拔宿遷，[2]軍于呂
梁。[3]時溥逆戰，大敗，還保彭城。[4]朱珍拔蕭縣，[5]據
之，與時溥相拒，朱全忠欲自往臨之。七月丁未，至蕭
縣，以龐師古代珍爲都指揮使。八月，丙子，全忠進攻
時溥壁，會大雨，引兵還。[6]

[1]龍紀：唐昭宗李曄年號（889）。
[2]宿遷：縣名。唐代宗寶應元年（762），爲避代宗李豫之
諱，改宿豫縣爲宿遷縣。治所在今江蘇宿遷市。
[3]吕梁：地名。位於今江蘇徐州市。
[4]"龍紀元年正月"至"還保彭城"：《通鑑》卷二五八龍紀
元年（889）正月條。
[5]蕭縣：縣名。治所在今江蘇蕭縣。
[6]"朱珍拔蕭縣"至"引兵還"：《通鑑》卷二五八龍紀元年
七月丁未、八月丙子條。

大順元年二月，[1]時溥求救於河東，李克用遣其將
石君和將五百騎赴之。[2]四月，宿州將張筠逐刺史張紹
光，[3]附于時溥；朱全忠帥諸軍討之。溥出兵掠碭山，[4]
全忠遣牙内都指揮使朱友裕擊之，[5]殺三千餘人，擒石
君和。[6]

[1]大順：唐昭宗李曄年號（890—891）。
[2]石君和：人名。沙陀部人。唐末李克用部將。事見本書卷

一。　“大順元年二月”至“將五百騎赴之”：《通鑑》卷二五八大順元年（890）二月條。

[3]張筠：人名。海州（今江蘇連雲港市海州區）人。唐末軍閥。傳見本書卷九〇、《新五代史》卷四七。　張紹光：人名。籍貫不詳。本書僅此一見。

[4]碭（dàng）山：縣名。治所在今安徽碭山縣。

[5]牙内都指揮使：官名。又稱衙内都指揮使。節度使府衙内部隊統兵將領。

[6]“四月”至“擒石君和”：《通鑑》卷二五八大順元年四月條。該條《考異》曰：“郗象《梁太祖實錄》，前云四月丙辰，後云乙卯溥出兵。按《長曆》，乙卯，三月晦日。《實錄》誤也。”

二年十一月乙丑，時溥將劉知俊帥衆二千降於朱全忠。[1]溥軍自是不振。[2]

[1]劉知俊：人名。徐州沛縣（今江蘇沛縣）人。五代將領。傳見本書本卷、《新五代史》卷四四。

[2]“二年十一月乙丑”至“溥軍自是不振”：《通鑑》卷二五八大順二年（891）十一月條。《舊唐書》卷二〇上《昭宗紀》大順二年十一月條：“朱全忠上表，請移時溥節鎮。是月，汴軍陷宿州，乃授溥太子太師。溥將劉知俊降汴軍。”

景福元年二月丁亥，朱全忠連年攻時溥，徐、泗、濠三州民不得耕穫，[1]兖、鄆、河東兵救之，皆無功，復值水災，人死者什六七。溥困甚，請和於全忠，全忠曰：“必移鎮乃可。”溥許之。全忠乃奏請移溥他鎮，仍命大臣鎮徐州。詔以門下侍郎、同平章事劉崇望同平章事，[2]充感化節度使，以溥爲太子太師。[3]溥恐全忠詐而殺之，據城不奉詔，崇望及華陰而還。[4]四月，時溥遣兵南侵，至楚州，[5]楊行密將張訓、李德誠敗之于壽河，[6]遂取楚州，執其刺史劉瓚。[7]時溥迫監軍奏稱將士留己，[8]冬，十月，復以溥爲侍中、感化節度。[9]朱全忠奏請追溥新命；詔諭解之。[10]十一月，時溥、濠州刺史張璲、泗州刺史張諫以州附于朱全忠。[11]乙未，朱全忠遣其子友裕將兵十萬攻濮州，拔之，執其刺史邵倫，[12]遂令友裕移兵擊時溥。[13]

[1]濠：州名。治所在今安徽鳳陽縣。

[2]門下侍郎：官名。門下省次官，常加“同中書門下平章事”銜爲宰相。正二品。　劉崇望：人名。洛陽（今河南洛陽市）人。唐末宰相。傳見《舊唐書》卷一七九、《新唐書》卷九〇。

[3]太子太師：官名。與太子太傅、太子太保統稱太子三師。隋、唐以後多作加官或贈官。從一品。

[4]華陰：縣名。治所在今陝西華陰市。　“朱全忠連年攻時溥”至“崇望及華陰而還”：《通鑑》卷二五九景福元年（892）二月丁亥條。

[5]楚州：州名。治所在今江蘇淮安市。

[6]張訓：人名。籍貫不詳。唐末將領。事見《新唐書》卷一八八。　李德誠：人名。廣陵（今江蘇揚州市）人。唐末、五代軍閥、大臣。在南唐建立過程中發揮過重要作用。事見《新唐書》卷一八八、卷一八九。　壽河：水名。即今江蘇淮安市東南大溪河。

[7]劉瓚：人名。籍貫不詳。唐末將領。事見本書卷一九。“四月，時溥遣兵南侵”至“執其刺史劉瓚”：《通鑑》卷二五九景福元年四月條。

[8]監軍：官名。爲臨時差遣，代表朝廷協理軍務，督察將帥。五代時常以宦官爲監軍。

[9]侍中：官名。秦始置。隋、唐前期爲門下省長官。唐後期多爲大臣加銜，不參與政務，實際職務由門下侍郎執行。正二品。

[10]“時溥迫監軍奏稱將士留己”至“詔諭解之”：《通鑑》卷二五九景福元年十月條。

[11]張璘、張諫：人名。籍貫不詳。唐末官員。事見《新唐書》卷一〇。

[12]邵倫：人名。籍貫不詳。唐末官員。事見本書卷一、卷一六。《輯本舊史》卷一六《張歸霸傳》、《宋本册府》卷一八七《閏位部·勳業門五》均作邵儒。

[13]“十一月”至“遂令友裕移兵擊時溥”：《通鑑》卷二五九景福元年十一月乙未條。

景福二年正月，時溥遣兵攻宿州，刺史郭言戰死。[1]二月，時溥求救於朱瑾，朱全忠遣其將霍存將騎兵三千軍曹州以備之。[2]瑾將兵二萬救徐州，存引兵赴之，與朱友裕合擊徐、兖兵於石佛山下，[3]大破之，瑾遁歸兖州。辛卯，徐兵復出，存戰死。[4]四月，汴軍攻徐州，累月不克。通事官張濤以書白朱全忠云：[5]“進軍時日非良，故無功。”全忠以爲然。敬翔曰：[6]“今攻城累月，所費甚多，徐人已困，旦夕且下，使將士聞此言，則懈於攻取矣。”全忠乃焚其書。癸未，全忠自將如徐州；戊子，龐師古拔彭城，時溥舉族登燕子樓自焚死。[7]

[1]“景福二年正月”至“刺史郭言戰死”：《通鑑》卷二五九

景福二年正月條。

　　[2]霍存：人名。洺州曲周（今河北曲周縣東北）人。唐末、五代將領。傳見本書卷二一、《新五代史》卷二一。　曹州：州名。治所在今山東曹縣西北。

　　[3]石佛山：山名。即今江蘇徐州市南雲龍山。其東南嶺有大石佛，故名。

　　[4]"二月，時溥求救於朱瑾"至"存戰死"：《通鑑》卷二五九景福二年二月辛卯條。

　　[5]張濤：人名。籍貫不詳。本書僅此一見。

　　[6]敬翔：人名。同州馮翊（今陝西大荔縣）人。後梁大臣。傳見本書卷一八、《新五代史》卷二一。

　　[7]燕子樓：樓名。位於今江蘇徐州市。　"四月，汴軍攻徐州"至"時溥舉族登燕子樓自焚死"：《通鑑》卷二五九景福二年（893）四月癸未、戊子條。此兩條之《考異》曰："《實録》：'五月，汴州奏拔徐州。'《舊·紀》：'四月，汴將王重師、牛存節陷徐州。'《舊·傳》：'溥求援于兗州朱瑾，出兵救之，值大雪，糧盡而還。汴將王重師、牛存節夜乘梯而入，溥與妻子登樓自焚而卒。景福二年也。'《新·紀》：'四月，戊子，朱全忠陷徐州，時溥死之。'薛居正《五代史·梁紀》：'丁亥，師古下彭門，梟溥首以獻。'《唐太祖紀年録》：'四月，澤州李罕之上言："懷孟降人報汴將龐師古於今月八日攻陷徐州，徐帥時溥舉族皆没。"'溫既下徐，方詐請朝廷命帥，昭宗乃以兵部尚書孫儲爲徐帥，既而溫以他詞斥去，自以其將鎮之。四月八日，蓋河東傳聞之誤。今從《編遺録》、《新·紀》。"見《舊唐書》卷二〇上、卷一八二，《新唐書》卷一〇。《新唐書》卷一八八《時溥傳》："朱友裕率軍攻溥，嬰城不出。有語全忠曰：'軍行非吉日，故師無功。'全忠遣參謀徐璠至軍責諭，友裕答曰：'溥困且破，乃徇妖辭，士心憧矣。'焚其書，督餫饋，急攻之，溥將徐汶出降。溥求救於朱瑾。全忠自以兵屯曹，將去，留精騎數千授霍存曰：'事急，可倍道趨之。'瑾兵二萬與溥合攻友

裕，存引兵疾戰，瑾、溥還壁。明日復戰，霍存敗，死之。進逼友裕，友裕堅營不出，瑾食盡，還兗州。全忠使龐師古代友裕，溥分兵固保石佛山，師古攻拔之。自是完壘不戰。王重師、牛存節等梯其堞以入，溥挈金玉與妻子登燕子樓，自焚死，實景福二年。全忠遂有其地，私置守焉。"

王師範

王師範，青州人。父敬武，[1]初爲平盧牙將。[2]唐廣明元年，[3]無棣人洪霸郎合群盜於齊、棣間，[4]節度使安師儒遣敬武討平之。[5]及巢賊犯長安，諸藩擅易主帥，敬武乃逐師儒，自爲留後，[6]王鐸承制授以節鉞。[7]後以出師勤王功，加太尉、平章事。

[1]父敬武：《宋本册府》卷一七八《帝王部·姑息門三》曰："敬武本青州無棣人。"

[2]平盧：方鎮名。治所在青州（今山東青州市）。

[3]廣明：唐僖宗李儇年號（880—881）。

[4]無棣：縣名。治所在今山東無棣縣。　洪霸郎：人名。無棣（今山東慶雲縣）人。唐末叛亂勢力首領。本書僅此一見。《宋本册府》卷三六〇《將帥部·立功門一三》作"弘霸郎"。　齊：州名。治所在今山東濟南市。　棣：州名。治所在今山東惠民縣。

[5]安師儒：人名。籍貫不詳。唐末軍閥。事見本書本卷、卷一、卷一九。　"唐廣明元年"至"節度使安師儒遣敬武討平之"：《新五代史》卷四二《王師範傳》繫於廣明元年（880）。《新唐書》卷一八七《王敬武傳》繫於中和中。

[6]"及巢賊犯長安"至"自爲留後"：敬武逐師儒，《新唐

書》卷九《僖宗紀》繫於中和二年（882）九月條；同書《王敬武傳》作中和中事。

[7]王鐸：人名。太原（今山西太原市）人。唐末軍閥，曾積極參與平定黃巢起義。傳見《新唐書》卷一八五。　承制：秉承皇帝旨意。有時非出自帝命，爲一種假藉的名義或政治待遇。兩晉、南北朝或後世權臣多有此種名義，以此得自行處置政務、任免官吏，雖稱“承制行事”，但不必取得皇帝同意。

　　龍紀中，敬武卒，師範年幼，三軍推之爲帥。[1]棣州刺史張蟾叛於師範，[2]不受節度，朝廷乃以崔安潛爲平盧帥，[3]師範拒命。張蟾迎安潛至郡，同討師範。[4]師範遣將盧弘將兵攻蟾，[5]弘復叛，與蟾通謀，僞旋軍，將襲青州。師範知之，遣重賂迎弘，謂之曰：“吾以先人之故，爲軍府所推，年方幼少，未能幹事。如公以先人之故，令不乏祀，公之仁也。如以爲難與成事，乞保首領，以守先人墳墓，亦唯命。”弘以師範年幼，必無能爲，不爲之備。師範伏兵要路，迎而享之，預謂紀綱劉鄩曰：[6]“翌日盧弘至，爾即斬之，酬爾以軍校。”鄩如其言，斬弘於座上，及同亂者數人。因戒厲士衆，大行頒賞，與之誓約，自率之以攻棣州，擒張蟾，斬之。安潛遁還長安。[7]師範雅好儒術，少負縱橫之學，故安民禁暴，各有方略，當時藩翰咸稱之。[8]

　　[1]“龍紀中”至“三軍推之爲帥”：《舊唐書》卷二〇上《昭宗紀》繫於龍紀元年（889）十月己未朔條。《宋本册府》卷一七八《帝王部·姑息門三》繫於大順元年（890）。《新唐書》卷一〇《昭宗紀》、《通鑑》卷二五八繫此事於龍紀元年十月，未書

日。《新唐書》卷一八七《王師範傳》、《通鑑》卷二五八皆曰師範年十六爲留後。

[2]張蟾：人名。籍貫不詳。唐末將領。事見本書本卷、卷二三。《舊五代史考異》：“案：原本作‘張儋’，今據《新唐書》改正。”《舊唐書·昭宗紀》、卷一七七《崔安潛傳》，《輯本舊史》卷二三《劉鄩傳》，《宋本册府》卷一七八，《新五代史》卷二二《劉鄩傳》，《新唐書·昭宗紀》、《王師範傳》，《通鑑》卷二五八，均作“張蟾”。

[3]崔安潛：人名。清河武城（今山東武城縣）人。唐末大臣。傳見《舊唐書》卷一七七、《新唐書》卷一一四。

[4]“棣州刺史張蟾叛於師範”至“同討師範”：《舊唐書·崔安潛傳》繫上述事於龍紀初。《通鑑》卷二五八繫於龍紀元年十月條。

[5]盧弘：人名。籍貫不詳。唐末將領。事見本書本卷。《輯本舊史》之影庫本粘籤曰：“盧弘，《歐陽史》作‘盧洪’，蓋避宣祖諱，今仍《薛史》之舊。”見《新五代史·劉鄩傳》、卷四二《王師範傳》。《輯本舊史·劉鄩傳》、《宋本册府》卷一七八、《新唐書·王師範傳》、《通鑑》卷二五八，亦均作“盧弘”。

[6]享：宴請，招待。 紀綱：指僕人。語出《左傳·僖公二十四年》：“秦伯送衛於晉三千人，實紀綱之僕。” 劉鄩：人名。密州安丘（今山東安丘市）人。後梁將領。傳見本書卷二三、《新五代史》卷二二。 紀綱劉鄩：《新五代史·王師範傳》作“其僕劉鄩”。

[7]“師範伏兵要路”至“安潛遁還長安”：《舊唐書·昭宗紀》大順二年二月辛巳條：“棣州刺史張蟾爲青州將王師範所敗。新授平盧節度使崔安潛自棣州歸朝，復授太子少師。”同年三月辛亥條：“三月辛亥朔，以青州權知兵馬留後王師範檢校兵部尚書，兼青州刺史、御史大夫，充平盧軍節度觀察、押新羅渤海兩蕃等使。”《新唐書·王師範傳》曰：“蟾請救於朱全忠，全忠馳使諭解，師範拔其城，斬蟾，而安潛不敢入。”《通鑑》卷二五八大順二年

三月乙亥條："師範密謂小校安丘劉鄩曰：'汝能殺弘，吾以汝爲大將。'弘入城，師範伏甲而享之，鄩殺弘於座及其黨數人。師範慰諭士卒，厚賞重誓，自將以攻棣州，執張蟾，斬之；崔安潛逃歸京師。師範以鄩爲馬步副都指揮使。詔以師範爲平盧節度使。"《新五代史·劉鄩傳》："師範表鄩登州刺史，以爲行軍司馬。"

[8]"師範雅好儒術"至"當時藩翰咸稱之"：《宋本册府》卷六七七《牧守部·能政門》作："梁王師範，自昭宗龍紀中爲青州節度使十五年，甚有殊政。縣令、刺史，皆奏儒雅之士爲之，野無閑田，路無拾遺。"《新唐書·王師範傳》："師範喜儒學，謹孝，于法無所私。舅醉殺人，其家訴之，師範厚賂謝，訴者不置，師範曰：'法非我敢亂。'乃抵舅罪。母恚之，師範立堂下，日三四至，不得見三年，拜省户外不敢懈。以青州父母所籍，每縣令至，具威儀入謁，令固辭，師範遣吏挾坐，拜廷中乃出。或諫不可，答曰：'吾恭先世，且示子孫不忘本也。'"

及太祖平兗、鄆，遣朱友恭攻之，師範乞盟，遂與通好。[1]天復元年冬，[2]李茂貞劫遷車駕幸鳳翔，[3]韓全誨矯詔加罪於太祖，[4]令方鎮出師赴難。詔至青州，師範承詔泣下曰："吾輩爲天子藩籬，[5]君父有難，略無奮力者，皆强兵自衛，縱賊如此，使上失守宗祧，危而不持，是誰之過，吾今日成敗以之！"乃發使通楊行密，[6]遣將劉鄩襲兗州，別將襲齊、棣。[7]時太祖方圍鳳翔，師範遣將張居厚部輿夫二百，[8]言有獻於太祖。至華州東城，[9]華將婁敬思疑其有異，[10]剖輿視之，乃兵仗也。居厚等因大呼，[11]殺敬思，聚衆攻西城。時崔胤在華州，[12]遣部下閉關距之，遂遁去。[13]是日，劉鄩下兗州，河南數十郡同日發。[14]太祖怒，遣朱友寧率軍討之。[15]

既而友寧爲青軍所敗，臨陣被擒，傳首於淮南。[16]

[1]"及太祖平兗、鄆"至"遂與通好"：《舊唐書》卷二〇上《昭宗紀》、《通鑑》卷二六一皆繫於乾寧四年（897）二月戊申條。《通鑑》卷二六一光化元年（898）正月條後："加平盧節度使王師範同平章事。"同卷光化二年十月條："淄青節度使王師範以沂、密內叛，乞師于楊行密。冬，十月，行密遣海州刺史臺濛、副使王綰將兵助之，拔密州，歸于師範；將攻沂州，先使覘之，曰：'城中皆偃旗息鼓。'綰曰：'此必有備，而救兵近，不可擊也。'諸將曰：'密已下矣，沂何能爲！'綰不能止，乃伏兵林中以待之。諸將攻沂州不克，救兵至，引退；州兵乘之，綰發伏擊敗之。"

[2]天復：唐昭宗李曄年號（901—904）。

[3]李茂貞：人名。深州博野（今河北蠡縣）人。唐末、五代軍閥。傳見本書卷一三二、《新五代史》卷四〇。　鳳翔：方鎮名。治所在鳳翔府（今陝西鳳翔縣）。

[4]韓全誨：人名。籍貫不詳。唐末宦官。傳見《新唐書》卷二〇八。

[5]吾輩爲天子藩籬：《宋本冊府》卷三七四《將帥部·忠門五》無"爲"字。

[6]"天復元年冬"至"乃發使通楊行密"：《輯本舊史》之原輯者案語："《新唐書》：全忠圍鳳翔，昭宗詔方鎮赴難，以師範附全忠，命楊行密部將朱瑾攻青州，且欲代爲平盧軍節度使。師範聞之，哭曰：'吾爲國守藩，君危不持，可乎！'乃與行密連盟。是師範之通行密，因其將謀見代而始遣使也。《歐陽史》作因乞兵于楊行密，殊失事實，而《薛史》亦未詳載。"見《新唐書》卷一八七《王師範傳》。《通鑑》卷二六三天復三年（903）正月丙午條："會張濬自長水亦遺之書，勸舉義兵。師範曰：'張公言正會吾意，夫復何疑！雖力不足，當死生以之。'"

[7]別將襲齊、棣："棣"字原闕，據《宋本册府》卷三七四補。《輯本舊史》卷一六《張歸弁傳》載，歸弁時爲齊州指揮使，"屬青帥王師範叛，遣將詐爲賈人，挽車數十乘，匿兵器於其中，將謀竊發，歸弁察而擒之，州城以寧"。

[8]張居厚：人名。籍貫不詳。唐末王師範牙將。事見《通鑑》卷二六三。《舊唐書·昭宗紀》、《宋本册府》卷一八七《閏位部·勳業門五》、《通鑑》卷二六三天復三年正月丙午條《考異》引《唐太祖紀年録》，均作"張厚"。　師範遣將張居厚部輿夫二百：《通鑑》卷二六三天復三年正月丙午條則作："是日，青州牙將張居厚帥壯士二百將小車至華州東城。"

[9]華州：州名。治所在今陝西渭南市華州區。　至華州東城：中華書局本有校勘記："'東城'，原作'城東'，據《册府》卷三七四、《新五代史》卷四二《王師範傳》、《通鑑》卷二六三乙正。"

[10]婁敬思：人名。籍貫不詳。朱温部將。事見《新唐書》卷一六七《王敬武傳》、《通鑑》卷二六三。

[11]居厚等因大呼：中華書局本有校勘記："'大'字原闕，據《册府》卷三七四補。《通鑑》卷二六三敘其事作'其徒大呼'。"

[12]崔胤：人名。清河武城（今山東武城縣）人。唐末宰相。傳見《舊唐書》卷一七七、《新唐書》卷二二三下。《宋本册府》卷三七四作"崔裔"，爲避宋太祖諱改。

[13]"時崔胤在華州"至"遂遁去"：《新唐書》卷一八七《王師範傳》："遣將張居厚、李彥威以甲槊二百輿紿爲獻者，及華州，先内十輿，閽人覺，衆擐甲譟，殺全忠守將婁敬思。是時崔胤方在華，閉門拒戰，執居厚還全忠。"《宋本册府》卷一八七記載有異，曰：天復三年正月丙辰，"華州留後李存審遣飛騎來告，青州節度使王師範遣牙將張厚輦甲冑弓槊，詐言來獻，欲盜據州城，事覺，已擒之矣"。

[14]河南：泛指黄河以南。　"是日"至"河南數十郡同日發"：《宋本册府》卷一八七繫於唐昭宗天復三年正月丙辰。《新唐

書》卷一〇《昭宗紀》、《通鑑》卷二六三繫於丙午。《通鑑》卷二六三天復三年正月條："時關東兵多從全忠在鳳翔，師範分遣諸將詐爲貢獻及商販，包束兵仗，載以小車，入汴、徐、兗、鄆、齊、沂、河南、孟、滑、河中、陝、虢、華等州，期以同日俱發，討全忠。適諸州者多事泄被擒，獨行軍司馬劉鄩取兗州。時泰寧節度使葛從周悉將其兵屯邢州，鄩先遣人爲販油者入城，詗其虛實及兵所從入；丙午，鄩將精兵五百夜自水竇入，比明，軍城悉定，市人皆不知。"

[15]朱友寧：人名。朱温之侄，唐末、五代將領。傳見本書卷一二、《新五代史》卷一三。

[16]"太祖怒"至"傳首於淮南"：《通鑑》卷二六三天復三年正月丙午條："全忠留節度判官裴迪守大梁，師範遣走卒齎書至大梁，迪問以東方事，走卒色動。迪察其有變，屏人問之，走卒具以實告。迪不暇白全忠，亟請馬步都指揮使朱友寧將兵萬餘人東巡兗、鄆。友寧召葛從周於邢州，共攻師範。全忠聞變，亦分兵先歸，使友寧并將之。"事亦見明本《册府》卷七二一《幕府部·謀畫門二》、《新五代史》卷四三《裴迪傳》。《通鑑》卷二六三天復三年正月庚午條後："王師範遣使以起兵告李克用，克用貽書褒贊之。河東監軍張承業亦勸克用發兵救鳳翔，克用攻晉州，聞車駕東歸，乃罷。"同書卷二六四天復三年三月戊午、戊辰兩條曰："戊午，朱全忠至大梁。王師範弟師魯圍齊州，朱友寧引兵擊走之。師範遣兵益劉鄩軍，友寧擊取之。由是兗州援絶，葛從周引兵圍之。友寧進攻青州；戊辰，全忠引四鎮及魏博兵十萬繼之。"《舊唐書·昭宗紀》記載有異，曰："三月壬寅朔，全忠引四鎮之兵征王師範。先是，大將朱友寧、楊師厚前軍臨淄、青，師範求援于淮南，楊行密遣將王景仁帥衆萬人赴之。"《通鑑》卷二六四天復三年四月乙未條："王師範求救於淮南，乙未，楊行密遣其將王茂章以步騎七千救之，又遣別將將兵數萬攻宿州。全忠遣其將康懷英救宿州，淮南兵遁去。"同年五月丁未條後："朱友寧攻博昌，月餘不拔；朱全忠怒，遣客將劉捍往督之。捍至，友寧驅民丁十餘萬，負木石，牽

牛驢，詣城南築土山，既成，并人畜木石排而築之，冤號聲聞數十里。俄而城陷，盡屠之。進拔臨淄，抵青州城下，遣別將攻登、萊。淮南將王茂章會王師範弟萊州刺史師誨攻密州，拔之。”同年六月乙亥、丙子條：“乙亥，汴兵拔登州。師範帥登、萊兵拒朱友寧於石樓，爲兩栅。丙子，夜，友寧擊登州栅，栅中告急，師範趣茂章出戰，茂章按兵不動。友寧破登州栅，進攻萊州栅。比明，茂章度其兵力已疲，乃與師範合兵出戰，大破之。友寧旁自峻阜馳騎赴敵，馬仆，青州將張土梟斬之，傳首淮南。兩鎮兵逐北至米河，俘斬萬計，魏博之兵殆盡。”

　　天復三年七月，太祖復令楊師厚進攻，屯于臨朐。[1]師厚累敗青軍，遂進寨於城下。[2]師範懼，乃令副使李嗣業詣師厚乞降，[3]太祖許之。[4]歲餘，遣李振權典青州事，[5]因令師範舉家徙汴。師範將至，縞素乘驢，請罪於太祖。太祖以禮待之，尋表爲河陽節度使。[6]會韓建移鎮青州，[7]太祖帳餞於郊，[8]師範預焉。太祖謂建曰：“公頃在華陰，政事之暇，省覽經籍，此亦士君子之大務。今之青土，政簡務暇，可復修華陰之故事。”建攝謙而已。太祖又曰：“公讀書必須精意，勿錯用心。”太祖以師範好儒，前以青州叛，故以此言譏之。及太祖即位，徵爲金吾上將軍。[9]

　　[1]楊師厚：人名。潁州斤溝（今安徽太和縣阮橋鎮斤溝村）人。唐末、五代將領。傳見本書卷二二、《新五代史》卷二三。臨朐：縣名。治所在今山東臨朐縣。
　　[2]“天復三年七月”至“遂進寨於城下”：《通鑑》卷二六四天復三年（907）七月壬子條：“全忠聞友寧死，自將兵二十萬晝夜

兼行赴之。秋，七月，壬子，至臨朐，命諸將攻青州。王師範出戰，汴兵大破之。……茂章度衆寡不敵，是夕，引軍還。全忠遣曹州刺史楊師厚追之，及於輔唐。茂章命先鋒指揮使李虔裕將五百騎爲殿，虔裕殊死戰，師厚擒而殺之。"事亦見《宋本册府》卷一八七《閏位部・勳業門五》，繫於四月丙子。《通鑑》卷二六四天復三年八月戊辰條："朱全忠留齊州刺史楊師厚攻青州，身歸大梁。"同年九月癸卯條："楊師厚屯臨朐，聲言將之密州，留輜重於臨朐。九月，癸卯，王師範出兵攻臨朐，師厚伏兵奮擊，大破之，殺萬餘人，獲師範弟師克。明日，萊州兵五千救青州，師厚邀擊之，殺獲殆盡，遂徙寨抵其城下。"《宋本册府》卷一八七作癸卯卯時，徙寨以逼其城。

[3]副使：官名。指節度副使。唐五代方鎮屬官。位於行軍司馬之下、判官之上。　李嗣業：人名。籍貫不詳。唐末將領。本書僅此一見。

[4]"師範懼"至"太祖許之"：《輯本舊史》之原輯者案語："師範之降，《薛史》與《新唐書》異，《薛史》則以爲兵臨城下而始降也。《新唐書》云：師厚圍青州，敗師範兵于臨朐，執諸將，又獲其弟師克。是時，師範衆尚十餘萬，諸將請決戰，而師範以弟故，乃請降。《歐陽史》云：弟師魯大敗，遂傅其城，而梁別將劉重霸下其棣州，師範乃請降。亦微有不同。"見《輯本舊史・楊師厚傳》、《新唐書》卷一八七《王師範傳》。王師範降全忠，《宋本册府》卷一八七、《新唐書》卷一〇《昭宗紀》、《通鑑》卷二六四，皆繫於天復三年九月戊午條。《通鑑》卷二六四："王師範遣副使李嗣業及弟師悅請降於楊師厚，曰：'師範非敢背德，韓全誨、李茂貞以朱書御札使之舉兵，師範不敢違。'仍請以其弟師魯爲質。時朱全忠聞李茂貞、楊崇本將起兵逼京畿，恐其復劫天子西去，欲迎車駕都洛陽，乃受師範降，選諸將使守登、萊、淄、棣等州，即以師範權淄青留後。師範仍言先遣行軍司馬劉鄩將兵五千據兗州，非其自專，願釋其罪；亦遣使語鄩。"《宋本册府》卷一八七："帝

復命師範權知青州軍州事，師範乃請以錢二十萬貫犒軍，帝許之。"
《舊唐書》卷二〇上《昭宗紀》天復三年十一月丁酉條："十一月
丁酉朔，王師範以青州降楊師厚，全忠復令師範知青州事。"

［5］李振：人名。後梁大臣。祖居西域，祖、父在唐皆官郡守。
傳見本書卷一八、《新五代史》卷四三。

［6］河陽：方鎮名。全稱"河陽三城"。治所在孟州（今河南
孟州市）。"歲餘"至"尋表爲河陽節度使"：《舊唐書》卷二〇
下《哀帝紀》天祐二年（905）三月壬戌條，制以"王師範爲孟州
刺史、河陽三城懷孟節度觀察等使，從全忠奏也"。《通鑑》卷二
六五天祐二年正月至三月庚午條："（正月）庚午，朱全忠命李振知
青州事，代王師範。……二月辛卯，（全忠）至大梁。李振至青州，
王師範舉族西遷，至濮陽，素服乘驢而進；至大梁，全忠客之。表
李振爲青州留後。……三月，庚午，以王師範爲河陽節度使。"王
師範至大梁，《宋本冊府》卷一八七繫於天祐二年二月甲午。《輯
本舊史》卷一八《李振傳》："天祐二年春正月，太祖召振謂曰：
'王師範來降易歲，尚處故藩，今將奏請徙授方面，其爲我馳騎，
以兹意達之。'振至青州，師範即日出公府，以節度、觀察二印及
文簿管鑰授於振。師範雖已受代，而疑撓特甚，屢揮泣求貸其族，
振因以切理諭之。……師範洒然大悟，翌日以其族西遷。太祖乃表
振爲青州留後，未幾，徵還。"亦見《宋本冊府》卷六六〇《奉使
部·敏辯門二》、《新五代史·李振傳》。《宋本冊府》卷六六〇作
天祐初事。

［7］韓建：人名。許州長社（今河南許昌市）人。唐末、五代
軍閥。傳見本書卷一五、《新五代史》卷四〇。

［8］帳餞：設帳置酒踐行。

［9］金吾上將軍：官名。即金吾衛上將軍。唐置，掌宮禁宿衛。
唐代十六衛之一。從二品。《新五代史》卷二《梁太祖紀下》開平二
年（908）六月己酉條、卷四二《王師範傳》作"右金吾衛上將軍"。

　　開平初，[1]太祖封諸子爲王，友寧妻號訴於太祖曰："陛下化家爲國，人人皆得崇封。妾夫早預艱難，粗立勞効，不幸師範反逆，亡夫横屍疆場。冤讎尚在朝廷，受陛下恩澤，亡夫何罪！"太祖凄然泣下曰："幾忘此賊。"即遣人族師範於洛陽。先掘坑於第側，乃告之，其弟師誨、兄師悦及兒姪二百口，咸盡戮焉。時使者宣詔訖，師範盛啓宴席，令昆仲子弟列座，謂使者曰："死者，人所不能免，況有罪乎！然予懼坑屍於下，少長失序，恐有愧於先人。"行酒之次，令少長依次於坑所受戮，人士痛之。[2]後唐同光三年三月，詔贈太尉。[3]《永樂大典》卷一萬八千一百二十七。[4]

　　[1]開平：後梁太祖朱温年號（907—911）。

　　[2]"開平初"至"人士痛之"：太祖族師範，《新五代史》卷二《梁太祖紀下》、《通鑑》卷二六六繫於開平二年（908）六月己酉條。

　　[3]同光：後唐莊宗李存勖年號（923—926）。　後唐同光三年三月詔贈太尉：《輯本舊史》卷三一《唐莊宗紀五》繫於同光三年（923）三月甲辰條。

　　[4]《大典》卷一八一二七"將"字韻"後梁將（二）"事目。

　　劉知俊　族子嗣彬

　　劉知俊，字希賢，徐州沛縣人也。姿貌雄傑，倜儻有大志。始事徐帥時溥，爲列校，溥甚器之，後以勇略見忌。唐大順二年冬，率所部二千人來降，即署爲軍校。知俊被甲上馬，輪劍入敵，勇冠諸將。太祖命左右義勝兩軍隸之，尋用爲左開道指揮使，[1]故當時人謂之"劉開道"。從討秦宗權及攻徐州皆有功，尋補徐州馬步軍都指揮使。攻海州下之，遂奏授刺史。天復初，歷典懷、鄭二州，[2]從平青州，以功奏授同州節度使。[3]天祐三年冬，[4]以兵五千破岐軍六萬於美原。[5]自是連克鄜、延等五州，[6]乃加檢校太傅、平章事。[7]開平二年春三月，命爲潞州行營招討使。[8]知俊未至潞，夾寨已陷，晉人引軍方攻澤州，[9]聞知俊至，乃退。尋改西路招討使。[10]六月，大破岐軍於幕谷，[11]俘斬千計，李茂貞僅以身免。三年五月，加檢校太尉、兼侍中，封大彭郡王。[12]

[1]義勝：部隊番號。 左開道指揮使：官名。所部統兵將領。左開道爲部隊番號。開道，《舊五代史考異》："案：原本作'關道'，今據《歐陽史》改正。"見《新五代史》卷四四《劉知俊傳》。《宋本册府》卷三九六《將帥部·勇敢門三》亦作"開道"。
  尋用爲左開道指揮使：《通鑑》卷二五八繫此事於大順二年（891）十一月乙丑條："時溥將劉知俊帥衆二千降於朱全忠。知俊，沛人，徐之驍將也，溥軍自是不振。全忠以知俊爲左右開道指揮使。"
[2]懷：州名。治所在今河南沁陽市。 鄭：州名。治所在今河南鄭州市。
[3]同州：州名，治所在今陝西大荔縣。此處指匡國軍。"從討秦宗權及攻徐州皆有功"至"以功奏授同州節度使"：劉知俊於大順二年十一月率所部降梁，秦宗權則在此前之龍紀元年

（889）二月已被處死，見《宋本册府》卷一八七《閏位部·勳業門五》及《通鑑》卷二五八龍紀元年二月條，知俊何能從討秦宗權？本傳誤。梁太祖平青州王師範自天復三年（903）三月至九月，見《宋本册府》卷一八七及《通鑑》卷二六四，但無劉知俊從平青州之記載。梁太祖奏以鄭州刺史劉知俊爲同州（匡國軍）節度使，在天祐元年（904）三月乙卯，見《通鑑》卷二六四。《輯本舊史》卷一六《張歸霸傳》及明本《册府》卷三四六《將帥部·佐命門七》又載，天祐初（應爲元年），"其秋，（歸霸）加檢校司徒，副劉知俊禦邠、鳳之寇，敗之"。本傳未載。

　　[4]天祐：唐昭宗李曄開始使用的年號（904）。唐哀帝李柷即位後沿用（904—907）。唐亡後，河東李克用、李存勗仍稱天祐，沿用至天祐二十年（923）。五代其他政權亦有行此年號者，如南吳、吳越等，使用時間長短不等。

　　[5]岐軍：指岐王李存勗軍。　美原：縣名。治所在今陝西富平縣。

　　[6]鄜：州名。治所在今陝西富縣。　延：州名。治所在今陝西延安市。

　　[7]"天祐三年冬"至"乃加檢校太傅平章事"：《輯本舊史》卷二三《康懷英傳》（懷英本名懷貞，後避後梁末帝名朱友貞諱改名）："天祐三年冬，佐劉知俊破邠、鳳之衆五萬於美原，收十五餘寨，乘勝引軍攻下鄜州，以功授陝州節度使。"《通鑑》卷二六五天祐三年九月條："静難節度使楊崇本以鳳翔、保塞、彰義、保義之兵攻夏州，匡國節度使劉知俊邀擊坊州之兵，斬首三千餘級，擒坊州刺史劉彦暉。"同年十月戊戌條："夏州告急於朱全忠；戊戌，全忠遣劉知俊及其將康懷英救之。楊崇本將六鎮之兵五萬，軍于美原。知俊等擊之，崇本大敗，歸于邠州。"同年十一月條："劉知俊、康懷貞乘勝攻鄜、延等五州，下之。加知俊同平章事，以懷貞爲保義節度使。"《宋本册府》卷七〇七《令長部·貪黷門》載："梁陳知古爲華陰縣令，太祖開平元年十一月，同州劉知俊奏：'知

古因抽選軍丁，藏匿富户，以受其賂。闔縣訴論，今已按驗罪狀。'帝惡其貪猾，委本道以法誅之。"本傳未載此事。

[8]潞州：州名。治所在今山西長治市。 行營招討使：武官名。自後梁至後周均設行營招討使，負責地方征討招撫之事。掌管區域較大而且主官資深者，則委以諸道行營都招討使和副都招討使，否則爲行營招討使和副招討使。

[9]晋人：指晋王李克用軍。 澤州：州名。治所在今山西澤州縣。

[10]"開平二年春三月"至"尋改西路招討使"：《通鑑》卷二六六開平二年（908）三月壬申至壬午條："李思安等攻潞州，久不下，士卒疲弊，多逃亡。晋兵猶屯余吾寨，帝疑晋王克用詐死，欲召兵還，恐晋人躡之，乃議自至澤州應接歸師，且召匡國節度使劉知俊將兵趣澤州。三月，壬申朔，帝發大梁；丁丑，次澤州；辛巳，劉知俊至。壬午，以知俊爲潞州行營招討使。"同年甲午條："帝留澤州旬餘。……劉知俊將精兵萬餘人擊晋軍，斬獲甚衆，表請自留攻上黨，車駕宜還京師。帝以關中空虛，慮岐人侵同、華，命知俊休兵長子旬日，退屯晋州，俟五月歸鎮。"同年五月辛未條："五月，辛未朔，晋王伏兵三垂岡下，詰旦大霧，進兵直抵夾寨。梁軍無斥候，不意晋兵之至。……梁兵大潰，南走，招討使符道昭馬倒，爲晋人所殺；失亡將校士卒以萬計，委棄資糧、器械山積……周德威、李存璋乘勝進趣澤州……劉知俊自晋州引兵救之，德威焚攻具，退保高平。"同年六月條："蜀主遣將將兵會岐兵五萬攻雍州，晋張承業亦將兵應之。六月，壬寅，以劉知俊爲西路行營都招討使以拒之。"

[11]幕谷：地名。一作"漠谷"。位於今陝西乾縣西北。

[12]"六月"至"封大彭郡王"：《通鑑》卷二六六開平二年六月丙辰條："劉知俊及佑國（雍州）節度使王重師大破岐兵于幕谷，晋、蜀兵皆引歸。"同書卷二六七開平二年八月戊子條："岐王所署延州節度使胡敬璋寇上平關，劉知俊擊破之。"同卷開平三年

二月條載，延州牙將李延實攻保塞（延州）節度使劉萬子而殺之，
“遂據延州。馬軍都指揮使河西高萬興與其弟萬金聞變，以其衆數
千人詣劉知俊降。岐王置翟州於鄜城，其守將亦降”。同年四月丙
申、庚子條：“四月，丙申朔，劉知俊移軍攻延州，李延實嬰城自
守，知俊遣白水鎮使劉儒分兵圍坊州。庚子……劉知俊克延州，李
延實降。”同年五月丁卯條：“帝命劉知俊乘勝取邠州，知俊難之，
辭以闕食，乃召還。”

　　時知俊威望益隆，太祖雄猜日甚，會佑國軍節度使
王重師無罪見誅，[1]知俊居不自安，乃據同州叛，送款
於李茂貞。又分兵以襲雍、華，雍州節度使劉捍被
擒，[2]送鳳翔害之，華州蔡敬思被傷獲免。[3]太祖聞知俊
叛，遣近臣諭之曰：“朕待卿甚厚，何相負耶？”知俊報
曰：“臣非背德，但畏死耳！王重師不負陛下，而致族
滅。”太祖復遣使謂知俊曰：“朕不料卿爲此。昨重師得
罪，蓋劉捍言陰結邠、鳳，[4]終不爲國家用。我今雖知
枉濫，悔不可追，致卿如斯，我心恨恨，蓋劉捍悮予事
也，捍一死固未塞責。”知俊不報，遂分兵以守潼關。[5]
太祖命劉鄩率兵進討，攻潼關，下之。時知俊弟知浣爲
親衛指揮使，[6]聞知俊叛，自洛奔至潼關，爲鄩所擒，
害之。尋而王師繼至，知俊乃舉族奔於鳳翔，[7]李茂貞
厚待之，僞加檢校太尉、兼中書令，以土疆不廣，無藩
鎮以處之，但厚給俸禄而已。尋命率兵攻圍靈武，[8]且
圖牧圉之地。靈武節度使韓遜遣使來告急，[9]太祖令康
懷英率師救之，師次邠州長城嶺，[10]爲知俊邀擊，懷英
敗歸。茂貞悅，署爲涇州節度使。[11]復命率衆攻興元，

進圍西縣,[12]會蜀軍救至,乃退。[13]

[1]佑國軍：方鎮名。治所在河南府（今河南洛陽市）。　王重師：人名。潁州長社（今河南許昌市）人。後梁將領。傳見本書卷一九、《新五代史》卷二二。

[2]雍州：州名。治所在今陝西西安市。此處指晉昌軍。　劉捍：人名。開封（今河南開封市）人。後梁將領。傳見本書卷二〇、《新五代史》卷二一。

[3]蔡敬思：人名。籍貫不詳。後梁將領。事見本書本卷、卷九。　“時知俊威望益隆”至“華州蔡敬思被傷獲免”：《舊五代史考異》：“按《鑒戒録》云：彭城王劉知俊鎮同州日，因築營牆，掘得一物，重八十餘斤，狀若油囊，召賓幕將校問之。劉源曰：‘此是冤氣所結，古來囹圄之地或有焉。昔王充據洛陽，修河南府獄，亦獲此物。源聞酒能忘憂，奠以醇醪，或可消釋耳。然此物之出，亦非吉徵也。’知俊命具酒饌祝酹，復瘞之。尋有叛城背主之事。”見《鑒戒録》卷九《鑒冤辱》，此文與原文略有異，爲小説家言，僅録於此，以供參考。《通鑑》卷二六七開平三年（909）六月乙未條：“忠武節度使兼侍中劉知俊，功名浸盛，以帝猜忍日甚，内不自安；及王重師誅，知俊益懼。帝將伐河東，急徵知俊入朝，欲以爲河東西面行營都統；且以知俊有丹、延之功，厚賜之。知俊弟右保勝指揮使知浣從帝在洛陽，密使人語知俊云：‘入必死’！又白帝，請帥弟姪往迎知俊，帝許之。六月，乙未朔，知俊奏‘爲軍民所留’，遂以同州附於岐。執監軍及將佐之不從者，皆械送於岐。遣兵襲華州，逐刺史蔡敬思，以兵守潼關。潛遣人以重利啗長安諸將，執劉捍送於岐，殺之。知俊遣使請兵於岐，亦遣使請晉人出兵攻晉、絳，遺晉王書曰：‘不過旬日，可取兩京，復唐社稷。’”

[4]邠：州名。治所在今陝西彬縣。　鳳：州名。治所在今陝

西鳳縣。

[5]潼關：關隘名。位於今陝西潼關縣。

[6]知浣：《輯本舊史》之影庫本粘籤："'知浣'，原本作'知院'，今據《本紀》及《劉鄩傳》改正。"見《輯本舊史》卷四《梁太祖紀四》開平三年六月庚戌條、卷二三《劉鄩傳》。　親衛指揮使：官名。掌宿衛。

[7]"太祖聞知俊叛"至"知俊乃舉族奔於鳳翔"：《通鑑》卷二六七開平三年六月庚戌條："帝遣近臣諭劉知俊曰：'朕待卿甚厚，何忽相負？'對曰：'臣不背德，但畏族滅如王重師耳。'帝復使謂之曰：'劉捍言重師陰結邠、岐，朕今悔之無及，捍死不足塞責。'知俊不報。庚戌，詔削知俊官爵，以山南東道節度使楊師厚爲西路行營招討使，帥侍衛馬步軍都指揮使劉鄩等討之。"同月癸丑條："劉鄩至潼關東，獲劉知俊伏路兵藺如海等三十人，釋之使爲前導。劉知浣迷失道，盤桓數日，乃至關下，關吏納之。如海等繼至，關吏不知其已被擒，亦納之。鄩兵乘門開直進，遂克潼關，追及知浣，擒之。癸丑，帝至陝。"同月乙卯、庚申條："帝遣劉知俊姪嗣業持詔詣同州招諭知俊；知俊欲輕騎詣行在謝罪，弟知偓止之。楊師厚等至華州，知俊將壘賞開門降。知俊聞潼關不守，官軍繼至，蒼黃失圖，乙卯，舉族奔岐。楊師厚至長安，岐兵已據城，師厚以奇兵並南山急趨，自西門入，遂克之。庚申，以劉鄩權佑國留後。岐王厚禮劉知俊，以爲中書令。地狹，無藩鎮處之，但厚給俸祿而已。"《輯本舊史》卷四《梁太祖紀四》此條，引自《冊府》，非《舊史》原文。

[8]靈武：方鎮名。又稱朔方、靈州、靈鹽。治所在靈州（今寧夏吳忠市）。

[9]韓遜：人名。籍貫不詳。唐末、五代軍閥。傳見本書卷一三二、《新五代史》卷四〇。

[10]長城嶺：地名。又名馬嶺山。位於今陝西旬邑縣西。

[11]涇州：州名。治所在今甘肅涇川縣。此處指代彰義軍。

"李茂貞厚待之"至"署爲涇州節度使"：《舊五代史考異》："《九國志》云：李彦琦、劉知俊自靈武班師，塗經長城嶺，梁師率精銳數萬躡其後，彦琦與知俊同設方略，擊敗之。"見《九國志》卷七《李彦琦傳》。《通鑑》卷二六七開平三年八月辛西條後："岐王欲遣劉知俊將兵攻靈、夏，且約晋王使攻晋、絳。晋王引兵南下，先遣周德威等將兵出陰地關攻晋州。……詔楊師厚將兵救晋州晋兵解圍遁去。"同年十二月己丑條："岐王欲取靈州以處劉知俊，且以爲牧馬之地，使知俊自將兵攻之。朔方節度使韓遜告急；詔鎮國節度使康懷貞、感化節度使寇彦卿將兵攻邠、寧以救之。懷貞等所向皆捷……遊兵侵掠至涇州之境，劉知俊聞之，十二月己丑，解靈州圍，引兵還。帝急召懷貞等還，…… 至三水，知俊遣兵據險邀之……至昇平，劉知俊伏兵山口，懷貞大敗，僅以身免。……岐王以知俊爲彰義節度使，鎮涇州。"

[12] 興元：府名。治所在今陝西漢中市。 西縣：縣名。治所在今陝西勉縣。

[13] "復命率衆攻興元"至"乃退"：《舊五代史考異》："《九國志·王宗鐬傳》云：岐將劉知俊等領大軍分路來攻，由階、成路奪固鎮糧，王宗侃、唐襲等禦之，至青泥嶺，爲知俊所敗，退保西縣。會大雨，漢江漲，宗鐬自羅村得鄉導，緣山而行數百里，與宗播遇於鐵谷，合軍出湯頭。時知俊自斜谷山南直抵興州，圍西縣，軍人散掠巴中，宗鐬與宗播襲之。會王建亦至，遂解西縣之圍。"見《九國志》卷六《王宗鐬傳》。 《通鑑》卷二六八乾化元年(911) 八月乙亥條："岐王使劉知俊、李繼崇將兵擊蜀，乙亥，王宗侃、王宗賀、唐道襲、王宗紹與之戰於青泥嶺，蜀兵大敗。……先是，步軍都指揮使王宗綰城西縣，號安遠軍，宗侃、宗賀等收散兵走保之，知俊、繼崇追圍之。衆議欲棄興元，道襲曰：'無興元則無安遠，利州遂爲敵境矣。吾必以死守之。'蜀主以昌王宗鐬爲應援招討使，定戎團練使王宗播爲四招討馬步都指揮使，將兵救安遠軍，壁於廉、讓之間，與唐道襲合擊岐兵……大破之於明珠曲。

明日又戰於鼋口，斬其成州刺史李彥琛。”同年十月乙卯條：“蜀主如利州，命太子監國。決雲軍虞候王琮敗岐兵……俘斬三千五百級。乙卯，捉生將彭君集破岐二寨，俘斬三千級……蜀主命開道都指揮使王宗弼將兵救安遠，及劉知俊戰于斜谷，破之。”同年十一月丙申等條：“蜀王宗弼敗岐兵於金牛，拔十六寨，俘斬六千餘級……丙申，王宗鐬、王宗播敗岐兵於黃牛川。丁酉，蜀主自利州如興元……王宗侃等鼓譟而出，與援軍夾攻岐兵，大破之，拔二十一寨……己亥，岐兵解圍遁去。唐道襲先伏兵於斜谷邀擊，又破之。庚子，蜀主西還。”《通鑑》所記與劉知俊同將岐兵擊蜀之李繼崇，疑即前引《九國志》之李彥琦。《九國志·李彥琦傳》云，彥琦本姓楊，岐王李茂貞委以心腹之任，易姓李氏，齒於諸子。茂貞假子，均以“繼”字排行，如李繼徽（楊崇本）、李繼鵬（閻珪）等。本傳下文亦言李繼崇爲茂貞猶子。

　　既而爲茂貞左右石簡顒等間之，[1]免其軍政，寓於岐下，[2]掩關歷年。茂貞猶子繼崇鎮秦州，[3]因來寧覲，[4]言知俊途窮至此，不宜以讒嫉見疑，茂貞乃誅簡顒等以安其心。繼崇又請令知俊挈家居秦州，以就豐給，茂貞從之。[5]未幾，邠州亂，茂貞命知俊討之。時邠州都校李保衡納款于朝廷，[6]末帝遣霍彥威率衆先入于邠，[7]知俊遂圍其城，半載不能下。會李繼崇以秦州降于蜀，知俊妻孥皆遷於成都，遂解邠州之圍而歸岐陽。[8]知俊以舉家入蜀，終慮猜忌，因與親信百餘人夜斬關奔蜀。[9]

[1]石簡顒：人名。籍貫不詳。唐末官員。事見本書本卷。
[2]岐下：指鳳翔。位於今陝西鳳翔縣。

[3]猶子：侄子。　繼崇：人名。即李繼崇。李茂貞之侄。事見本書本卷。　秦州：州名。治所在今甘肅天水市。

[4]寧覲：省親。

[5]“既而爲茂貞左右石簡顒等間之”至“茂貞從之”：明本《册府》卷四三八《將帥部・奔亡門》較傳稍簡。《通鑑》卷二六八乾化元年（911）十一月庚子條記：蜀主西還後，“岐王左右石簡顒讒劉知俊於岐王，王奪其兵。李繼崇言於王曰：‘知俊壯士，窮來歸我，不宜以讒廢之。’王爲之誅簡顒以安之。繼崇召知俊舉族居于秦州”。

[6]李保衡：人名。楊崇本養子，五代將領。事見本書本卷、卷八、卷六四。

[7]末帝：即後梁末帝朱友貞。913年至923年在位。乾化三年發動政變，誅殺朱友珪，即皇帝位。後唐軍渡河進逼開封，末帝勢窮自殺。後梁遂亡。紀見本書卷八至卷一〇、《新五代史》卷三。

霍彦威：人名。洺州曲周（今河北曲周縣）人。五代將領。傳見本書卷六四、《新五代史》卷四六。

[8]蜀：五代十國之前蜀。　岐陽：縣名。治所在今陝西岐山縣。

[9]“未幾邠州亂”至“因與親信百餘人夜斬關奔蜀”：明本《册府》卷四三八《將帥部・奔亡門》與傳同，“以舉家入蜀”前之“知俊”據《册府》補。《通鑑》卷二六九乾化四年十二月甲申條後：“岐靜難（邠州）節度使李繼徽（楊崇本）爲其子彦魯所毒而死，彦魯自爲留後。”同卷貞明元年四月條：“李繼徽假子保衡殺李彦魯，自稱靜難留後，舉邠、寧二州來附。詔以保衡爲感化節度使，以河陽留後霍彦威爲靜難節度使。”同年五月條：“岐王遣彰義節度使劉知俊圍邠州，霍彦威固守拒之。”同年十一月甲戌、庚辰兩條：“甲戌，王宗綰克成州……蜀軍至上染坊，秦州節度使李繼崇遣其子彦秀奉牌印迎降。……劉知俊攻霍彦威於邠州，半歲不克，聞秦州降蜀，知俊妻子皆遷成都；知俊解圍還鳳翔，終懼及

禍，夜帥親兵七十人，斬關而出，庚辰，奔于蜀軍。”

王建待之甚至，[1]即授僞武信軍節度使。[2]尋命將兵伐岐，不克，班師，因圍隴州，[3]獲其帥桑弘志以歸。[4]久之，復命爲都統，再領軍伐岐。[5]時部將皆王建舊人，多違節度，不成功而還，蜀人因而毀之。先是，王建雖加寵待，然亦忌之，嘗謂近侍曰：“吾漸衰耗，恒思身後。劉知俊非爾輩能駕馭，不如早爲之所。”又嫉其名者於里巷間作謠言云：“黑牛出圈樛繩斷。”[6]知俊色黔而丑生，樛繩者，王氏子孫皆以“宗”“承”爲名，故以此搆之。僞蜀天漢元年冬十二月，[7]建遣人捕知俊，斬於成都府之炭市。[8]及王衍嗣僞位，[9]以其子嗣裸尚僞峨眉長公主，拜駙馬都尉。[10]後唐同光末，隨例遷於洛，卒。

[1]王建：人名。許州舞陽（今河南舞陽縣）人。五代十國前蜀開國君主。傳見本書卷一三六、《新五代史》卷六三。

[2]武信軍：方鎮名。治所在遂州（今四川遂寧市）。

[3]隴州：州名。治所在今陝西隴縣。

[4]桑弘志：人名。籍貫不詳。五代將領。事見《通鑑》卷二六九、二七一。《輯本舊史》之影庫本粘籤：“桑弘志，原本‘桑’作‘欒’，今據《十國春秋》改正。”見《十國春秋》卷四二《桑宏志傳》。《通鑑》言桑弘志因畏岐王猜忌而奔蜀，非爲知俊所獲，與《舊史》異。　“王建待之甚至”至“獲其帥桑弘志以歸”：《通鑑》卷二六九貞明二年（916）八月丙午條載，蜀主命將將兵二十二萬出鳳州、秦州西路以伐岐，劉知俊以武信軍（遂州）節度使爲西北面第一招討。十月己丑等條：“己丑，王宗播（蜀西北面

都招討）等出故關，至隴州。丙寅（誤，應爲丙申），保勝（隴州）節度使兼侍中李繼崟畏岐王猜忌，帥其衆二萬，棄隴州奔于蜀軍。蜀兵進攻隴州，以繼崟爲西北面行營第四招討。劉知俊會王宗綰（蜀東北面都招討）等圍鳳翔，岐兵不出。會大雪，蜀主召軍還。復李繼崟姓名曰桑弘志。弘志，黎陽人也。"

[5]都統：官名。南北朝時期前秦始設之武官，掌領兵作戰。

久之復命爲都統再領軍伐岐：《通鑑》卷二七〇貞明三年七月己未條："以兼中書令王宗侃爲東北面都招討，武信節度使劉知俊爲西北面都招討。"

[6]椶：同"棕"。

[7]天漢：前蜀高祖王建年號（917）。

[8]"時部將皆王建舊人"至"斬於成都府之炭市"：《通鑑》卷二七〇貞明三年十二月辛亥條："蜀主以劉知俊爲都招討使，諸將皆舊功臣，多不用其命，且疾之，故無成功。唐文扆數毀之；蜀主亦忌其才，嘗謂所親曰：'吾老矣，知俊非爾輩所能馭也。'十二月辛亥，收知俊，稱其謀叛，斬於炭市。"

[9]王衍：人名。許州舞陽（今河南舞陽縣）人。前蜀君主，後爲後唐莊宗李存勗所殺。傳見本書卷一三六、《新五代史》卷六三。

[10]峨眉長公主：前蜀公主。事跡不詳。 駙馬都尉：官名。漢武帝時始置，魏晉以後，公主夫婿多加此稱號。從五品下。

知俊族子嗣彬，幼從知俊征行，累遷爲軍校。及知俊叛，以不預其謀，得不坐。貞明末，大軍與晉王對壘於德勝，[1]久之，嗣彬率數騎奔于晉，具言朝廷軍機得失，又以家世讎怨，將以報之。晉王深信之，即厚給田宅，仍賜錦衣玉帶，[2]軍中目爲"劉二哥"。居一年，復來奔，當時晉人謂是刺客，以晉王恩澤之厚，故不竊發。[3]龍德三年冬，[4]從王彥章戰于中都，[5]軍敗，爲晉人所擒。晉王見之，笑謂嗣彬曰："爾可還予玉帶。"嗣彬惶恐請死，遂誅之。[6]《永樂大典》卷九千九十八。[7]

[1]晉王：指後唐莊宗李存勖。　德勝：地名。原爲德勝渡，黄河重要渡口之一。李存勖部將李存審築於黄河津要處德勝口，有南、北二城。南城在今河南濮陽市東南五里，北城在今河南濮陽市區。

[2]玉帶：通常指由玉質構件裝飾的革制腰帶，裝飾精美，風格多樣，多佩於正式禮服或官服之外。

[3]竊發：《輯本舊史》之影庫本粘籤："竊發，原本作'竊法'，今據文改正。"明本《册府》卷四三八《將帥部·奔亡門》亦作"竊發"。

[4]龍德：後梁末帝朱友貞年號（921—923）。

[5]王彥章：人名。鄆州壽張（今山東梁山縣壽張集）人。後梁將領。傳見本書卷二一、《新五代史》卷三二。

[6]"知俊族子嗣彬"至"遂誅之"：《輯本舊史》卷一〇《梁末帝紀下》龍德三年（923）十月甲戌條："唐帝引師襲中都，王彥章兵潰，於是彥章與監軍張漢傑及趙廷隱、劉嗣彬、李知節、康文通、王山興等皆爲唐人所獲。"同書卷三〇《唐莊宗紀四》同光元年（923）十月甲戌條："帝攻之，中都素無城守，師既雲合，梁衆自潰。是日，擒梁將王彥章及都監張漢傑、趙廷隱、劉嗣彬、李知節、康文通、王山興等將吏二百餘人，斬馘二萬，奪馬千匹。"此條亦見明本《册府》卷四三八、卷四五三《將帥部·翻覆門》，卷四五三文字較略。《通鑑》卷二七二同光元年十月甲戌條："旦，遇梁兵，一戰敗之，追至中都，圍其城。城無守備，少頃，梁兵潰圍出，追擊，破之。王彥章以數十騎走……遂擒之，并擒都監張漢傑、曹州刺史李知節、裨將趙廷隱、劉嗣彬等二百餘人，斬首數千

級。嗣彬，知俊之族子也。”

[7]《大典》卷九〇九八“劉”字韻“姓氏（二六）”事目。

楊崇本

楊崇本，不知何許人，幼爲李茂貞之假子，因冒姓李氏，名繼徽。[1]唐光化中，[2]茂貞表爲邠州節度使。[3]天復元年冬，太祖自鳳翔移軍北伐，駐旆於邠郊，[4]命諸軍攻其城。崇本懼，出城請降。太祖復置爲邠州節度使，仍令復其本姓名焉。及師還，遷其族於河中。[5]

[1]“楊崇本”至“名繼徽”：《通鑑》卷二五九景福元年（892）七月己巳條：“李茂貞克鳳州，感義節度使滿存奔興元。茂貞又取興、洋二州；皆表其子弟鎮之。”該條《考異》曰：“薛居正《五代史·茂貞傳》曰：‘大順二年，楊復恭得罪奔山南，與楊守亮據興元叛，茂貞與王行瑜討平之。詔以徐彦若鎮興元。茂貞違詔，表其假子繼徽爲留後，堅請旌鉞，昭宗不得已而授之。……’云大順二年，誤也。今從《新紀》。”考《新唐書》卷一〇《昭宗紀》，僅言景福元年六月己巳，李茂貞陷興元，未言表繼徽鎮之；且六月無己巳，當爲七月己巳。《新五代史》卷四〇《李茂貞傳》亦繫於大順二年（891），但茂貞所表爲繼密，非繼徽。《通鑑》同書卷二六〇乾寧三年（896）三月條：“以天雄留後李繼徽爲節度使。”同書卷二六一乾寧四年二月戊午條：“王建遣邛州刺史華洪、彭州刺史王宗祐將兵五萬攻東川，以戎州刺史王宗謹爲鳳翔西面行營先鋒使，敗鳳翔將李繼徽等於玄武。”

[2]光化：唐昭宗李曄年號（898—901）。

[3]唐光化中茂貞表爲邠州節度使：《通鑑》卷二六一繫於乾

寧四年七月條，與《輯本舊史》異。按，《通鑑》載："以天雄節度
使李繼徽爲静難節度使。"胡注："李繼徽自秦州徙邠州，邠
寧亦爲李茂貞有矣。"静難軍即治邠州，《通鑑》卷二五六中和四年
（884）十二月壬寅條後："賜邠寧軍號曰静難。"

　　[4]駐斾（pèi）：駐扎。斾，泛指旌旗。

　　[5]河中：府名。治所在今山西永濟市。"天復元年冬"至
"遷其族於河中"：《輯本舊史》之案語："《舊唐書》：十一月乙亥，
邠州節度使李繼徽以城降，全忠乃舍其孥于河中，以繼徽從軍。
《新唐書》作'辛未'，與《舊唐書》異。"見《舊唐書》卷二〇
上《昭宗紀》、《新唐書·昭宗紀》。《通鑑》卷二六二作丁丑。《宋
本册府》卷一八七《閏位部·勳業門五》作十月乙亥，誤，當爲
十一月乙亥。《新五代史》卷一《梁太祖紀上》天復元年（901）
十月條："邠州節度使楊崇本以邠、寧、慶、衍四州降。"《新唐書》
卷二〇八《韓全誨傳》："全誨等知胤必除己乃已，因諷茂貞留選士
四千宿衛，以李繼筠、繼徽總之。胤亦諷朱全忠内兵三千居南司，
以婁敬思領之。"

　　其後太祖因統戎往來由於蒲津，[1]以崇本妻素有姿
色，嬖之於别館。其婦素剛烈，私懷愧恥，遣侍者讓崇
本曰："丈夫擁旄仗鉞，不能庇其伉儷，我已爲朱公婦，
今生無面目對卿，期於刀繩而已。"崇本聞之，但灑淚
含怒。及昭宗自鳳翔回京，[2]崇本之家得歸邠州，崇本
恥其妻見辱，因兹復貳於太祖。乃遣使告茂貞曰："朱
氏兆亂，謀危唐祚，父爲國家磐石，不可坐觀其禍，宜
於此時畢命興復，事苟不濟，死爲社稷可也。"茂貞乃
遣使會兵於太原。時西川王建亦令大將出師以助之，
岐、蜀連兵以攻雍、華，關西大震。[3]太祖遣郴王友裕

帥師禦之，會友裕卒於行，乃班師。[4] 天祐三年冬十月，崇本復領鳳翔、邠、涇、秦、隴之師，[5] 會延州胡章之衆，[6] 合五六萬，屯于美原，列柵十五，[7] 其勢甚盛。太祖命同州節度使劉知俊及康懷英帥師拒之，崇本大敗，復歸於邠州，自是垂翅久之。[8] 乾化四年冬，[9] 爲其子彥魯所毒而死。[10]

　　[1] 蒲津：渡口名。又稱蒲坂津。位於今山西永濟市蒲州鎮黄河岸邊。

　　[2] 昭宗：即唐昭宗李曄。888 年至 904 年在位。紀見《舊唐書》卷二〇上、《新唐書》卷一〇。

　　[3] 關西：泛指函谷關或潼關以西地區。

　　[4] "其後太祖因統戎往來由於蒲津" 至 "乃班師"：《通鑑》卷二六四、卷二六五所載較詳。《通鑑》卷二六四天復三年（903）十一月條："鳳翔、邠州屢出兵近京畿，朱全忠疑其復有劫遷之謀，十一月，發騎兵屯河中。" 同卷天祐元年正月己酉等條："崇本妻美，全忠私焉，既而歸之。崇本怒，使謂李茂貞曰：'唐室將滅，父何忍坐視之乎！'遂相與連兵侵逼京畿，復姓名爲李繼徽。……（閏四月乙巳）詔討李茂貞、楊崇本。" 同書卷二六五天祐元年（904）六月、七月條："六月，李茂貞、王建、李繼徽傳檄合兵以討朱全忠；全忠以鎮國節度使朱友裕爲行營都統，將步騎擊之；命保大節度使劉鄩棄鄜州，引兵屯同州。癸丑，全忠引兵自大梁西討茂貞等；秋，七月甲子，過東都入見；壬申，至河中。" 同年九月辛未條："朱全忠引兵北屯永壽，南至駱谷，鳳翔、邠寧兵竟不出。辛未，東還。" 同年十月乙巳條後："鎮國節度使朱友裕薨於梨園。"《舊唐書》卷二〇上《昭宗紀》天祐元年六月甲午條："六月甲午朔，邠州楊崇本侵掠關内，全忠遣朱友裕屯軍於百仁村。"《宋本册府》卷一八七《閏位部・勳業門五》，亦作九月辛未班師。《輯本

舊史》卷一二《彬王友裕傳》："十月，友裕有疾，將校乃謀旋師，尋卒於梨園，歸葬東京。"則友裕卒於十月，在全忠班師之後。

[5]涇：州名。治所在今甘肅涇川縣。

[6]胡章：人名。籍貫不詳。唐末將領。事見本書本卷、卷二。胡章爲延州節度使，見《宋本册府》卷·八七、《輯本舊史》卷二三《康懷英傳》；《輯本舊史》卷一三二《高萬興傳》、《新五代史》卷四〇《高萬興傳》、《通鑑》卷二六七，俱作"胡敬璋"。

[7]栅：營寨。　列栅十五：明本《册府》卷三四六《將帥部·佐命門七》、《宋本册府》卷三六〇《將帥部·立功門一三》、卷三六九《將帥部·攻取門二》、卷三八六《將帥部·褒異門一二》，均作"十五餘寨"。

[8]"天祐三年冬十月"至"自是垂翅久之"：《通鑑》卷二六五天祐三年九月丁卯條後："静難節度使楊崇本以鳳翔、保塞、彰義、保義之兵攻夏州，匡國節度使劉知俊邀擊坊州之兵，斬首三千餘級，擒坊州刺史劉彦暉。"同年十月戊戌條："夏州告急於朱全忠；戊戌，全忠遣劉知俊及其將康懷英救之。楊崇本將六鎮之兵五萬，軍于美原。知俊等擊之，崇本大敗，歸于邠州。"美原之戰，《宋本册府》卷一八七、《新唐書》卷一〇《哀帝紀》，均作十月辛巳。《宋本册府》卷一八七："（辛巳）知俊等大破邠寇，殺二萬餘衆，奪馬三千餘匹，擒其列校百餘人，楊崇本、胡章僅以身免。十一月庚戌，康懷英乘勝進軍，遂收鄜州。"《宋本册府》卷四一四《將帥部·赴援門》："天祐五年六月，鳳翔李茂貞、邠州楊崇本，會西川王建之師五萬，攻長安。汴將同州刺史劉知俊，僞西京尹王重師，以兵逆戰於漢谷，邠岐不利而退。時岐州會兵於我，莊宗及承業會之。"《新五代史》卷五《唐莊宗紀下》天祐五年九月條："九月，蜀王王建、岐王李茂貞及楊崇本攻梁大安，晋亦遣周德威攻其晋州，敗梁軍于神山。"《通鑑》卷二六七開平二年（908）十一月癸巳條："保塞節度使胡敬璋卒，静難節度使李繼徽以其將劉萬子代鎮延州。"同卷開平三年二月丁酉條後："保塞節度使劉萬子

暴虐，失衆心，且謀貳於梁，李繼徽使延州牙將李延實圖之。延實因萬子葬胡敬璋，攻而殺之，遂據延州。馬軍都指揮使河西高萬興與其弟萬金聞變，以其衆數千人詣劉知俊降。岐王置翟州於廊城，其守將亦降。"《輯本舊史》卷一三二《高萬興傳》，與《通鑑》異，以劉萬子爲李繼徽愛將，天祐六年二月，"萬子葬敬璋，將佐皆集於葬所，萬興、萬金因會縱兵攻萬子，殺之，歸款於汴。梁祖以萬興爲廊延招撫使，與劉知俊合兵攻收廊、坊、丹、延等州，梁祖乃分四州爲二鎮，以萬興、萬金皆爲帥"。《通鑑》卷二六七開平三年五月丁卯條："帝命劉知俊乘勝取邠州；知俊難之，辭以闕食，乃召還。"《輯本舊史》卷二七《唐莊宗紀一》："天祐六年秋七月，邠、岐二帥及梁之叛將劉知俊俱遣使來告，將大舉以伐靈、夏，兼收關輔，請出兵晋、絳，以張兵勢。……天祐七年秋七月，鳳翔李茂貞、邠州楊崇本皆遣師來會兵，同討靈、夏。且言劉知俊三敗汴軍於寧州，靈、夏危蹙，岐、隴之師大舉，決取河西。帝令周德威將兵萬人，西渡河以應之。是役也，劉知俊爲岐人所搆，乃自退。"

[9]乾化：後梁太祖朱溫年號（911—912）。末帝朱友貞沿用（913—915）。 乾化四年冬：中華書局本作"乾化元年冬"，並引《輯本舊史》之案語："原本作'乾化四年'，今從《歐陽史》校正。"又有校勘記："《新五代史》卷四〇《楊崇本傳》、《通鑑》卷二六九繫其事於乾化四年。按本書卷八《梁末帝紀上》：'（貞明元年）邠州留後李保衡以城歸順。保衡，楊崇本養子也。崇本乃李茂貞養子，任邠州二十餘年，去歲爲其子彥魯所毒。'貞明元年前一年即乾化四年。"檢《新五代史》言及彥魯弑楊崇本僅在卷四〇《楊崇本傳》，知原輯者誤，當回改。《通鑑》卷二六九繫其事於乾化四年（914）十二月甲申條。

[10]彥魯：人名。即楊彥魯。籍貫不詳。楊崇本之子。事見本書本卷、卷八。

彦魯自稱留後，領其軍事，凡五十餘日，爲崇本養子李保衡所殺。[1]保衡舉其城來降，末帝命霍彦威爲邠帥，由是邠寧復爲末帝所有。[2]《永樂大典》卷一萬八千一百二十七。[3]

[1]李保衡：人名。楊崇本養子。事見本書本卷、卷八、卷六四。

[2]“彦魯自稱留後”至“由是邠寧復爲末帝所有”：《輯本舊史》卷八《梁末帝紀上》貞明元年（915）四月條：“彦魯領知州事五十餘日，保衡殺彦魯送款於帝，即以保衡爲華州節度使，以河陽留後霍彦威爲邠州節度使。”同書卷六四《霍彦威傳》則繫於乾化末。《新五代史》卷三《梁末帝紀》繫於貞明元年三月己丑條。《通鑑》卷二六九貞明元年四月條：“李繼徽假子保衡殺李彦魯，自稱靜難留後，舉邠、寧二州來附。詔以保衡爲感化節度使，以河陽留後霍彦威爲靜難節度使。”

[3]《大典》卷一八一二七“將”字韻“後梁將（二）”事目。

蔣殷

蔣殷，不知何許人。幼孤，隨其母適于河中節度使王重盈之家，[1]重盈憐之，畜爲己子。唐天復初，太祖既平蒲、陝，[2]殷與從兄珂舉族遷于大梁。[3]太祖感王重榮之舊恩，凡王氏諸子，皆録用焉，殷由是繼歷内職，累遷至宣徽北院使。[4]殷素與庶人友珪善，[5]友珪篡立，命爲徐州節度使。乾化四年秋，末帝以福王友璋鎮徐方，[6]殷自以爲友珪之黨，懼不受代，遂堅壁以拒命。時華州節度使王瓚，[7]殷之從弟也，懼其連坐，上章言殷本姓蔣，非王氏之子也。末帝乃下詔削奪殷在身官爵，仍令却還本姓，命牛存節、劉鄩等帥軍討之。[8]是時，殷求救于淮南，楊溥遣朱瑾率衆來援，存節等逆擊，敗之。[9]貞明元年春，存節、劉鄩攻下徐州，[10]殷舉族自燔而死。于火中得其屍，梟首以獻之。《永樂大典》卷一萬一千八百三十一。[11]

[1]王重盈：人名。太原祁（今山西祁縣）人。河中節度使王重榮之兄。唐末軍閥。事見《舊唐書》卷一八二、《新唐書》卷一八七。

[2]蒲：州名。唐開元八年（720）改蒲州爲河中府。治所在今山西永濟市西南蒲州鎮。　陝：州名。治所在今河南三門峽市陝州區。

[3]珂：人名。即王珂。王重榮兄王重簡之子，出繼王重榮。唐末、五代軍閥。傳見《舊唐書》卷一八二、《新唐書》卷一八七、本書卷一四、《新五代史》卷四二。

[4]宣徽北院使：官名。唐始置。宣徽北院的長官。初用宦官，五代以後改用士人。與宣徽南院使通掌内諸司及三班内侍之名籍，郊祀、朝會、宴享供帳之儀，檢視内外進奉名物。參見王永平《論唐代宣徽使》，《中國史研究》1995年第1期；王孫盈政《再論唐代的宣徽使》，《中華文史論叢》2018年第3期。“北”字原闕，據《新五代史》卷四三《蔣殷傳》及《通鑑》卷二六四補。《新五代史·蔣殷傳》：“梁太祖取河中，以王氏舊恩録其子孫，表殷牙將，太祖尤愛之。唐遷洛陽，殷爲宣徽北院使。”　“唐天復初”至“累遷至宣徽北院使”：《通鑑》卷二六四天復三年（903）二月乙未條：全忠“以汴將張廷範爲宫苑使，王殷爲皇城使，蔣玄暉充街使”。同年四月條：“王建出兵攻秦、隴，乘李茂貞之弱也；遣判官韋莊入貢，亦脩好於朱全忠。全忠遣押牙王殷報聘，建與之宴。殷

言：'蜀甲兵誠多，但乏馬耳。'建作色曰：'當道江山險阻，騎兵無所施；然馬亦不乏，押牙少留，當共閱之。'乃集諸州馬，大閱於星宿山，官馬八千，私馬四千，部隊甚整。殷歎服。"同卷天祐元年（904）四月戊申條："以蔣玄暉爲宣徽南院使兼樞密使，王殷爲宣徽北院使兼皇城使，張廷範爲金吾將軍、充街使……皆全忠之腹心也。"《舊五代史考異》："案：蔣殷在唐末，爲宣徽副使，譖殺蔣元（應爲'玄'，避清聖祖玄燁諱改）暉；遷宣徽使，誣害何太后。其罪與孔循等，《薛史》未及詳載。"譖殺蔣玄暉、柳璨及誣害何太后事，詳見《舊唐書》卷二〇下《哀帝紀》、卷一七九《柳璨傳》，《新唐書》卷二二三下《柳璨傳》，《新五代史》卷四三《蔣殷傳》《孔循傳》，以及《通鑑》卷二六五。

[5]友珪：人名。即朱友珪。朱溫次子。勾結韓勍殺朱溫。後追廢爲庶人。傳見本書卷一二、《新五代史》卷一三。

[6]福王友璋：人名。即朱友璋。宋州碭山（今安徽碭山縣）人。後梁太祖朱溫第五子，封福王。傳見本書卷一二。《輯本舊史》之影庫本粘籤："福王，原本作'福爲'，今據文改正。" 徐方：指徐州。

[7]王瓚：人名。太原祁（今山西祁縣）人。唐河中節度使王重盈之子。後梁將領，官至開封尹。傳見本書卷五九、《新五代史》卷四二。

[8]牛存節：人名。青州博昌（今山東博興縣）人。唐末將領。傳見本書卷二二、《新五代史》卷二二。

[9]"乾化四年秋"至"敗之"：蔣殷據徐州反，《輯本舊史》本傳繫於乾化四年（914）秋，不書月，《輯本舊史》卷八《梁末帝紀上》、卷二三《劉鄩傳》均繫於九月，《梁末帝紀上》曰："徐州節度使王殷反，時朝廷以福王友璋鎮徐方，殷不受代，乃下詔削奪殷在身官爵，仍令却還本姓蔣，便委友璋及天平軍節度使牛存節、開封尹劉鄩等進軍攻討。"《輯本舊史》卷二二《牛存節傳》繫於乾化四年冬，曰："蔣殷據徐州逆命，存節方以大眾戍潁州，

得殷逆謀，密以上聞，遽奉詔與劉鄩同討之，頓於埇上。淮賊朱瑾以兵救殷，距宿之兩舍，聞存節兵大至，即委糧棄甲而遁，竟平徐州。”《宋本册府》卷三八六《將帥部·襃異門一二》亦繋於乾化四年冬，曰：“其冬，蔣殷據徐州逆命，（牛存節）奉詔與劉鄩同討之。殷棄甲而遁，平徐州。”《通鑑》卷二六九繋於乾化四年九月、十月條：“帝以福王友璋爲武寧節度使。前節度使王殷，友珪所置也，懼不受代，叛附於吳；九月，命淮南西北面招討應接使牛存節及開封尹劉鄩將兵討之。冬，十月，存節等軍于宿州。吳平盧節度使朱瑾等將兵救徐州，存節等逆擊，破之，吳兵引歸。”

[10]貞明元年春，有節劉鄩攻下徐州：牛存節等克徐州，《輯本舊史·梁末帝紀上》、卷一三《蔣殷傳》、卷二三《劉鄩傳》均繋於貞明元年（915）春，不書月；《五代春秋》及《新五代史》卷三《梁末帝紀》皆作正月，《通鑑》卷二六九作二月。《通鑑》卷二六九貞明元年二月條《考異》曰：“《莊宗列傳·朱友貞傳》云：‘乾化四年十一月拔徐州，殷自燔死。’《五代通録》、《薛史·紀》及《王殷傳》皆云貞明元年春，今從之。”

[11]中華書局本有校勘記：“檢《永樂大典目録》，卷一〇八三一爲‘補’字韻，與本則内容不符，恐有誤記。陳垣《〈舊五代史〉輯本引書卷數多誤例》謂應作卷一一八三一‘蔣’字韻。”據陳垣説改，大典卷一一八三一爲“蔣”字韻“姓氏（二）”事目。

張萬進

張萬進，雲州人。[1]初爲本州小校，亡命投幽州，[2]劉守光厚遇之，[3]任爲裨將。[4]滄州劉守文，[5]以弟守光囚父而竊據其位，自領兵問罪，尋敗於雞蘇。[6]守光遂兼有滄景之地，[7]令其子繼威主留務。[8]繼威年幼，未能政事，以萬進佐之，凡關軍政，一皆委任。[9]繼威兇虐類父，嘗淫亂於萬進之家，萬進怒而殺之，又遣使歸於晋。[10]既而末帝遣楊師厚、劉守奇潜兵掠鎮冀，[11]因東攻滄州，萬進懼，[12]乞降。師厚表青州節度使，俄遷兖州，仍賜名守進。[13]萬進性既輕險，專圖反側，貞明四年冬，[14]據城叛命，遣使送款於晋王。末帝降制削其官爵，仍復其本名，遣劉鄩討之，晋人不能救。五年冬，萬進危蹙，小將邢師遇潜謀内應，[15]開門以納王師，遂拔其城，萬進族誅。[16]《永樂大典》卷六千三百五十。[17]

[1]雲州：州名。治所在今山西大同市。

[2]幽州：州名。治所在今北京市。

[3]劉守光：人名。深州樂壽（今河北獻縣）人。唐末幽州節度使劉仁恭之子。劉守光囚父自立，後號大燕皇帝，爲晋王李存勖俘殺。傳見本書卷一三五、《新五代史》卷三九。

[4]裨將：亦稱裨將軍。副將的統稱，相對主將而言。

[5]劉守文：人名。深州（今河北深州市）人。唐末盧龍節度使劉仁恭長子。唐末軍閥。後梁開平三年（909），被其弟劉守光殺死。事見本書卷二、卷四、卷九八，《新五代史》卷五六、卷七二。

[6]雞蘇：地名。位於今天津市薊州區。

[7]滄景：方鎮名。即横海軍。治所在滄州（今河北滄縣舊州鎮）。

[8]繼威：人名。深州樂壽（今河北獻縣）人。劉守光之子。五代將領。事見本書本卷及《通鑑》卷二六七、卷二六八。

[9]"滄州劉守文"至"一皆委任"：《輯本舊史》卷六四《周知裕傳》繫此事於天祐四年（907），即梁開平元年，云："天祐四年，劉守光既平滄州，乃以其幼子繼威爲留後，大將張萬進與知裕佐之。"《新五代史》卷四五《周知裕傳》則云："守光又攻殺守

文，乃與張萬進立守文子延祚而事之。守光又殺延祚，以其子繼威代之。"未言其時。《通鑑》卷二六七開平三年五月條則云："（守光擒守文），滄、德兵皆潰，守光囚之別室……乘勝進攻滄州。滄州節度判官呂兗、孫鶴推守文子延祚爲帥，乘城拒守。"同年六月條載："劉守光遣使上表告捷……亦致書晉王（後唐莊宗李存勗），云欲與之同破僞梁。"同年七月甲子條："以劉守光爲燕王。"同年九月戊申條："劉守光奏遣其子中軍兵馬使繼威安撫滄州吏民，戊申，以繼威爲義昌留後。"同卷開平四年正月乙未條載："劉延祚力盡出降。時劉繼威尚幼，守光使大將張萬進、周知裕輔之鎮滄州，以延祚及其將佐歸幽州。"《通鑑》載此事經過甚詳，故可定此事應繫於梁開平四年，即天祐七年。

[10] "繼威兇虐類父"至"又遣使歸於晉"：《舊五代史考異》："案：《通鑑》云：乾化二年九月庚子，萬進遣使奉表降於梁。辛丑，以萬進爲義昌留後。甲辰，改義昌爲順化軍，以萬進爲節度使。此傳疑有闕文。"《舊五代史考異》所云"九月"誤，考《通鑑》卷二六八，上述三事皆繫於乾化二年（912）三月。《通鑑》卷二六八乾化二年三月庚子、辛丑、甲辰條："義昌節度使劉繼威年少，淫虐類其父，淫於都指揮使張萬進家，萬進怒，殺之。詰旦，召大將周知裕，告其故。萬進自稱留後，以知裕爲左都押牙。庚子，遣使奉表請降，亦遣使降于晉；晉王命周德威安撫之，知裕心不自安，遂來奔，帝爲之置歸化軍，以知裕爲指揮使，凡軍士自河朔來者皆隸之。辛丑，以萬進爲義昌留後。甲辰，改義昌爲順化軍，以萬進爲節度使。"又，《輯本舊史》卷二八《唐莊宗紀二》天祐九年三月辛丑條載："滄州都將張萬進殺留後劉繼威，自爲滄帥，遣人送款于梁，亦乞降于帝。"天祐九年與乾化二年爲同一年。

[11] 劉守奇：人名。深州樂壽（今河北獻縣）人。唐末幽州節度使、燕王劉仁恭之子，劉守光之弟。唐末、五代將領。事見本書卷一三三。　鎮冀：方鎮名。即成德軍。治所在鎮州（今河北正定縣）。

　　[12]萬進懼：中華書局本有校勘記："'懼'字原闕，據殿本、孔本、本書卷八《梁末帝紀上》、《册府》卷二一七、《通鑑》卷二六八補。"見明本《册府》卷二一七《閏位部·交侵門》、《通鑑》卷二六八，均繫於乾化三年五月壬子條。

　　[13]守進：《舊五代史考異》："原本作'方進'，今據本紀改正。"《輯本舊史》卷九《梁末帝紀中》貞明三年八月戊子載："泰寧軍（兗州）節度使張萬進賜名守進。"　"師厚表青州節度使"至"仍賜名守進"：《輯本舊史》卷八《梁末帝紀上》及《通鑑》卷二六八均載，乾化三年六月戊子，以萬進爲青州（平盧）節度使，《輯本舊史》並記張之原結銜爲"滄州順化軍節度使、并潞鎮定副招討使、檢校太傅、同平章事"。《輯本舊史·梁末帝紀上》又載，乾化四年正月壬寅，以張萬進爲兗州節度使、檢校太尉。

　　[14]貞明四年冬：中華書局本有校勘記："《通鑑》卷二七〇《考異》引《薛史》作'貞明四年七月'。"見《通鑑》卷二七〇貞明四年（918）八月己酉條《考異》。

　　[15]邢師遇：人名。籍貫不詳。五代將領。本書僅此一見。

　　[16]"據城叛命"至"萬進族誅"：張萬進據城叛命，送款於晉，《通鑑》卷二七〇繫於貞明四年（天祐十五年）八月己酉。梁末帝削其官爵，復其本名，遣劉鄩討之，《輯本舊史·梁末帝紀中》繫於貞明五年三月癸未。劉鄩攻下兗州，族萬進，《輯本舊史·梁末帝紀中》及《新五代史》卷三《梁末帝紀》均繫於貞明五年十月，《輯本舊史》卷九四《劉處讓傳》及《通鑑》卷二七一貞明五年十月條並載，萬進遣親校劉處讓乞師於晉，莊宗將爲出兵渡河，聞城陷而止。

　　[17]《大典》卷六三五〇"張"字韻"姓氏（二〇）"事目。

　　史臣曰：夫雲雷搆屯，龍蛇起陸，勢均者交鬭，力敗者先亡，故瑄、瑾、時溥之流，皆梁之吞噬，斯亦理之常也。唯瑾始以竊發有土，終以竊發亡身，傳所謂"君以此始，必以此終"者乎！師範屬衰季之運，以興復爲謀，事雖不成，忠則可尚，雖貽族滅之禍，亦可以與臧洪遊於地下矣。[1]知俊驍武有餘，奔亡不暇，六合雖大，無所容身，夫如是則豈若義以爲勇者乎！崇本而下，俱以叛滅，又何足以道哉！《永樂大典》卷六千三百五十。[2]

[1]臧洪：人名。東漢末年廣陵射陽（今江蘇寶應縣）人。先臣屬袁紹，後叛被殺。傳見《後漢書》卷五八。

[2]《大典》卷六三五〇"張"字韻"姓氏（二〇）"事目。

舊五代史　卷一四

梁書十四

列傳第四

羅紹威

羅紹威，魏州貴鄉人，[1]字端己，其先長沙人。[2]祖讓，北遷爲魏州貴鄉人。[3]

[1]魏州：州名。治所在今河北大名縣。　貴鄉：縣名。治所在今河北大名縣。　羅紹威，魏州貴鄉人：《大典》卷一八一二六"將"字韻"五代後梁將（一）"事目。《輯本舊史》之原輯者案語："《舊唐書》：紹威，字端己。"《舊唐書》卷一八一作"羅威"。唐肅宗曾名紹，因避其諱。《新唐書》卷二一○未避此諱。《太平廣記》卷二○○作"羅昭威"。

[2]長沙：郡名。治所在今湖南長沙市。

[3]"字端己"至"北遷爲魏州貴鄉人"：《新五代史》卷三九《羅紹威傳》。

　　父弘信，[1]本名宗弁，初爲馬牧監，[2]事節度使樂彦貞。[3]光啓末，彦貞子從訓驕盈太橫，[4]招聚兵甲，欲誅牙軍。[5]牙軍怒，聚譟攻之，從訓出據相州。[6]牙軍廢彦貞，因于龍興寺，逼令爲僧，尋殺之，推小校趙文建爲留後。[7]先是，弘信自言，於所居遇一白鬚翁，謂之曰："爾當爲土地主。"如是者再，心竊異之。既而文建不洽軍情，牙軍聚呼曰："孰願爲節度使者？"弘信即應曰："白鬚翁早以命我，可以君長爾曹。"唐文德元年四月，[8]牙軍推弘信爲留後。朝廷聞之，即正授節旄。[9]

　　[1]弘信：人名。即羅弘信。魏州貴鄉（今河北大名縣）人。唐末、五代軍閥。傳見《舊唐書》卷一八一、《新唐書》卷二一〇。

　　[2]馬牧監：官署名。隸太僕寺，掌群牧㸬課。

　　[3]節度使：官名。唐時在重要地區所設掌握一州或數州軍、民、財政的長官。　樂彦貞：人名。又作"樂彦禎""樂彦真"。魏州（今河北大名縣）人。唐末軍閥。傳見《舊唐書》卷一八一、《新唐書》卷二一〇。

　　[4]光啓：唐僖宗李儇年號（885—888）。　從訓：人名。即樂從訓。唐末軍閥。傳見《舊唐書》卷一八一、《新唐書》卷二一〇。

　　[5]牙軍：又稱牙兵。五代時期藩鎮親兵。參見來可泓《五代十國牙兵制度初探》，《學術月刊》1995年第11期。

　　[6]相州：州名。治所在今河南安陽市。

　　[7]趙文建：人名。籍貫不詳。唐末軍閥。事見本書本卷。中華書局本有校勘記："《舊唐書》卷一八一《樂彦禎傳》、《羅弘信傳》、《新唐書》卷二一〇《樂彦禎傳》、《羅讓神道碑》（拓片藏中國國家圖書館）作'趙文玗'。本卷下一處同。"《通鑑》卷二五七

文德元年二月條亦作“趙文玢”。《輯本舊史》之原輯者案語：“弘信遇白鬚翁，本籛火狐鳴之故智，《舊唐書》作鄰人相告，《新唐書》作巫者傳言，疑皆屬傳聞之誤。《薛史》以爲弘信自言，當得其實。”見《舊唐書》卷一八一、《新唐書》卷二一〇。　留後：官名。唐、五代節度使多以子弟或親信爲留後，以代行節度使職務，亦有軍士、叛將自立爲留後者。掌一州或數州軍政。

[8]文德：唐僖宗李儇年號（888）。

[9]“父弘信”至“即正授節旄”：《大典》卷一八一二六“將”字韻“五代後梁將（一）”事目。　節旄：亦作“節髦”。古代符節上所飾的旄牛尾。此處代指節度使。

　　乾寧中，[1]太祖急攻兖、鄆，[2]朱瑄求援於太原，[3]時李克用遣大將李存信率師赴之，[4]假道於魏，屯於莘縣。[5]存信御軍無法，稍侵魏之芻牧，弘信不平之。太祖因遣使謂弘信曰：“太原志吞河朔，[6]迴戈之日，貴道堪憂。”弘信懼，乃歸款於太祖，仍出師三萬攻李存信，敗之。未幾，李克用領兵攻魏，營於觀音門外，[7]屬邑多拔。太祖遣葛從周援之，[8]戰於洹水，[9]擒克用男落落以獻，[10]太祖令送於弘信，斬之，晉軍乃退。是時太祖方圖兖、鄆，慮弘信離貳，每歲時賂遺，必卑辭厚禮。弘信每有答貺，太祖必對魏使北面拜而受之，曰：“六兄比予有倍年之長，兄弟之國，安得以常鄰遇之。”故弘信以爲厚己。其後弘信累官至檢校太尉，[11]封臨清王。光化元年八月，[12]薨於位。[13]

[1]乾寧：唐昭宗李曄年號（894—898）。

[2]兖：州名。治所在今山東濟寧市兖州區。　鄆：州名。治

所在今山東東平縣。

[3]朱瑄：人名。一作"朱宣"。宋州下邑（今河南夏邑縣）人。唐末、五代軍閥。傳見《舊唐書》卷一八二、《新唐書》卷一八八、本書卷一三、《新五代史》卷四二。　太原：府名。治所在今山西太原市。

[4]李克用：人名。沙陀部人。生於神武川新城（一說是今山西朔州市朔城區之梵王寺村，一說是今山西應縣縣城，一說在今山西懷仁縣之日中城）。唐末軍閥，受封晉王。後唐太祖。紀見本書卷二五至卷二六、《新五代史》卷四。　李存信：人名。本姓張。回鶻人。唐末、後唐將領。傳見本書卷五三、《新五代史》卷三六。

[5]莘縣：縣名。治所在今山東莘縣。

[6]河朔：泛指黃河以北地區。

[7]觀音門：城門名。爲魏州城羅城西門。位於今河北大名縣。

[8]葛從周：人名。濮州鄄城（今山東鄄城縣）人。唐末、五代將領。傳見本書卷一六、《新五代史》卷二一。

[9]洹水：縣名。治所在今河北魏縣。因境有洹水，故名。

[10]落落：人名。即落落。李克用之子。事見本書卷一、卷二六。

[11]檢校太尉：官名。爲散官或加官，以示恩寵，無實際執掌。

[12]光化：唐昭宗李曄年號（898—901）。

[13]"乾寧中"至"薨於位"：《大典》卷一八一二六"將"字韻"五代後梁將（一）"事目。《輯本舊史》之原輯者案語："弘信攻李存信，《舊唐書》與《薛史》同。《新唐書》則云：李存信侵魏芻牧，弘信已不平，既而李瑭復壁莘，弘信厭其暴，及聞梁王遣使相告，乃迴戈攻瑭也。與《薛史》異。"對《輯本舊史》案語中"《舊唐書》：弘信先封豫章郡公，進封北平王"，中華書局本有校勘記："'進封'，《舊唐書》卷一八一《羅弘信傳》作'追封'。"《通鑑》卷二六一光化元年（898）九月條："魏博節度使羅

弘信薨，軍中推其子節度副使紹威知留後。"該條《考異》："薛居正《五代史·梁紀》《弘信傳》、《太祖紀年録》皆云弘信八月卒。按八月昭宗還京，弘信猶加官。《舊·紀》《傳》九月卒，今從之。《實録》十月，約奏到也。"

紹威襲父位爲留後，朝廷因而命之，尋正授旄鉞，累加檢校太尉、兼侍中，[1]封長沙郡王。昭宗東遷，[2]命諸道修洛邑，[3]紹威獨營太廟，制加守侍中，進封鄴王。[4]

[1]侍中：官名。秦始置。隋、唐前期爲門下省長官。唐後期多爲大臣加銜，不參與政務，實際職務由門下侍郎執行。正二品。

[2]昭宗：即唐昭宗李曄。888年至904年在位。紀見《舊唐書》卷二〇上、《新唐書》卷一〇。

[3]洛邑：地名。即洛陽。位於今河南洛陽市。

[4]"紹威襲父位爲留後"至"進封鄴王"：《大典》卷一八一二六"將"字韻"五代後梁將（一）"事目。《輯本舊史》之原輯者案語："《舊唐書》：紹威自文德初授左散騎常侍，充天雄軍節度副使，自龍紀至乾寧，十年之中，累加官爵。"見《舊唐書》卷一八一《羅紹威傳》。《通鑑》卷二六一光化元年（898）十月癸卯條："以羅紹威知魏博留後。"同年十一月條："以魏博留後羅紹威爲節度使。"

初，至德中，[1]田承嗣盜據相、魏、澶、博、衛、貝等六州，[2]召募軍中子弟，置之部下，號曰牙軍，皆豐給厚賜，不勝驕寵。年代寖遠，父子相襲，親黨膠固，其凶戾者，强賈豪奪，踰法犯令，長吏不能禁。變易主帥，有同兒戲，自田氏已後，垂二百年，主帥廢置，出於其手，如史憲誠、何全皥、韓君雄、樂彥貞，[3]皆爲其所立。優獎小不如意，則舉族被誅。紹威懲其往弊，雖以貨賂姑息，而心銜之。[4]

[1]至德：唐肅宗李亨年號（756—758）。

[2]田承嗣：人名。平州盧龍（今河北盧龍縣）人。唐後期軍閥。傳見《舊唐書》卷一四一、《新唐書》卷二一〇。　澶：州名。唐、五代初，治所在今河南清豐縣。後晉天福四年（939）移治於今河南濮陽縣。　博：州名。治所在今山東聊城市。　衛：州名。治所在今河南衛輝市。　貝：州名。治所在今河北清河縣。

[3]史憲誠：人名。靈武建康（今甘肅高臺縣）人。唐後期軍閥。傳見《舊唐書》卷一八一、《新唐書》卷二一〇。　何全皥：人名。靈武（今寧夏吳忠市）人。唐後期軍閥。傳見《新唐書》卷二一〇。　韓君雄：人名。魏州（今河北大名縣）人。唐後期軍閥。事見《通鑑》卷二五二。

[4]“初，至德中”至“而心銜之”：《大典》卷一八一二六“將”字韻“五代後梁將（一）”事目。《舊五代史考異》：“吳縝《歐陽史纂誤》云：魏博自田承嗣專據，至羅紹威時，共一百五十餘年，《歐陽史》作二百年，誤。蓋《歐陽史》仍《薛史》之誤也。”見《新五代史》卷三九《羅紹威傳》。

紹威嗣世之明年正月，幽州劉仁恭擁兵十萬，[1]謀亂河朔，進陷貝州，長驅攻魏。紹威求援於太祖，太祖遣李思安援之，[2]屯於洹水，葛從周自邢洺引軍入魏州。[3]燕將劉守文、單可及與王師戰於內黃，[4]大敗之，乘勝追躡。會從周亦出軍掩擊，又敗燕軍，斬首三萬餘級。三年，紹威遣使會軍，同攻滄州以報之。[5]自是紹威感太祖援助之恩，深加景附。[6]

[1]幽州：州名。治所在今北京市。 劉仁恭：人名。深州（今河北深州市）人。唐末、五代軍閥。傳見《新唐書》卷二一二。

[2]李思安：人名。河南陳留（今河南開封市陳留鎮）人。後梁將領。傳見本書卷一九。

[3]邢洺：方鎮名。治所在邢州（今河北邢臺市）。

[4]劉守文：人名。深州（今河北深州市）人。唐末盧龍節度使劉仁恭長子。唐末軍閥。後梁開平三年（909），被其弟劉守光殺死。事見本書卷二、卷四、卷九八，《新五代史》卷五六、卷七二。

單可及：人名。籍貫不詳。唐末、五代將領。事見本書卷二。

內黃：縣名。治所在今河南內黃縣。

[5]滄州：州名。治所在今河北滄縣舊州鎮。

[6]"紹威嗣世之明年正月"至"深加景附"：《大典》卷一八一二六"將"字韻"五代後梁將（一）"事目。《輯本舊史》之影庫本粘籤："洹水，原本作'桓水'，今據《通鑑》改正。"檢《通鑑》未見。五代"洹水"多見，無"桓水"。《舊唐書》卷二〇上《昭宗紀》光化二年（899）二月條："幽州節度使劉仁恭驅燕軍十萬，將兼趙、魏。是月陷貝州，人無少長皆屠之，投尸清水，爲之不流。遂進攻魏州。羅紹威求救于汴。"《通鑑》卷二六一光化二年正月條："（劉仁恭）攻貝州，拔之，城中萬餘戶盡屠之，投尸清水。由是諸城各堅守不下。仁恭進攻魏州，營于城北；魏博節度使羅紹威求救於朱全忠。"

紹威見唐祚衰陵，群雄交亂，太祖兵強天下，必知有禪代之志，[1]故傾心附結，贊成其事，每慮牙軍變易，心不自安。天祐初，[2]州城地無故自陷，俄而小校李公佺謀變，[3]紹威愈懼，乃定計圖牙軍，遣使告太祖求爲外援。太祖許之，遣李思安會魏博軍再攻滄州。先是，安陽公主薨於魏，[4]太祖因之遣長直軍校馬嗣勳選兵千人，[5]伏兵仗於巨橐中，肩舁以入魏州，言助女葬事。天祐三年正月五日，太祖親率大軍濟河，聲言視行營於滄景，[6]牙軍頗疑其事。是月十六日，紹威率奴客數百與嗣勳同攻之，時宿於牙城者千餘人，遲明盡誅之，凡八千家，皆赤其族，州城爲之一空。翌日，太祖自内黃馳至鄴。[7]時魏軍二萬，方與王師同圍滄州，聞城中有變，乃擁大將史仁遇保於高唐，[8]六州之内，皆爲勍敵，太祖遣諸將分討之，半歲方平。自是紹威雖除其逼，然尋有自弱之悔。[9]

[1]必知有禪代之志：中華書局本有校勘記：“‘必知’，殿本作‘知必’。”

[2]天祐：唐昭宗李曄開始使用的年號（904）。唐哀帝李柷即位後沿用（904—907）。唐亡後，河東李克用、李存勗仍稱天祐，沿用至天祐二十年（923）。五代其他政權亦有行此年號者，如南吳、吳越等，使用時間長短不等。

[3]李公佺：人名。籍貫不詳。唐末魏博軍牙校。事見本書本卷。

[4]安陽公主：後梁太祖朱温之女，羅廷規之妻。事見本書卷一一。

[5]長直：部隊番號。　馬嗣勳：人名。濠州鍾離（今安徽鳳陽縣）人。後梁將領。傳見本書卷二〇、《新五代史》卷二三。

[6]滄景：方鎮名。即橫海軍。治所在滄州（今河北滄縣舊州

鎮）。

[7]鄴：地名。即鄴都。治所在今河北大名縣。　太祖自内黃
馳至鄴：《舊五代史考異》：“原本作‘至葉’，今據《歐陽史》改
正。”《新五代史》卷三九《羅紹威傳》作“太祖自内黃馳至魏”。

　　[8]史仁遇：人名。籍貫不詳。唐末軍閥。事見本書本卷、卷
二、卷二一、卷二六。　高唐：縣名。治所在今山東高唐縣。

　　[9]“紹威見唐祚衰陵”至“然尋有自弱之悔”：《大典》卷一
八一二六“將”字韻“五代後梁將（一）”事目。

　　不數月，復有浮陽之役，[1]紹威飛輓饋運，自鄴至
長蘆五百里，[2]疊跡重軌，不絕於路。又於魏州建元帥
府署，沿道置亭候，供牲牢、酒備、軍幕、什器，[3]上
下數十萬人，一無闕者。及太祖迴自長蘆，復過魏州，
紹威乘間謂太祖曰：“邠、岐、太原終有狂譎之志，[4]各
以興復唐室爲詞，王宜自取神器，以絕人望，天與不
取，古人所非。”太祖深感之。及登極，加守太傅、兼
中書令，[5]賜號扶天啓運竭節功臣。車駕將入洛，奉詔
重修五鳳樓、朝元殿，[6]巨木良匠非當時所有，倏架於
地，泝流西立於舊址之上，張設綈繡，皆有副焉。太祖
甚喜，以寶帶、名馬賜之。[7]

　　[1]浮陽：地名。位於今河北滄縣。　復有浮陽之役：中華書
局本有校勘記：“原作‘孚陽’，據殿本、劉本改。按《太平寰宇
記》卷六五記滄州清池縣，本漢浮陽，以在浮水之陽，故名。”五
代亦無“孚陽”之地名。

　　[2]長蘆：縣名。治所在今河北滄州市。

　　[3]牲牢：祭祀所用牲畜。　軍幕：行軍宿營的帳幕。　什器：

指各類生產和生活器物。《史記》卷一《五帝本紀》：“舜耕歷山，漁雷澤，陶河濱，作什器於壽丘，就時於負夏。”司馬貞索隱：“什器，什，數也。蓋人家常用之器非一，故以十爲數，猶今云‘什物’也。”

[4]邠：州名。治所在今陝西彬縣。指邠寧軍李繼徽（楊崇本）勢力。 岐：唐州名。治雍縣（今陝西鳳翔縣）。唐中後期稱鳳翔府，五代因之。此爲舊稱。亦指岐王李茂貞勢力。 太原：指河東晉王李克用勢力。

[5]守太傅：官名。官階低于官職加“守”字。爲加官，榮譽頭銜。 中書令：官名。漢代始置，隋、唐前期爲中書省長官，屬宰相之職；唐後期多爲授予元勳大臣的虛銜。正二品。

[6]五鳳樓：樓名。唐始建，後梁太祖朱溫重修。位於今河南洛陽市。 朝元殿：宮殿名。位於今河南洛陽市。

[7]“不數月”至“以寶帶、名馬賜之”：《大典》卷一八一二六“將”字韻“五代後梁將（一）”事目。

燕王劉守光囚其父仁恭，[1]與其弟守文有隙，[2]紹威馳書勸守光等降梁。太祖聞之，笑曰：“吾常攻燕不能下，今紹威折簡，乃勝用兵十萬。”太祖每有大事，多遣使者問之，紹威時亦馳簡入白，使者相遇道中，其事往往相合。[3]

[1]燕王劉守光：人名。深州樂壽（今河北獻縣）人。唐末幽州節度使劉仁恭之子。劉守光囚父自立，後號大燕皇帝，爲晉王李存勖俘殺。傳見本書卷一三五、《新五代史》卷三九。 仁恭：人名。即劉仁恭。深州（今河北深州市）人。唐末、五代軍閥。傳見《新唐書》卷二一二。

[2]守文：人名。即劉守文。深州（今河北深州市）人。唐末

盧龍節度使劉仁恭長子。唐末軍閥。後梁開平三年（909），被其弟劉守光殺死。事見本書卷二、卷四、卷九八，《新五代史》卷五六、卷七二。

[3]“燕王劉守光囚其父仁恭”至“其事往往相合”：《新五代史》卷三九《羅紹威傳》。

唐哀帝即位,[1]紹威進救接百官絹千疋，綿三千兩。[2]

[1]唐哀帝：即少帝李柷。唐昭宗之子。904年至907年在位，年號天祐。爲朱温所殺。紀見《舊唐書》卷二〇下、《新唐書》卷一〇。

[2]“唐哀帝即位”至“綿三千兩”：明本《册府》卷四八五《邦計部·輸財門》。亦見《舊唐書》卷二〇下《哀帝紀》天祐元年（904）十月條。同卷天祐三年正月己巳條：“夜，魏博節度使羅紹威殺其衙内親軍八千人。”同年二月甲申條：“魏博節度使羅紹威宜許於本鎮置三代私廟。”同年四月戊申條：“魏博羅紹威奏：‘臣當管博州聊城縣、武陽莘縣武水博平高堂等五縣，皆於黃河東岸，其鄉村百姓渡河輸税不便，與天平軍管界接連，請割屬鄆。’從之。”

先是，河朔三鎮司管鑰、[1]備洒掃皆有閹人，紹威曰：“此類皆宮禁指使，豈人臣家所宜畜也。”因搜獲三十餘輩，盡以來獻，太祖嘉之。開平中,[2]加守太師、兼中書令，邑萬户。[3]

[1]河朔三鎮：安史之亂後黃河以北成德、魏博、盧龍三個藩

鎮的合稱。

　　[2]開平：後梁太祖朱溫年號（907—911）。

　　[3]“先是”至“邑萬戶”：《大典》卷一八一二六“將”字韻“五代後梁將（一）”事目。

　　紹威嘗以臨淄、海岱罷兵歲久，[1]儲庾山積，唯京師軍民多而食益寡，願於太行伐木，下安陽、淇門，[2]斲船三百艘，置水運自大河入洛口，[3]歲漕百萬石，以給宿衛，太祖深然之。會紹威遘疾，革，遣使上章乞骸骨，太祖撫案動容，顧使者曰：“亟行語而主，為我強飯，如有不可諱，當世世貴爾子孫以相報也。”仍命其子周翰監總軍府。[4]及訃至，輟朝三日，冊贈尚書令。紹威在鎮凡十七年，年三十四薨。[5]帝哀慟曰：“天不使我一海內，何奪忠臣之速也！”[6]

　　[1]臨淄：縣名。治所在今山東淄博市臨淄區。　　海岱：地區名。指今山東渤海至泰山之間的地區。

　　[2]安陽：縣名。治所在今河南安陽市。　　淇門：地名。位於今河南浚縣。

　　[3]洛口：地名。為洛水入淮河之口。位於今安徽淮南市東。

　　[4]周翰：人名。即羅周翰。魏州貴鄉（今河北大名縣）人。羅紹威次子。事見本書卷八、卷二七。

　　[5]紹威在鎮凡十七年：中華書局本有校勘記：“《舊唐書》卷二〇上《昭宗紀》、《新唐書》卷一〇《昭宗紀》、《通鑑》卷二六一及本卷上文皆記羅紹威光化元年襲魏博節度使，至開平四年卒，凡十二年。”　　“紹威嘗以臨淄、海岱罷兵歲久”至“年三十四薨”：《大典》卷一八一二六“將”字韻“五代後梁將（一）”事

目。《通鑑》卷二六七開平四年（910）五月癸丑條："天雄節度使
兼中書令鄴貞莊王羅紹威卒。詔以其子周翰爲天雄留後。"殿本
《考證》："《通鑑考異》引《梁功臣傳》云：紹威馳簡獻替，意互
合者十得五六，太祖嘆曰：'竭忠力一人而已！'又引《莊宗實錄》
曰：紹威陰有覆溫之志，而賂溫益厚。溫怪其曲事，慮蓄奸謀而莫
之察，乃賜紹威妓妾數人，未半歲召還，以此得其陰事。其紀載互
異如此。竊謂紹威有謀慮，得梁主信任宜也。然以梁主雄險，而紹
威又因盡誅牙軍有自弱之悔，則此時猜忌，諒亦有之，未可偏廢其
説。"《舊五代史考異》："《通鑑考異》云：紹威厚率重斂，傾府庫
以奉溫，小有違忤，溫即遣人詬辱。紹威方懷愧恥，悔自弱之謀，
乃潛收兵市馬，陰有覆溫之志，而賂溫益厚。溫怪其曲事，慮蓄奸
謀而莫之察，乃賜紹威妓妾數人，皆承嬖愛。未半歲，溫却召還，
以此得其陰事，內相矛盾。案：梁祖性多猜忌，使妓妾爲間，乃作
賊之故智。厥後恩禮不衰，特因紹威已死，外示包容耳。"《通鑑》
卷二六七開平三年十一月："鄴王羅紹威得風痹病，上表稱：'魏故
大鎮，多外兵，願得有功重臣鎮之，臣乞骸骨歸第。'帝聞之，撫
案動容。己亥，以其子周翰爲天雄節度副使，知府事。謂使者曰：
'亟歸語而主：爲我强飯！如有不可諱，當世世貴爾子孫以相報也。
今使周翰領軍府，尚冀爾復愈耳。'"上引殿本《考證》引《通鑑
考異》見此。《宋本册府》卷三八六《將帥部·褒異門一二》："開
平元年十月，帝以紹威近年已來貢輸極頻，且倍於諸道，帝慮其殫
於事力以及於民，遂勞而止之，賜以南越所貢真珠枕、龍腦帶。"
卷四八五《邦計部·濟軍門》開平二年七月條："魏博節度使羅紹
威進絹三萬匹。時虜寇臨汾，諸將征討，日聞其捷。紹威進以備犒
師之用。"

　　[6]"帝哀慟曰"至"何奪忠臣之速也"：《宋本册府》卷二〇
四《閏位部·念良臣門》梁太祖開平四年五月條。

　　紹威形貌魁偉，有英傑氣，攻筆札，曉音律。性復精悍明敏，服膺儒術，明達吏理。好招延文士，聚書萬卷，開學館，置書樓，每歌酒宴會，與賓佐賦詩，頗有情致。江東人羅隱者，[1]佐錢鏐軍幕，[2]有詩名於天下。紹威遣使賂遺，敘南巷之敬，隱乃聚其所爲詩投寄之。紹威酷嗜其作，因目己之所爲曰《偷江東集》，至今鄴中人士諷詠之。紹威嘗有公讌詩云：“簾前淡泊雲頭日，座上蕭騷雨腳風。”[3]雖深於詩者，亦所歎伏。[4]

　　[1]江東：地區名。長江在今安徽蕪湖市、江蘇南京市之間作西南、東北流向，習慣上將自此而下的長江南岸地區稱爲江東。羅隱：人名。新城（今浙江杭州市富陽區）人。五代十國吳越官員。事見本書卷二四。

　　[2]錢鏐：人名。臨安（今浙江杭州市）人。五代十國吳越開國君主。傳見本書卷一三三、《新五代史》卷六七。

　　[3]兩腳：《輯本舊史》之影庫本粘籤：“雨腳，原本作‘兩腳’，今據文改正。”

　　[4]“紹威形貌魁偉”至“亦所歎伏”：《大典》卷五六七八“羅”字韻“姓氏（一）”事目。《太平廣記》卷二〇〇注云録自《羅昭威傳》：“梁鄴王羅昭威世爲武人，有膽決，喜尚文學，雅好儒生。於廳所之側，別立學舍，招延四方遊士，置於其間，待以恩禮。每旦視事之暇，則與諸儒講論經義。聚書萬餘卷，於學舍之側，建置書樓，縱儒士隨意觀覽，己亦孜孜諷誦。當時藩牧之中，最獲文章之譽。每命幕客作四方書檄，小不稱旨，壞裂抵棄，自襞牋起草，下筆成文，雖無藻麗之風，幕客多所不及。又僻於七言詩，每歌酒讌會，池亭遊覽，靡不賦詠，題之屋壁。江南有羅隱者，爲兩浙錢鏐幕客，有文學，昭威特遣使幣交聘，申南阮之敬。

隱悉以所著文章詩賦，酬寄昭威，昭大傾慕之，乃目其所爲詩曰羅江東。今鄴中人士，有諷誦者，嘗自爲大廳記，亦微有可觀。"此段引文不見於兩《唐書》及《輯本舊史》《新五代史》。

　　紹威子三人：長曰廷規，[1]位至司農卿，[2]尚太祖女安陽公主，[3]又尚金華公主，[4]早卒。次曰周翰，繼爲魏博節度使，亦早卒。季曰周敬，[5]歷滑州節度使，[6]別有傳。開平四年夏，詔金華公主出家爲尼，居於宋州玄靜寺，[7]蓋太祖推恩於羅氏，令終其婦節也。[8]

　　[1]廷規：人名。即羅廷規。魏州貴鄉（今河北大名縣）人。羅紹威長子，後梁太祖朱温之婿。事見本書本卷、卷五。

　　[2]司農卿：官名。司農寺長官。佐司農卿掌管倉廩、籍田、苑囿諸事。從三品上。

　　[3]安陽公主：後梁太祖朱温之女，羅廷規之妻。事見本書卷一一。

　　[4]金華公主：後梁太祖朱温之女，羅廷規之妻。事見本書卷一一。

　　[5]周敬：人名。即羅周敬。魏州貴鄉（今河北大名縣）人。五代軍閥。傳見本書卷九一。

　　[6]滑州：州名。治所在今河南滑縣。此處代指宣義軍。

　　[7]宋州：州名。治所在今河南商丘市睢陽區。

　　[8]"紹威子三人"至"令終其婦節也"：《大典》卷五六七八"羅"字韻"姓氏（一）"事目。羅周敬，《輯本舊史》卷九一有傳。《舊五代史考異》："《通鑑考異》引《梁功臣傳》云：周翰起復雲麾將軍，充天雄軍節度留後，尋檢校司徒，正授魏博節度使。"見《通鑑》卷二六七開平三年（909）十一月己亥條《考異》。《輯本舊史》傳後錄《五代史補》："羅鄴王紹威，俊邁有詞學，尤好戲

判。常有人向官街中鞲驢，置鞍於地，值牛車過，急行碾破其鞍，驢主怒，毆駕車者，爲廂司所擒。紹威更不按問，遂判其狀云：'鄴城大道甚寬，何故駕車碾鞍？領鞲驢漢子科決，待駕車漢子喜歡。'詞雖俳諧，理甚切當，論者許之。"

趙犨　子麓　霖　弟昶　珝

趙犨，其先天水人，[1]代爲忠武牙將。[2]曾祖賓，祖英奇，父叔文，[3]皆歷故職。犨幼有奇智，齠齔之時，與鄰里小兒戲於道左，恒分布行列爲部伍戰陣之狀，自爲董帥，指顧有節，如夙習焉，群兒皆稟而從之，無敢亂其行者。其父目而異之，曰："吾家千里駒也，必大吾門矣。"[4]及赴鄉校，誦讀之性出於同輩。弱冠有壯節，好功名，妙於弓劍，氣義勇果。郡守聞之，擢爲牙校。唐會昌中，[5]壺關作亂，[6]隨父北征，收天井關。[7]未幾，從王師征蠻，浹月方克，惟忠武將士轉戰溪洞之間，斬獲甚衆。本道録其勳，陟爲馬步都虞候。[8]

[1]犨（chōu）：本義指牛鳴。　天水：地名。位於今甘肅天水市。　趙犨，其先天水人：《舊五代史考異》："案：《歐陽史》作其先青州人。"見《新五代史》卷四二《趙犨傳》。《新唐書》卷一八九《趙犨傳》："趙犨，陳州宛丘人。"

[2]忠武：方鎮名。貞元十年（794）以陳許節度使爲忠武軍，治所在許州（今河南許昌市）。天復元年（901）移治陳州（今河南淮陽縣）。　牙將：官名。古代軍隊中的中低級軍官。　代爲忠武牙將：《宋本册府》卷三六〇《將帥部·立功門一三》："梁趙犨，初仕唐爲忠武軍牙校。"《新五代史·趙犨傳》："世爲陳州牙將。"

《新唐書·趙犨傳》："世爲忠武軍牙將。"《舊唐書》卷三八《地理志一》："忠武軍節度使，治許州，管許、陳、蔡三州。"

　　[3]叔文：《舊五代史考異》："原本訛'叔義'，今據《新唐書》改正。"見《新唐書·趙犨傳》，《宋本册府》卷三六〇亦作"叔文"。

　　[4]"韜齪之時"至"必大吾門矣"：亦見《宋本册府》卷七七二《總録部·志節門》，惟"恒分布行列""必大吾門矣"，《册府》作"常分布行列""必大吾門耳"。

　　[5]會昌：唐武宗李炎年號（841—846）。

　　[6]壺關作亂：指會昌三年（843），昭義軍節度使劉從諫之侄劉稹發動的割據叛亂，次年被平定，又稱澤潞之亂。壺關，地名。位於今山西壺關縣。

　　[7]天井關：關隘名。又稱太行關。位於今山西晉城市南太行山頂。

　　[8]馬步都虞候：官名。五代侍衛親軍馬步軍統兵官，僅次於馬步軍都指揮使、副都指揮使。　"唐會昌中"至"陟爲馬步都虞候"：亦見《宋本册府》卷三六〇。

　　乾符中，[1]王僊芝起於曹、濮，[2]大縱其徒，侵掠汝、鄭，[3]犨乃率步騎數千襲之，賊黨南奔。[4]及黄巢陷長安，[5]天子幸蜀，[6]中原無主，人心騷動。於是陳州數百人相率告許州連帥，[7]願得犨知軍州事。[8]其帥即以狀聞，於是天子下詔，以犨守陳州刺史。[9]既視事，乃謂將吏曰："賊巢之虐，徧於四方，苟不爲長安市人所誅，則必驅殘黨以東下。況與忠武久爲仇讎，凌我土疆，勢必然也。"乃遣增垣墉，[10]濬溝洫，實倉廩，積薪芻。凡四門之外，兩舍之内，[11]民有資糧者，悉令輦入郡中。繕甲兵，利劍稍，弓弩矢石無不畢備。又招召勁勇，置之麾下。以仲弟昶爲防遏都指揮使，[12]以季弟瑊爲親從都知兵馬使，[13]長子麓、次子霖，[14]皆分領銳兵。黃巢在長安，果爲王師四面扼束，食盡人饑，謀東奔之計，先遣驍將孟楷擁徒萬人，[15]直入項縣，[16]犫引兵擊之，賊衆大潰，斬獲略盡，生擒孟楷。[17]

[1]乾符：唐僖宗李儇年號（874—879）。

[2]王遷芝：人名。濮州（今山東鄄城縣）人。唐末農民軍領袖。事見《舊唐書》卷一九下及《新唐書》卷九、卷二二五下。“僊芝”，《舊五代史考異》：“案：原本作‘僊芷’，今據新、舊《唐書》改正。”見《舊唐書》卷二〇〇下《黃巢傳》、《新唐書》卷二二五下《黃巢傳》。　曹：州名。治所在今山東曹縣西北。濮：州名。治所在今山東鄄城縣。

[3]汝：州名。治所在今河南汝州市。　鄭：州名。治所在今河南鄭州市。

[4]“乾符中”至“賊黨南奔”：亦見《宋本册府》卷三六〇《將帥部·立功門一三》、卷四〇〇《將帥部·固守門二》，惟“犫乃率步騎數千襲之”《册府》卷三六〇無“乃”字。

[5]黃巢：人名。曹州冤句（今山東菏澤市）人。唐末農民起義領袖。傳見《舊唐書》卷二〇〇下、《新唐書》卷二二五下。

[6]天子幸蜀：黃巢起義後，於唐廣明元年（880）攻占洛陽，逼近長安，唐僖宗及少數宗室逃離京城，逃至四川。

[7]陳州：州名。治所在今河南淮陽縣。　許州：州名。治所在今河南許昌市。　連帥：泛指地方高級長官。唐朝多指觀察使、按察使。

[8]知軍州事：官名。州級行政長官。

[9]刺史：官名。漢武帝時始置。州一級行政長官，總掌考核

官吏、勸課農桑、地方教化等事。唐中期以後，節度、觀察使轄州而設，刺史爲其屬官，職任漸輕。從三品至正四品下。 "及黃巢陷長安" 至 "以犨守陳州刺史"：亦見《宋本册府》卷四〇〇，惟 "陳州數百人" "於是天子下詔"《册府》作 "陳民數百人" "於是下詔"。同書卷三六〇："廣明初，以犨爲陳州刺史。"

[10]垣墉：墙。

[11]兩舍：《新五代史》卷四二《趙犨傳》、《通鑑》卷二五五中和三年（883）六月條作 "六十里"。古代行軍三十里爲一舍。

[12]昶：人名。即趙昶。傳見本書本卷。 防遏都指揮使：官名。統兵將領。

[13]珝：人名。即趙珝。傳見本書本卷。 都知兵馬使：官名。唐、五代方鎮自置之部隊統率官，稱兵馬使，其權尤重者稱兵馬大使或都知兵馬使。掌兵馬訓練、指揮。

[14]霖：《宋本册府》卷四〇〇、卷六九六《牧守部·修武備門》同，《通鑑》卷二五五中和三年六月條作 "林"。

[15]孟楷：人名。籍貫不詳。唐末黃巢起義軍將領。事見《舊唐書》卷二〇〇下、《新唐書》卷二二五下。

[16]項縣：縣名。治所在今河南沈丘縣。《新五代史·趙犨傳》作 "項城"。

[17]"既視事" 至 "生擒孟楷"：亦見《宋本册府》卷四〇〇、卷六九六，惟 "積薪芻" "招召勁勇" "親從都知兵馬使"《册府》卷四〇〇分別作 "薪芻" "招召勁卒" "親從都兵馬使"。《舊唐書》卷一九下《僖宗紀下》中和三年六月條："是月，黃巢圍陳州，營於州北五里。初，賊出藍田關，遣前鋒將孟楷攻蔡州，刺史秦宗權以兵逆戰，爲楷所敗，宗權勢窘，與賊通和。孟楷移兵攻陳州，刺史趙犨示弱，伏兵擊之，臨陣斬楷。"《宋本册府》卷三六〇："中和中，黃巢東奔，先遣驍將孟楷擁徒萬人直入項縣，犨引兵擊之，衆大潰，斬獲略盡，生擒孟楷。" 同書卷三八六《將帥部·褒異門一二》："賊巢驍將孟楷擁徒入項縣，犨引兵擊之，賊衆

大潰，生擒孟楷。”

中和三年，[1]朝廷聞其功，就加檢校兵部尚書，俄轉右僕射。[2]不數月，加司空，[3]進封潁川縣伯。[4]巢黨知孟楷爲陳所擒，大驚憤，乃悉衆東來，先據溵水，[5]後與蔡州秦宗權合勢以攻宛丘，[6]陳人懼焉。犨恐衆心攜離，乃於衆中揚言曰："忠武素稱義勇，淮陽亦爲勁兵，是宜戮力同心，捍禦群寇，建功立節，去危就安，諸君宜圖之，況吾家食陳禄久矣！今賊衆圍逼，衆寡不均，男子當於死中求生，又何懼也。且死於爲國，不猶愈於生而爲賊之伍耶！汝但觀吾之破賊，敢有異議者斬之！"由是衆心靡不踴躍。無何，開門與賊接戰，每戰皆捷，賊衆益怒。巢於郡北三四里起八僊營，[7]如宫闕之狀，又修百司廨署，[8]儲蓄山峙，蔡人濟以甲胄，軍無所闕焉。凡圍陳三百日，大小數百戰，雖兵食將盡，然人心益固。[9]犨因令間道奉羽書乞師於太祖，太祖素多犨之勇果，乃許之。四年四月，太祖引大軍與諸軍會於陳之西北，陳人望其旗鼓，[10]出軍縱火，急攻巢寨，賊衆大潰，重圍遂解，獻捷於行在。[11]

[1]中和：唐僖宗李儇年號（881—885）。

[2]檢校兵部尚書：官名。爲散官或加官，以示恩寵，無實際執掌。　右僕射：官名。秦始置。隋、唐前期以左、右僕射佐尚書令總理六官，綱紀庶務，如不置尚書令，則總判省事，爲宰相之職。唐後期多爲大臣加銜。從二品。

[3]司空：官名。與太尉、司徒並爲三公，唐後期、五代多爲

大臣、勳貴加官。正一品。

[4]進封潁川縣伯：中華書局本有校勘記：“‘封’字原闕，據《册府》卷三八六補。” “中和三年”至“進封潁川縣伯”：亦見《宋本册府》卷三八六《將帥部·褒異門一二》。同書卷三六〇《將帥部·立功門一三》：“以功累加檢校兵部尚書、右僕射、司空，封潁川縣伯。”

[5]潵水：水名。在今河南漯河市郾城區東由汝水分出，從今周口市西北流入潁水。《輯本舊史》之影庫本粘籤：“潵水，原本作‘澱水’，今據《通鑑》改正。”見《通鑑》卷二五五中和三年（883）六月條，《宋本册府》卷三六〇亦作“潵水”。

[6]蔡州：州名。治所在今河南汝南縣。 秦宗權：人名。河南郡許州（今河南許昌市）人。唐末軍閥。傳見《舊唐書》卷二〇〇下、《新唐書》卷二二五下。 宛丘：縣名。治所在今河南淮陽縣。

[7]三四里：《新五代史》卷四二《趙犨傳》作“三里”。

[8]廨署：官署。

[9]“巢黨知孟楷爲陳所擒”至“然人心益固”：亦見《宋本册府》卷四〇〇《將帥部·固守門二》，惟“淮陽亦爲勁兵”“捍禦群寇”“諸君宜圖之”“不猶愈於生而爲賊之伍耶”“無何開門與賊接戰每戰皆捷”“儲蓄山峙”，《册府》分別作“淮陽亦謂勁兵”“捍禦狂寇”“願君宜圖之”“不猶愈於生而爲賊之伍耳”“開門與賊接戰皆捷”“糧械山峙”。《舊唐書》卷一九下《僖宗紀下》中和三年六月條：“楷，賊之愛將，深惜之。黃巢怒，悉衆攻陳州。時黃巢與宗權合從，縱兵四掠，遠近皆罹其酷。時仍歲大饑，民無積聚，賊俘人爲食，其炮炙處謂之‘舂磨寨’，白骨山積，喪亂之極，無甚於斯。賊攻城急，徐州節度使時溥、許州周岌、汴州朱全忠皆出師護援之。”《宋本册府》卷三六〇：“巢黨知孟楷爲陳所擒，大驚憤，悉衆東來，先據潵水，後與蔡州秦宗權合勢以攻宛丘，犨因乞師于太祖。”同書卷三八六：“巢黨後與蔡州秦宗權合勢以攻宛

丘，騭乞師於太祖。"

[10]陳人望其旗鼓：中華書局本有校勘記："'其'字原闕，據《册府》卷四○○補。"

[11]"騭因令間道奉羽書乞師於太祖"至"獻捷於行在"：《舊唐書》卷二○○下《黃巢傳》："趙騭求援於太原。四年二月，李克用率山西諸軍，由蒲、陝濟河，會關東諸侯，赴援陳州。三月，諸侯之師復集。四月，官軍敗賊於太康，俘斬萬計，拔其四壁。又敗賊將黃鄴於西華，拔其壁。巢賊大恐，收軍營於故陽里，官軍進攻之。"《宋本册府》卷一八七《閏位部・勳業門五》中和四年："是時，陳州四面，賊寨相望，驅虜編氓，殺以充食，號爲'舂磨寨'。帝分兵蕘撲，大小凡四十戰。四月丁巳，收西華寨，賊將黃鄴單騎奔陳。帝乘勝追之，鼓譟而進。會黃巢遁去，遂入陳州，刺史趙騭迎於馬前。俄聞巢黨尚在陳北故陽壘，帝遂徑歸大梁。是時，河東節度使李克用奉僖宗詔，統騎軍數千同謀破賊，與帝合勢於中牟北邀擊之，賊衆大敗於王滿渡，多束手來降。"同書卷三六○："太祖引大軍與諸軍會於陳之西北，急攻巢寨，賊衆大潰。"同書卷三八六："太祖引大軍會於陳之西北，陳人急攻巢寨，重圍遂解，獻捷于行在。"同書卷四○○："騭因令間道奉羽書乞師於太祖，太祖素多騭之勇果，乃引大軍與諸軍會於陳之西北，陳人望其旗鼓，出軍縱火，急攻巢寨，賊衆大潰，重圍遂解。"

　　五年八月，除騭爲蔡州節度使。[1]於時巢黨雖敗，宗權益熾，六七年間，屠膾中原，陷二十餘郡，唯陳去蔡百餘里，兵少力微，日與爭鋒，終不能屈。[2]文德元年，蔡州平，朝廷議勳，以騭檢校司徒，充泰寧軍節度使，又改授浙西節度使，[3]不離宛丘，兼領二鎮。[4]龍紀元年三月，[5]又以平巢、蔡功，就加平章事，[6]充忠武軍節度使，仍以陳州爲理所。[7]由是中原塵静，唐帝復歸

長安，陳許流亡之民，襁負歸業，犨設法招撫，人皆感
之。犨兄弟三人，時稱雍睦。一日，念仲弟昶同心王
事，共立軍功，乃下令盡以軍州事付於昶，遂上表乞
骸。[8]後數月，寢疾，卒於陳州官舍，[9]年六十六，葬於
宛丘縣之先域，累贈太尉。[10]

[1]五年八月，除犨爲蔡州節度使：亦見《宋本册府》卷三八
六《將帥部·褒異門一二》。

[2]"於時巢黨雖敗"至"終不能屈"：亦見《宋本册府》卷
三六〇《將帥部·立功門一三》。同書卷三八六："于時巢黨雖敗，
宗權益熾，唯陳去蔡百餘里，兵少力微，日與爭鋒，終不能屈。"

[3]文德：《舊五代史考異》："原本作'大德'，今改正。"
泰寧軍：方鎮名。治所在兗州（今山東濟寧市兗州區）。 浙西：
方鎮名。全稱浙江西道。治所在潤州（今江蘇鎮江市）。

[4]"文德元年"至"兼領二鎮"：亦見《宋本册府》卷三八
六，惟《册府》無"不離宛丘"四字。同書卷三六〇："文德元年，
蔡州平，朝廷議勳，累加檢校司徒、同平章事，充忠武軍節度使。"

[5]龍紀：唐昭宗李曄年號（889）。

[6]平章事：官名。"同中書門下平章事"的簡稱。唐高宗以
後，凡實際任宰相之職者，常在其本官後加同平章事的職銜。後成
爲宰相專稱。或爲使相加銜。後晉天福五年（940），升中書門下平
章事爲正二品。

[7]"龍紀元年三月"至"仍以陳州爲理所"：亦見《宋本册
府》卷三八六。

[8]乞骸：又稱乞骸骨，指致仕（退休）。 "一日"至"遂
上表乞骸"：明本《册府》卷四三六《將帥部·繼襲門》："初，犨
以仲弟昶爲防遏都指揮使，同心王事，共力軍功，乃下令盡以軍州
事付於昶，遂上表乞骸。詔授昶兵馬留後。"

　　[9]卒於陳州官舍：明本《册府》卷四三六謂其卒在大順中。
　　[10]先域：祖先的墳塋。　　太尉：官名。與司徒、司空並爲三公，唐後期、五代多爲大臣、勳貴加官。正一品。

　　犨雖盡忠唐室，保全陳州，然默識太祖雄傑，每降心託跡，爲子孫之計，故因解圍之後，以愛子結親。又請爲太祖立生祠於陳州，[1]朝夕拜謁。數年之間，悉力委輸，凡所徵調，無不率先，故能保其功名。[2]

　　[1]生祠：爲生者建立的祠廟。
　　[2]"犨雖盡忠唐室"至"故能保其功名"：亦見《宋本册府》卷七九六《總録部·先見門二》，惟"又請爲太祖立生祠於陳州"《册府》無"州"字。《輯本舊史》之孔本案語："張方平《樂全集·陳州祭太尉趙公文》云：'有唐之季，大盜移國，封豕長蛇，踐食區夏，生民塗炭，城邑丘墟。公於爾時，獨保孤壘，攻圍幾年，洛中百戰，陳之遺黎，竟脱賊口。兄弟三人，繼登將相，並有功德，著於此邦。而其像貌，晦於闇壁，邦人不知，久不克享。某祇膺朝命，再來領藩，惟公忠烈，能捍大患，寫之繪素，神氣凜然。乃建祠堂，式薦時事。'蓋陳州故有趙犨畫像，至方平時復修之也。"見《樂全集》卷三五《陳州祭唐贈太尉趙公文》，按"洛中"《樂全集》原作"浴血"。

　　長子麓，位至列卿。[1]

　　[1]列卿：指九卿。　　長子麓位至列卿：《輯本舊史》卷九《梁末帝紀中》貞明四年（918）八月乙丑條："乙丑，以宿州團練使趙麓權知河陽節度觀察留後。"《宋本册府》卷一九三《閏位

部・崇祀門》："（開平二年）十一月，太常禮院奏選用來年正月二十四日辛卯親拜南郊，可之。詔以左千牛衛上將軍胡規充南郊儀仗使，金吾衛將軍趙麓充車路法物使。時以執儀仗將軍輅皆武士，故分二將以董之。"

次子霖，改名巖，尚太祖女長樂公主。[1]開平初，授衛尉卿、駙馬都尉。[2]二年九月，權知洺州軍州事，俄轉天威軍使。[3]十二月，授右羽林統軍，改右衛上將軍，[4]充大内皇牆使。[5]三年七月，出爲宿州團練使，旋棣州刺史。[6]其後累歷近職，連典禁軍。預誅庶人友珪有功，[7]末帝即位，[8]用爲租庸使、守户部尚書。[9]巖以勳戚自負，貨賂公行，天下之賄，半入其門。又以身尚公主，聞唐朝駙馬都尉杜悰位極將相，[10]以服御飲饌自奉，務極華侈，巖恥其不及。由是豐其飲膳，嘉羞法饌，動費萬錢，儌斂綱商，[11]其徒如市，[12]權勢熏灼，人皆阿附。及唐莊宗滅梁室，[13]巖踰垣而逸。素與許州溫韜相善，[14]巖往依之。[15]既至，韜斬巖首送京師。[16]《永樂大典》卷一萬六千九百九十。[17]

[1]長樂公主：即後梁太祖朱温之女，趙犨子趙巖之妻。事見本書卷一一。　次子霖，改名巖，尚太祖女長樂公主：《舊唐書》卷二〇上《昭宗紀》光化三年（900）七月甲午條："以左武衛將軍趙霖檢校左僕射，爲許州刺史。"明本《册府》卷三〇〇《外戚部・選尚門》："趙巖，忠武軍節度犨之子，尚太祖女長樂公主。"

[2]衛尉卿：官名。漢始置，爲衛尉長官。北齊置衛尉寺，衛尉卿爲長官。掌供宮廷、祭祀、朝會之儀仗帷幕。從三品。　駙馬都尉：漢武帝時始置，魏、晋以後公主夫婿多加此稱號。從五

品下。

[3]洺州：州名。治所在今河北邯鄲市永年區。　天威：部隊番號。　軍使：官名。掌領本軍軍務，或兼理地方政務。《新唐書》卷五〇《兵志》："唐初，兵之戍邊者，大曰軍，小曰守捉，曰城，曰鎮……武德至天寶以前邊防之制，其軍、城、鎮、守捉皆有使。"

[4]右羽林統軍：官名。唐置六軍，分左右羽林、左右龍武、左右神武，即"北衙六軍"。興元元年（784），六軍各置統軍，以寵勳臣。五代沿之。其品秩，《唐會要》卷七一、《舊唐書》卷一二記載爲從二品，《通鑑》卷二二九記載爲從三品。　右衛上將軍：官名。唐置，掌宮禁宿衛。唐代有十六衛，即左右衛、左右驍衛、左右武衛、左右威衛、左右領軍衛、左右金吾衛、左右監門衛、左右千牛衛，各置上將軍，從二品；大將軍，正三品；將軍，從三品。

[5]皇牆使：官名。原爲皇城使，避後梁太祖朱溫父朱誠諱改。唐末始置，爲皇城司長官，一般由君主的親信充任，以拱衛皇城。

充大内皇牆使：《舊五代史考異》："案：原本作'皇城'，考《五代會要》，梁時避諱，改皇城使爲皇牆使，今改正。"《會要》卷一追謚皇帝條："烈祖文穆皇帝諱誠，開平元年（907）七月追尊文穆皇帝，廟號烈祖，葬咸寧陵。"又，同書卷二四有皇城使條。

[6]宿州：州名。治所在今安徽宿州市。　團練使：官名。唐代中期以後，於不設節度使的地區設團練使，掌本區各州軍事。旋棣州刺史："棣"字原闕，中華書局本沿《輯本舊史》未補，但有校勘記："'州'，邵本校作'棣州'。"按，本傳輯自《大典》卷一六九〇，《大典》爲避明成祖朱棣諱而省"棣"字，今據邵本校補。

[7]友珪：人名。即朱友珪。朱溫次子勾結韓勍殺朱溫，後追廢爲庶人。傳見本書卷一二、《新五代史》卷一三。　預誅庶人友珪有功：誅友珪事詳見《通鑑》卷二六八乾化三年二月丙戌、戊子、庚寅條。

[8]末帝：即後梁末帝朱友貞。後梁太祖朱温之子。913年至923年在位。紀見本書卷八至一〇、《新五代史》卷三。

[9]租庸使：官名。唐代爲主持催徵租庸地税的財政官員。後梁、後唐時，租庸使取代鹽鐵、度支、户部，爲中央財政長官。
户部尚書：官名。户部最高長官。掌管全國土地、户籍、賦税、財政收支諸事。正三品。

[10]杜悰：人名。京兆萬年（今陝西西安市長安區）人。杜佑之孫。唐武宗朝宰相。娶唐憲宗長女岐陽公主。傳見《舊唐書》卷一四七、《新唐書》卷一六六。

[11]綱商：指運送大批貨物的商人。　傷斂綱商：中華書局本有校勘記："'綱'，原作'網'，據彭校、《册府》卷三〇六、卷三〇七（宋本）改。"見明本《册府》卷三〇六《外戚部·奢縱門》、《宋本册府》卷三〇七《外戚部·貪黷門》。《宋本册府》卷五一一《邦計部·貪污門》："梁趙巖爲租庸使。天下貨略半入其門，奢侈不法，自古無比，每日之費破錢數萬，傷斂商販，其徒如市，天下良田美宅可有千計。"

[12]其徒如市：中華書局本有校勘記："'徒'，原作'徙'，據殿本、劉本、《册府》卷三〇六、卷三〇七、卷五一一改。"

[13]唐莊宗：即李存勗。923年至926年在位。紀見本書卷二七至卷三四、《新五代史》卷四至卷五。

[14]許州：中華書局本有校勘記："'許州'，原作'徐州'，據本書卷七三《温韜傳》、《册府》卷三〇六改。按本書卷三〇《唐莊宗紀四》、《新五代史》卷四〇《温韜傳》皆記其爲許州節度使。"《輯本舊史》卷三〇《唐莊宗紀四》同光元年（923）十一月乙巳條："以許州匡國軍節度使、檢校太尉、同平章事温韜依前許州節度使，仍賜姓，名紹冲。"明本《册府》卷九四三《總録部·不誼門》："温韜初事梁爲許州節度使，累官至檢校太尉、平章事。韜素善趙巖，每依附之。"　温韜：人名。京兆華原（今陝西銅川市耀州區）人。唐末李茂貞部將，後梁、後唐將領。傳見本書卷七

三、《新五代史》卷四〇。

[15]素與許州温韜相善巖往依之：《通鑑》卷二七二同光元年十月戊寅條："戊寅，或告唐軍已過曹州，塵埃漲天，趙巖謂從者曰：'吾待温許州厚，必不負我。'遂奔許州。"

[16]既至韜斬巖首送京師：《輯本舊史·唐莊宗紀四》同光元年十月丙戌條："梁將段凝上疏奏：'梁朝權臣趙巖等，並助成虐政，結怨於人，聖政惟新，宜誅首惡。'乃下詔曰：'……其朱氏近親，趙鵠正身，趙巖家屬，仰嚴加擒捕。……'是日，趙巖……并其妻孥，皆斬於汴橋下。"《通鑑》卷二七二同光元年十月庚辰條："趙巖至許州，温昭圖迎謁歸第，斬首來獻，盡没巖所齎之貨。"

[17]《大典》卷一六九九〇"趙"字韻"姓氏（六）"事目。

　　昶，字大東，犨仲弟也。弱冠習兵機，沈默大度，神形灑落，臨事有通變之才。[1]及兄犨爲陳州刺史，以昶爲防遏都指揮使。[2]未幾，巢將孟楷擁衆萬餘據項城縣，[3]昶與兄犨領兵擊破之，擒楷以歸。不數月，巢黨悉衆攻陳，以報孟楷之役，又與蔡寇合從，[4]凶醜百萬，棲於陳郊，[5]陳人大恐。一夕，昶因巡警，假寐於闉闍，[6]恍惚間如有陰助，昶異而待之。遲明，開門決戰，人心兵勢，勇不可遏，[7]若有陰兵前導。是日，擒賊將數人，斬首千餘級，[8]群凶氣沮。其後連日交戰，無不應機俘斬，未嘗小衂，以至重圍數月，士心如一。及賊敗圍解，朝廷紀勳，昶一門之中，疊加爵秩。當時方鎮之內，言忠勇者、言守禦者、言功勳者、言政事者，皆以犨、昶爲首焉。[9]及犨遥領泰寧軍節度使，[10]以昶爲本州刺史、檢校右僕射。俄而犨有疾，遂以軍州盡付於

昶。詔授兵馬留後，旋遷忠武軍節度使，亦以陳州爲
理所。[11]

[1]神形灑落，臨事有通變之才：亦見《宋本冊府》卷八八三
《總録部・形貌門》。

[2]以昶爲防遏都指揮使：中華書局本有校勘記："'防遏'，原
作'防禦'，據本卷《趙犨傳》、《冊府》卷三六〇、卷三九八改。"
見《宋本冊府》卷三六〇《將帥部・立功門一三》、卷三九八《將
帥部・冥助門》，明本《冊府》卷四三六《將帥部・繼襲門》亦作
"防遏"。

[3]項城縣：縣名。治所在今河南沈丘縣。

[4]又與蔡寇合從：《宋本冊府》卷三六〇《將帥部・立功門
一三》作"又與蔡寇合徒"。中華書局本有校勘記："'與'字原
闕，據《冊府》卷三六〇補。"

[5]"巢將孟楷擁衆萬餘據項城縣"至"棲於陳郊"：亦見
《宋本冊府》卷三六〇。

[6]闉（yīn）闍（dū）：城門。《輯本舊史》之影庫本粘籤：
"闉闍，原本作'闉闍'，今據文改正。"《宋本冊府》卷三九八亦
作"闉闍"。

[7]勇：《宋本冊府》卷三九八亦作"又"。

[8]斬首千於級：《宋本冊府》卷三九八《將帥部・冥助門》
無"斬"字。

[9]"擒賊將數人"至"皆以犨昶爲首焉"：亦見《宋本冊府》
卷三六〇，惟"士心如一""方鎮之内"《冊府》作"志心如一"
"征鎮之内"。

[10]及犨遙領泰寧軍節度使：中華書局本有校勘記："'使'字
原闕，據《通鑑》卷二五八《考異》引《薛史》補。"見《通鑑》
卷二五八龍紀元年（889）三月條《考異》。

　　［11］“及犨遥領泰寧軍節度使”至“亦以陳州爲理所”：《宋本册府》卷三六〇：“昶累加檢校右僕射，代犨爲忠武節度使，亦以陳州爲理所。”

　　時宗權未滅，中原方受其毒。陳、蔡封疆相接，昶每選精鋭，深入蔡境。蔡賊雖衆，終不能抗，以至宗權敗焉。朝廷賞勳，加檢校司徒。[1]昶以大寇削平之後，益留心於政事，勸課農桑，大布恩惠。景福元年秋，陳、許將吏耆老録其功，詣闕以聞，天子嘉之，命文臣撰德政碑植於通衢，以旌其功。[2]俄加同平章事。昶自圍解之後，恒曰：“梁王之恩，不敢忘也。”是後太祖每有征伐，昶訓練兵甲，饋輓供億，無有不至。乾寧二年寢疾，[3]薨於鎮，年五十三。追贈太尉。《永樂大典》卷一萬六千九百九十。[4]

　　［1］“時宗權未滅”至“加檢校司徒”：亦見《宋本册府》卷三六〇《將帥部·立功門一三》。《宋本册府》卷三八六《將帥部·褒異門一二》：“時秦宗權未滅，昶每選精鋭深入，蔡賊雖衆，終不能抗，以至宗權敗焉。朝廷賞勳，加檢校司徒。”《輯本舊史》之案語：“上篇《趙犨傳》云：蔡州平，以犨爲忠武軍節度使。據此傳，則昶爲忠武節度使，宗權未滅，二傳自相矛盾。見《通鑑考異》。”見《通鑑》卷二五八龍紀元年（889）三月條《考異》。
　　［2］景福：唐昭宗李曄年號（892—893）。　“昶以大寇削平之後”至“以旌其功”：亦見《宋本册府》卷六七七《牧守部·能政門》，惟“以旌其功”《册府》作“以旌厥功”。同書卷六七三《牧守部·褒寵門二》：“昶以大寇削平之後，留心政事，勸課農桑，大布恩惠。昭宗嘉之，命撰德政碑，以旌厥功。”

［3］二年：中華書局本有校勘記："'二年'，《册府》卷四三六作'三年'。"

［4］《大典》卷一六九九〇"趙"字韻"姓氏（六）"事目。

珝，字有節，[1]犨季弟也。[2]幼而剛毅，器宇深沉。既冠，好書籍。及壯，工騎射，尤精《三略》。[3]及犨爲陳州刺史，以珝爲親從都知兵馬使。時巢黨東出商、鄧，[4]與蔡賊會，衆至百餘萬，掘長壕五百道攻陳，陳人大懼。珝與二兄堅心誓衆，激勵將校，約以死節。[5]珝以祖先松楸去郭數里，[6]慮爲群盜穿發，乃夜縋心膂之士，[7]遷柩入城。府庫舊有巨弩數百枝，機牙皆缺，工人咸謂不可用，珝即創意制度，自調弦筈，置之雉堞間，[8]矢激五百餘步，凡中人馬，皆洞達胸腋，群賊畏之，不敢逼近。自仲秋至於首夏，軍食將竭，士雖不飽，而堅拒之志不移。會太祖率大軍解其圍，珝兄弟拉泣感謝。[9]其後朝廷議功，加檢校右僕射，遥領處州刺史。[10]犨薨，昶爲忠武軍節度使，珝遷爲行軍司馬、[11]檢校司空。昶薨，珝知忠武軍留後。

［1］珝，字有節：明本《册府》卷三九一《將帥部·習兵法門》作："趙珝，字有郎。"疑爲傳寫之誤。

［2］犨季弟也：《輯本舊史》之案語："《新唐書》以珝爲犨子，據《歐陽史》及《通鑑》皆以珝爲犨弟，與《薛史》同，《新唐書》誤。"見《新唐書》卷一八九《趙珝傳》，《新五代史》卷四二《趙犨傳》，《通鑑》卷二六一光化元年（898）六月條。《宋本册府》卷三八六《將帥部·褒異門一二》作："犨之季弟也。"同書卷六九〇《牧守部·强明門》作："趙犨季弟。"

[3]《三略》：也稱《黄石書記》。爲古代兵書。相傳爲秦末黄石公撰。　“幼而剛毅”至“尤精三略”：亦見明本《册府》卷三九一，惟“深沉”“尤精”《册府》作“沉深”“元精”。

[4]商：州名。治所在今陝西商洛市商州區。　鄧：州名。治所在今河南鄧州市。

[5]“及犨爲陳州刺史”至“約以死節”：《宋本册府》卷三八六：“犨爲陳州刺史，以玼爲親從都知兵馬使。時巢黨東出商、鄧，與蔡賊會，衆至百餘萬攻陳，陳人大懼。玼與二兄堅心誓衆，約以死節。”

[6]松楸：墓地多植松樹和楸樹，代指墳墓。

[7]乃夜縋心膂之士：中華書局本有校勘記：“‘縋’，原作‘縱’，據《册府》卷四〇〇改。”見《宋本册府》卷四〇〇《將帥部·固守門二》趙犨條注。

[8]雉堞：指城牆。

[9]抆（wěn）泣：擦淚。“抆”，《宋本册府》卷四〇〇作“流”。

[10]遥領：雖居此官職，然實際上並不赴任。　處州：州名。治所在今浙江麗水市。

[11]行軍司馬：官名。出征將領及節度使的屬官。掌軍籍符伍，號令印信，是藩鎮重要的軍政官員。

玼公幹之才，播於遠邇，至於符籍虛實，財穀耗登，備閱其根本，民之利病，無不洞知。庶事簡廉，公私俱濟，太祖深加慰薦。尋加特進、檢校司徒，[1]充忠武軍節度使。[2]陳州土壤卑疎，每歲壁壘摧圮，工役不暇，[3]玼遂營度力用，俾以甓周砌四墉，[4]自是無霖潦之虞。[5]光化二年，加檢校太保、平章事。明年，檢校侍中，進封天水郡公。玼博通前古，以陳州本伏羲所都，[6]南頓乃光武舊地，[7]遂稽考古制，崇飾廟貌，爲四民祈福之所。又詢鄧艾故址，[8]決翟王河以溉稻粱，[9]大實倉廩，民獲其利。珝兄弟節制陳許，繼擁旄鉞，共二十餘年，陳人愛戴，風化大行。

　　[1]特進：官名。西漢末期始置，授給列侯中地位較特殊者。隋唐時期，特進爲散官，授給有聲望的文武官員。正二品。　“珝公幹之才”至“尋加特進、檢校司徒”：亦見《宋本册府》卷六九○《牧守部·强明門》。

　　[2]充忠武軍節度使：《通鑑》卷二六一光化元年（898）六月條：“以濠州刺史趙珝爲忠武節度使。”趙珝何時爲濠州刺史，不詳。

　　[3]暇：明本《册府》卷四一○《將帥部·壁壘門》作“逮”。

　　[4]俾以甓周砌四埠：明本《册府》卷四一○無“俾”字。

　　[5]霖：明本《册府》卷四一○作“淋”。

　　[6]伏羲：傳説中的三皇之一。相傳其始畫八卦、教民漁獵畜牧。

　　[7]南頓：縣名。治所在今河南項城市南頓鎮。　光武：即漢光武帝劉秀。南陽郡蔡陽（今湖北棗陽市）人。東漢王朝建立者。紀見《後漢書》卷一。

　　[8]鄧艾：人名。義陽棘陽（今河南新野縣）人。三國時魏名將。傳見《三國志》卷二八。《輯本舊史》之影庫本粘籤：“鄧艾，原本作‘鄧義’，今據《歐陽史》改正。”見《新五代史》卷四二《趙犨傳》。

　　[9]翟王河：水名。位於今河南西華縣。

　　天復元年冬，[1]韓建爲忠武軍節度使，[2]乃徵珝知同州匡國軍節度留後。[3]時太祖統軍岐下，珝在馮翊，[4]輸

輳調發，旁午道途。俄而昭宗還長安，詔徵入覲，錫迎
鑾功臣之號。玘因堅辭藩鎮，遂加檢校太傅、右金吾衛
上將軍。及扈從東遷，歲餘，以痼疾免官，遂歸淮
陽。[5]未幾，薨於私第，年五十五。詔贈侍中，陳人爲
之罷市。

[1]天復：唐昭宗李曄年號（901—904）。

[2]韓建：人名。許州長社（今河南許昌市）人。唐末、五代
軍閥。傳見本書卷一五、《新五代史》卷四〇。

[3]匡國軍：方鎮名。治所在同州（今陝西大荔縣）。 “天
復元年冬”至“乃徵玘知同州匡國軍節度留後”：《宋本册府》卷
四八五《邦計部·濟軍門》：“唐昭宗天復元年，徵爲同州節度留
後。”《通鑑》卷二六二天復元年（901）十一月丁巳條：“以（韓）
建爲忠武節度使，理陳州。……徙忠武節度使趙玘爲匡國節度使。”
該條胡注：“趙玘徙節同州，亦非天子出命。”

[4]岐下：此指鳳翔。治所在今陝西鳳翔縣。 馮翊：縣名。
治所在今陝西大荔縣。 玘在馮翊：“在馮翊”三字原闕，據《宋
本册府》卷四八五《邦計部·濟軍門》補。按，馮翊爲同州治所。
《舊唐書》卷三八《地理志一》云同州爲隋馮翊郡，武德元年
（618）改爲同州，領馮翊等八縣。《新唐書》卷六四《方鎮表一》，
乾寧二年（894），升同州爲匡國軍節度。

[5]淮陽：地名。即陳州。陳州舊爲淮陽郡。

　　子縠，仕至左驍衛大將軍、宣徽北院使。[1]唐莊宗
入汴，與從兄巖皆族誅。[2]《永樂大典》卷一萬六千九百
九十。[3]

[1]宣徽北院使：官名。唐始置。宣徽北院的長官。初用宦官，五代以後改用士人。與宣徽南院使通掌内諸司及三班内侍之名籍，郊祀、朝會、宴享供帳之儀，檢視内外進奉名物。參見王永平《論唐代宣徽使》，《中國史研究》1995 年第 1 期；王孫盈政《再論唐代的宣徽使》，《中華文史論叢》2018 年第 3 期。　子毅仕至左驍衛大將軍宣徽北院使：《輯本舊史》卷九《梁末帝紀中》貞明四年（918）四月丁未條："夏四月丁未，以宣徽院使、右衛上將軍趙毅權知青州軍州事。"

[2]汴：州名。治所在今河南開封市。　唐莊宗入汴，與從兄巖皆族誅：《宋本册府》卷九二七《總録部·讒佞門》段凝條："莊宗以爲滑州兵馬留後。凝上疏奏：'梁朝掌事權者趙巖等，並助成虐政，結怨於人，聖政惟新，宜誅首惡，以謝天下。'於是張漢傑、張漢融、張漢倫、張希逸、趙毅、朱珪等並族誅，家財籍没。"其事亦見《輯本舊史》卷五九《王瓚傳》，《通鑑》卷二七二繫於同光元年（923）十月丙戌條。趙毅，《輯本舊史》卷二九《唐莊宗紀三》同光元年八月戊戌條、卷三〇《唐莊宗紀四》同光元年十月丙戌條，明本《册府》卷一二六《帝王部·納降門》同光元年八月條注，《宋本册府》卷一五四《帝王部·明罰門三》同光元年十月條，作"趙鵠"。

[3]《大典》卷一六九九〇"趙"字韻"姓氏（六）"事目。

王珂　從兄珙

　王珂，河中人。[1]祖縱，鹽州刺史。[2]父重榮，[3]河中節度使，[4]破黃巢有大功，封瑯琊郡王。珂本重榮兄重簡之子，[5]出繼重榮。唐僖宗光啓三年，[6]重榮爲部將常行儒所害，[7]推重榮弟重盈爲蒲帥，[8]以珂爲行軍司馬。及重盈卒，軍府推珂爲留後。[9]時重盈子珙爲陝州節度使、瑤爲絳州刺史，[10]由是争爲蒲帥，瑤、珙連上章論列，又與太祖書云："珂非吾兄弟，蓋余家之蒼頭也，[11]小字忠兒，安得繼嗣！"[12]珂亦上章云："亡父有興復之功。"又遣使求援於太原，李克用爲保薦於朝，昭宗可之。既而珙厚結王行瑜、李茂貞、韓建爲援，[13]三鎮互相表薦，昭宗詔諭之曰："吾以太原與重榮有再造之功，已俞其奏矣。"[14]乾寧二年五月，三鎮率兵入覲，賊害時政，請以河中授珙，[15]珙、瑤又連兵以攻河中。[16]克用聞之，出師以討三鎮，瑤、珙兵退，晋師拔絳州，擒瑤斬之。及克用駐軍於渭北，昭宗以珂爲河中節度使，正授旄鉞，克用因以女妻珂。珂至太原謝婚成禮，克用令李嗣昭將兵助珂，[17]攻珙於陝焉。[18]

[1]河中：府名。治所在今山西永濟市。

[2]縱：人名。即王縱。本書僅此一見。　鹽州：州名。治所在今陝西定邊縣。

[3]重榮：人名。即王重榮。太原祁（今山西祁縣）人。唐末藩鎮將領。傳見《舊唐書》卷一八二、《新唐書》卷一八七。

[4]河中節度使：中華書局本有校勘記："'河中'，原作'河東'，據《册府》卷八六三、卷九四三、《新五代史》卷四二《王珂傳》改。"見《宋本册府》卷八六三《總録部·爲人後門》、明本《册府》卷九四三《總録部·不誼門》。又，《舊唐書》卷一八二《王重榮傳》、《新唐書》卷一八七《王重榮傳》亦云重榮曾任河中節度使。

[5]重簡：人名。即王重簡。本書僅此一見。

[6]唐僖宗：即李儇。873年至888年在位。紀見《舊唐書》卷一九下、《新唐書》卷九。

[7]常行儒：人名。籍貫不詳。唐末將領。事見《舊唐書》卷一八二、《新唐書》卷一八七。

[8]重盈：人名。即王重盈。太原祁（今山西祁縣）人。唐末軍閥。事見《舊唐書》卷一八二、《新唐書》卷一八七。 蒲：州名。唐開元八年（720）改蒲州爲河中府。治所在今山西永濟市。此處指護國軍。 "唐僖宗光啓三年"至"推重榮弟重盈爲蒲帥"：《舊唐書·王重榮傳》，《輯本舊史》卷二五《唐武皇紀上》，明本《册府》卷七《帝王部·創業門三》、卷四三六《將帥部·繼襲門》，均繫此事於光啓三年六月，未書日；《舊唐書》卷一九下《僖宗紀》繫於六月甲寅條；《新唐書》卷九《僖宗紀》繫於六月丁巳條。"重榮弟重盈"，明本《册府》卷四三六、《新五代史》卷四二《王珂傳》，以重盈爲弟；《舊唐書·僖宗紀》《王重榮傳》，《輯本舊史·唐武皇紀上》，明本《册府》卷七，《新唐書·僖宗紀》《王重榮傳》，《通鑑》卷二五四中和二年（882）正月辛亥條，均以重盈爲兄。

[9]及重盈卒軍府推珂爲留後：《舊唐書》卷二〇上《昭宗紀》繫於乾寧二年（895）正月己未朔條。《新唐書》卷一〇《昭宗紀》、《通鑑》卷二六〇繫於壬申條。《舊唐書》卷一八二《王珂傳》、明本《册府》卷四三六繫於乾寧初。《新五代史》卷四《唐莊宗紀上》、《新唐書》卷一八七《王珂傳》繫於乾寧二年，未書月。

[10]珙：人名。即王珙。太原祁縣（今山西祁縣）人。唐末、五代軍閥。傳見《新唐書》卷一八七。 陝州：州名。治所在今河南三門峽市陝州區。此處指保義軍。 時重盈子珙爲陝州節度使：據《新唐書·王重榮傳》，珙爲重盈長子。 瑤：人名。即王瑤。太原祁（今山西祁縣）人。王重盈之子。唐末、五代將領。事見本書卷二六。 絳州：州名。治所在今山西新絳縣。

[11]蒼頭：即奴僕。

[12]忠兒：《輯本舊史》之案語："《舊唐書》'忠'作'蟲'。"

見《舊唐書·王珂傳》。　　"瑶、珙連上章論列"至"安得繼嗣"：《舊唐書·昭宗紀》：乾寧二年二月己丑條："二月己丑朔，王重盈子陝州節度使珙、絳州刺史瑶舉兵討王珂，兼上章訴珂冒姓，非重榮子。珂、珙爭爲蒲帥，上遣中使慰勞"。《通鑑》卷二六〇繫於二月辛卯條後，曰："（珙、瑶）與朱全忠書，言：'珂本吾家蒼頭，不應爲嗣。'"

[13]王行瑜：人名。邠州（今陝西彬縣）人。唐末軍閥。傳見《舊唐書》卷一七五、《新唐書》卷二二四下。　　李茂貞：人名。深州博野（今河北蠡縣）人。唐末、五代軍閥。傳見本書卷一三二、《新五代史》卷四〇。

[14]"珂亦上章云"至"已俞其奏矣"：《舊唐書·昭宗紀》、《通鑑》卷二六〇皆繫於乾寧二年三月條；《輯本舊史》卷二六《唐武皇紀下》繫於乾寧二年六月條。《新唐書·王珂傳》："珂急，乃遣使請婚於李克用。克用薦之天子，許嗣鎮，然猶以崔胤爲河中節度使。"昭宗以崔胤爲河中節度使，《通鑑》繫於乾寧二年三月。《舊唐書·昭宗紀》、《通鑑》卷二六〇皆言三鎮請以王珂爲陝州，王珙爲河中。《新唐書·王重榮傳》載，昭宗却三鎮之請，"行瑜怒，使其弟行約攻珂，克用遣李嗣昭援之，敗珙於猗氏，獲其將李瑶"。

[15]請以河中授珙：中華書局本有校勘記："'珙'字原闕，據《舊唐書》卷一八二《王珂傳》補。《新唐書》卷一八七《王珙傳》敘其事作'固請授珙河中'。"

[16]"乾寧二年五月"至"珙、瑶又連兵以攻河中"：三鎮率兵入覲，《舊唐書·王珂傳》、明本《册府》卷九四三亦繫於乾寧二年五月，未書日；《舊唐書·昭宗紀》、《通鑑》卷二六〇繫於五月甲子。

[17]李嗣昭：人名。汾州（今山西汾陽市）人。唐末、五代李克用義子、部將。傳見本書卷五二、《新五代史》卷三六。

[18]"克用聞之"至"攻珙於陝焉"：詳見《舊唐書·昭宗

紀》、《新五代史·唐莊宗紀上》、《新唐書·王珂傳》、《通鑑》卷二六〇。《通鑑》卷二六〇載：乾寧二年七月條，"李克用大舉蕃、漢兵南下，上表稱王行瑜、李茂貞、韓建稱兵犯闕，賊害大臣，請討之，又移檄三鎮，行瑜等大懼。克用軍至絳州，刺史王瑤閉城拒之；克用進攻，旬日，拔之，斬瑤於軍門，殺城中違拒者千餘人。秋，七月，丙辰朔，克用至河中，王珂迎謁於路。匡國節度使王行約敗於朝邑，戊午，行約棄同州走，己未，至京師。辛酉，（上）出啓夏門，趣南山。……壬戌，李克用入同州。……甲子，上徙幸石門鎮。……丙寅，李克用遣節度判官王瓌奉表問起居。丁卯，上遣内侍郗廷昱齎詔詣李克用軍，令與王珂各發萬騎同赴新平。……李克用遣兵攻華州……會郗廷昱至，言李茂貞將兵三萬至盩厔，王行瑜將兵至興平，皆欲迎車駕，克用乃釋華州之圍，移兵營渭橋……上遣延王戒丕詣河中，趣李克用令進兵。……（八月）己丑，克用進軍渭橋……辛卯，拔永壽，又遣史儼將三千騎詣石門侍衛。癸巳，遣李存信、李存審會保大節度使李思孝攻王行瑜梨園寨，擒其將王令陶等，獻於行在。……李茂貞懼……上表請罪，且遣使求和於克用。上復遣延王戒丕、丹王允諭克用，令且赦茂貞，併力討行瑜，俟其殄平，當更與卿議之。……以前河中節度使崔胤爲中書侍郎、同平章事。戊戌，削奪王行瑜官爵。癸卯，以李克用爲邠寧四面行營都招討使。……辛亥，車駕還京師。壬子……以護國留後王珂、盧龍留後劉仁恭各爲本鎮節度使。"同卷乾寧三年十月條："加河中節度使王珂同平章事。"具體時日，各書記載不同。克用陷絳州，斬王瑤，《輯本舊史·唐武皇紀下》、《新五代史·唐莊宗紀上》、《通鑑》卷二六〇繫於乾寧二年六月條。克用次河中，王珂迎謁於路，《輯本舊史·唐武皇紀下》、明本《册府》卷七、《新五代史·唐莊宗紀上》，繫於乾寧二年七月條，未書日；《通鑑》卷二六〇繫於七月丙辰朔條。克用駐軍於渭北，《新五代史·唐莊宗紀上》繫於乾寧二年八月條，未書日；《舊唐書·昭宗紀》、《通鑑》卷二六〇繫於乾寧二年八月己丑條。李克用爲邠寧四面行營都招討使，王珂充行營供軍糧料使，《舊唐書‧昭宗紀》繫於乾寧二年八月丁酉條，《通鑑》卷二六〇繫於八月癸卯條。昭宗以王珂爲河中節度使，《舊唐書‧昭宗紀》、《通鑑》卷二六〇均繫於乾寧二年八月壬子條，《舊唐書‧昭宗紀》乾寧二年八月壬子條曰："壬子，以河中兵馬留後王珂檢校司空，兼河中尹、御史大夫，充護國軍節度、河中晋絳慈隰觀察等使。"《新唐書‧昭宗紀》載，乾寧四年二月，"保義軍節度使王珙寇河中"。《輯本舊史‧唐武皇紀下》載，乾寧四年三月，"陝帥王珙攻河中，王珂來告難，武皇遣李嗣昭率二千騎赴之，破陝軍於猗氏，乃解河中之圍"。《通鑑》卷二六一乾寧四年三月條："保義節度使王珙攻護國節度使王珂，珂求援於李克用，珙求援於朱全忠。宣武將張存敬、楊師厚敗河中兵於猗氏南；河東將李嗣昭敗陝兵於猗氏，又敗之於張店，遂解河中之圍。"《宋本册府》卷一八七《閏位部‧勳業門五》載，乾寧四年八月，"陝州節度使王珙遣使來乞師。是時珙弟珂實爲蒲帥，迭相憤怒，日尋干戈，而珙兵寡，故來求援。帝遣張存敬、楊師厚等領兵赴陝，既而與蒲人戰于猗氏，大敗之"。同書卷一六六《帝王部‧招懷門四》載，乾寧四年九月，"河中王珂來告急，言王珙引汴軍來寇。武皇遣李嗣昭將兵三千以援之，屯於胡壁堡。汴軍萬餘人來拒戰，嗣昭擊退之"。《輯本舊史‧唐武皇紀下》，光化元年（898）十月條，"河中王珂來告急，言王珙引汴軍來寇，武皇遣李嗣昭將兵三千以援之，屯於胡壁堡。汴軍萬餘人來拒戰，嗣昭擊退之"。《通鑑》卷二六一光化元年正月壬辰條："河中節度使王珂親迎於晋陽，李克用遣其將李嗣昭守河中。"同年四月丁未條："以護國節度使王珂兼侍中。"同年十月條："王珙引汴兵寇河中，王珂告急於李克用；克用遣李嗣昭救之，敗汴兵於胡壁，汴人走。"

　　光化末，太祖謂張存敬曰：[1] "珂恃太原之勢，侮慢鄰封，爾爲我持一繩以縛之。"[2] 天復元年春，存敬兵下晋、絳，[3]令何絪守晋州以扼太原援師。[4]二月，大軍逼河中，珂妻書告太原曰：“敵勢攻逼，朝夕爲俘囚，乞食於大梁矣，[5]大人安忍不救！”克用曰：“前途既阻，衆寡不敵，救則與爾兩亡。可與王郎歸朝廷。”[6]珂復求救於李茂貞，茂貞不答。[7]珂勢窮蹙，[8]即登城謂存敬曰：“吾與汴王有家世事分，公宜退舍，俟汴王至，吾自聽命。”存敬即日退舍。三月，太祖自洛陽至，先哭於重榮之墓，[9]蒲人聞之感悦。珂欲面縛牽羊以見，太祖曰：“太師阿舅之恩，[10]何時可忘，郎君若以亡國之禮相見，黄泉其謂我何！”及珂出迎於路，握手歔欷，聯轡而入。乃以存敬守河中，[11]珂舉家徙於汴。後入覲，被殺於華州傳舍。[12]《永樂大典》卷六千八百四十九。[13]

[1]張存敬：人名。譙郡（今安徽亳州市）人。唐末、五代將領。傳見本書卷二〇、《新五代史》卷二一。《舊唐書》卷一八二《王珂傳》、《新五代史》卷四二《王珂傳》作“張存敬、侯言”。

[2]“光化末”至“爾爲我持一繩以縛之”：《通鑑》卷二六二繫於天復元年（901）正月己亥條。《新唐書》卷一八七《王珂傳》：“始，全忠擊楊行密不能克，諷荆、襄、青、徐等道請己爲都統以討行密，帝猶違未報；而珂與太原、鎮定等道亦請加行密都統，以討全忠。羈縻兩罷之，全忠怨珂不忘也。帝爲劉季述所廢，珂懼見言色，屢陳討賊謀。既反正，首獻方物，帝甚倚之。而全忠以克用方彊，不敢加兵。及王鎔詘服，拔定州，而克用兵折，乃謂其將張存敬曰：‘珂恃太原侮慢我，爾持一繩縛之。’”

[3]晋州：州名。治所在今山西臨汾市。

[4]何絪：人名。籍貫不詳。唐末、五代將領。事見本書本卷、卷二、卷二二。《舊五代史考異》：“案：原本作‘何緯’，今據

《通鑑》改正。"何綱,見於《舊唐書·王珂傳》、《宋本册府》卷一八七《閏位部·勳業門五》、《新唐書·王珂傳》、《通鑑》卷二六二。 "天復元年春"至"令何綱守晉州以扼太原援師":《宋本册府》卷一八七載,天復元年正月,"是時,河中節度使王珂結援於太原,帝怒,遣大將張存敬率將涉河,由含山路鼓行而進。戊申,攻下絳州。壬子,晉州刺史張漢瑜舉郡來降,帝即以大將侯言權領晉州,何綱權領絳州,晉、絳平。""己未,大軍至河中,存敬命繚其垣而攻之。"《通鑑》卷二六二天復元年正月條:"庚子,(朱全忠)遣張存敬將兵三萬自氾水渡河出含山路以襲之,全忠以中軍繼其後;戊申,存敬至絳州。晉、絳不意其至,皆無守備,庚戌,絳州刺史陶建釗降之。壬子,晉州刺史張漢瑜降之。全忠遣其將侯言守晉州,何綱守絳州,屯兵二萬以扼河東援兵之路。朝廷恐全忠西入關,急賜詔和解之;全忠不從。"

[5]大梁:地名。指開封,位於今河南開封市。

[6]"二月"至"可與王郎歸朝廷":《通鑑》卷二六二天復元年正月條:"珂遣間使告急於李克用,道路相繼,克用以汴兵先據晉、絳,兵不得進。珂妻遣李克用書曰:'兒旦暮爲俘虜,大人何忍不救!'克用報曰:'今賊兵塞晉、絳,衆寡不敵,進則與汝兩亡,不若與王郎舉族歸朝。'"

[7]珂復求救於李茂貞,茂貞不答:王珂與李茂貞書,詳見《舊唐書·王珂傳》、《新唐書·王珂傳》、《新五代史·王珂傳》、《通鑑》卷二六二天復元年正月壬子條。《舊唐書·王珂傳》曰:"聖上初返正,詔藩鎮無相侵伐,同匡王室。朱公不顧國家約束,卒遣賊臣,急攻敝邑,則朱公之心可見矣。敝邑若亡,則同、華、邠、岐非諸君所能保也。天子神器,拱手而授人矣,此自然之勢也。公可與華州令公早出精銳固潼關,以應敝邑。僕自量不武,請於公之西偏求爲鎮守,此地請公有之。關西安危,國祚延促,繫公此舉也。"

[8]珂勢窮蹙:《新唐書·王珂傳》曰:"珂益蹙,會橋毁,潛

具舟將遁，夜諭守兵，無肯爲用者。牙將劉訓叩寢門，珂疑有變，叱之，訓自祖其衣曰：‘苟有它，請斷臂自明。’珂出，問計所宜，答曰：‘若夜出，人將爭舟，一夫鴟張，禍繫其手。如旦日，以情諭軍中，宜有樂從者，可則濟，否則召諸將行成以緩敵，徐圖所向，上策也。’珂然之。明日，登城語存敬曰：‘吾於朱公有父子驩，君姑退舍，須公至，吾自聽命。’乃執太原諸將并奉節印內存敬軍，豎大幡城上，遣兄璘與諸將樊洪等見存敬。存敬解圍而戍以兵。”

[9]先哭於重榮之墓：《舊五代史考異》：“案《新唐書》：全忠，王出也，始背賊事重榮，約爲甥舅，德其全己，指日月曰：‘我得志，凡氏王者皆事之。’至是念誓言，過重榮墓，爲哭而祭。”見《新唐書·王珂傳》，按，“念誓言”，《新唐書·王珂傳》作“忘誓言”；“爲哭而祭”，《新唐書·王珂傳》作“僞哭而祭”。

[10]太師阿舅之恩：《輯本舊史》之案語：“《歐陽史》云：梁太祖自同州降唐，即依重榮，以母王氏，故事重榮爲舅。”見《新五代史·王珂傳》。

[11]乃以存敬守河中：中華書局本有校勘記：“存敬，原作‘居敬’，據《舊唐書》卷一八二《王珂傳》、《新唐書》卷一八七《王珂傳》及本卷上文改。”梁太祖至河中，王珂降，《舊唐書》卷二〇上《昭宗紀》、《新唐書》卷一〇《昭宗紀》、《通鑑》卷二六二均繫於天復元年二月戊辰；《宋本冊府》卷一八七繫於天復元年二月庚午；《輯本舊史》卷二六《唐武皇紀下》則繫於天復元年三月條，不書日。

[12]傳舍：古代設於交通綫上之旅舍、客舍，供官員和行人休息之所。　後入覲被殺於華州傳舍：《舊唐書·王珂傳》：“自重榮初帥河中，傳至珂二十年。”

[13]《大典》卷六八四九“王”字韻“姓氏（三四）”事目。

　　珙，[1]少有俊氣，才兼文武，性甚驕虐。屬世多故，遂代伯父重霸爲陝州節度使。[2]爲政苛暴，且多猜忌，殘忍好殺，不以生命爲意，内至妻孥宗屬，外則賓幕將吏，一言不合，則五毒將施，[3]鞭笞剉斮，無日無之。奢縱聚斂，民不堪命，由是左右惕懼，憂在不測。唐光化二年夏六月，爲部將李璠所殺。[4]璠自稱留後，因是陝州不復爲王氏所有。《永樂大典》卷六千八百四十九。[5]

　　[1]珙：王珙爲王珂之從兄，《珙傳》在《舊史》爲《王珂傳》之附傳，故不著姓。

　　[2]重霸：人名。即王重霸。本書僅此一見。　遂代伯父重霸爲陝州節度使：據《新唐書》卷一八七《王重榮傳》，王重盈爲陝虢觀察使，及代重榮，留長子珙領節度事。

　　[3]"爲政苛暴"至"則五毒將施"：《舊唐書》卷一八二《王珂傳》："珙性慘刻，人有蹈犯，必斬首置於座前，言笑自若，部下咸苦之。"《新唐書》卷一八七《王珙傳》："珙殺給事中王枊等十餘人，幕府遭戮辱甚衆，人有罪輒剉斮以逞。枊者，故爲常州刺史，避難江湖，帝聞剛鯁，以給事中召，道出陝，珙謂且柄任，厚禮之。枊鄙其武暴，不降意。既宴，盛列珍器音樂，珙請於枊曰：'僕今日得在子弟列，大賜也。'三請，枊不答。珙勃然曰：'天子召公，公不可留此。'遂罷，遣史就道殺之，族其家，投諸河，以溺死聞。帝不能詰。"

　　[4]李璠（fán）：人名。籍貫不詳。唐末將領。事見本書卷一、《新五代史》卷一。　唐光化二年夏六月，爲部將李璠所殺：《舊唐書》卷一八二《王珂傳》，亦繫於唐昭宗光化二年（899）六月，不書日。《舊唐書》卷二〇上《昭宗紀》、《新唐書》卷一〇《昭宗紀》繫於六月丁丑條。《新五代史》卷四五《朱友謙傳》："陝州節度使王珙，爲人嚴酷，與其弟珂爭河中，戰敗，其牙將李

璠與友謙謀，共殺珙，附于梁，太祖表璠代珙。”《新唐書》卷一八七《王珙傳》：“珙死，贈太師。”

[5]《大典》卷六八四九“王”字韻“姓氏（三四）”事目。

史臣曰：紹威始爲唐雄，據魏地，當土德之季運，倡梁祖以强禪，在梁則爲佐命也，在唐則豈得爲忠臣乎！趙犨以淮陽咫尺之地，[1]抗黃巢百萬之衆，功成事立，有足多者。嚴、穀非賢，遽泯其嗣，惜哉！王珂奕世山河，勢危被擄，乃魏豹之徒與！[2]《永樂大典》卷六千八百四十九。[3]

[1]淮陽：中華書局本有校勘記：“‘淮陽’”，原作‘淮揚’，據邵本校改，按《新唐書》卷三八《地理志二》，陳州舊爲淮陽郡。”

[2]魏豹：人名。戰國末期魏國公子。秦末，被項羽封爲西魏王。後降於劉邦，被漢將周苛所殺。傳見《史記》卷九〇、《漢書》卷三三。

[3]《大典》卷六八四九“王”字韻“姓氏（三四）”事目。

舊五代史　卷一五

梁書十五

列傳第五

韓建

　　韓建，字佐時，許州長社人。[1]父叔豐，世爲牙校。[2]初，秦宗權之據蔡州，[3]招合亡命，建隸爲軍士，累轉至小校。唐中和初，[4]忠武監軍楊復光起兵於蔡，[5]宗權遣其將鹿晏弘赴之，[6]建與里人王建俱隸晏弘軍，[7]入援京師。[8]賊平，復光暴卒。時僖宗在蜀，[9]晏弘率所部赴行在，[10]路出山南，[11]因攻剽郡邑，據有興元，[12]晏弘自爲留後，[13]以建爲屬郡刺史。[14]唐軍容使田令孜密遣人誘建，[15]啗以厚利，建時懼爲晏弘所併，乃率所部歸行在，令孜補爲神策都校、金吾將軍，[16]出爲潼關防禦使、兼華州刺史。[17]河、潼經大寇之後，[18]戶口流散，建披荆棘，闢污萊，勸課農事，樹植蔬果，出入閭里，親問疾苦，不數年，流亡畢復，軍民充實。[19]建比不知書，治郡之暇，日課學習，遣人於器皿、牀榻之上各題其名，建視之既熟，乃漸通文字。[20]俄遷華商節度、潼關守捉等使，[21]累加檢校太尉、平章事。[22]

[1]許州：州名。治所在今河南許昌市。　長社：縣名。治所在今河南許昌市。

[2]叔豐：人名。即韓叔豐。許州長社（今河南許昌市）人。韓建之父。本書僅此一見。　牙校：低級武職。

[3]秦宗權：人名。河南郡許州（今河南許昌市）人。唐末軍閥。傳見《舊唐書》卷二〇〇下、《新唐書》卷二二五下。　蔡州：州名。治所在今河南汝南縣。

[4]中和：唐僖宗李儇年號（881—885）。

[5]忠武：方鎮名。貞元十年（794）以陳許節度使爲忠武軍，治所在許州（今河南許昌市）。　監軍：官名。爲臨時差遣，代表朝廷協理軍務，督察將帥。五代時常以宦官爲監軍。　楊復光：人名。閩（今福建）人。唐末宦官。傳見《舊唐書》卷一八四、《新唐書》卷二〇七。

[6]鹿晏弘：人名。籍貫不詳。唐末軍閥。事見《舊唐書》卷一九下。中華書局本有校勘記：“‘晏’，原作‘宴’，據殿本、孔本、《通曆》卷一五、《册府》卷二二三、卷二三三、《通鑑》卷二五四改。”見明本《册府》卷二二三《僭僞部・勳伐門三》、卷二三三《僭僞部・矜大門》王建條。按，《新唐書》卷二〇七《楊復光傳》作“鹿宴弘”，《新唐書》卷二〇八《田令孜傳》、《舊唐書》卷一九下《僖宗紀》、《舊唐書・楊復光傳》、《新五代史》卷四〇《韓建傳》、《新五代史》卷六三《前蜀世家》、《册府》等均作“鹿晏弘”，據改。

[7]王建：人名。許州舞陽（今河南舞陽縣）人。唐末軍閥，前蜀開國皇帝。傳見本書卷一三六、《新五代史》卷六三。

[8]"唐中和初"至"入援京師"：《舊唐書》卷一八四《楊復光傳》："次鄧州，王淑逗留不進，復光斬之，併其軍，分爲八都。鹿晏弘、晋暉、李師泰、王建、韓建等，皆八都之大將也。進攻南陽，賊將朱温、何勤來逆戰，復光敗之，進收鄧州，獻捷行在，中和元年五月也。"事亦見《宋本册府》卷六六七《内臣部·立功門》。 《通鑑》卷二五四中和元年（881）五月甲子條後："（秦）宗權遣其將王淑將兵三千從（楊）復光擊鄧州，逗留不進，復光斬之，併其軍，分忠武八千人爲八都，遣牙將鹿晏弘、晋暉、王建、韓建、張造、李師泰、龐從等八人將之。"

[9]僖宗：即李儇。873年至888年在位。紀見《舊唐書》卷一九下、《新唐書》卷九。

[10]行在：即行在所。指帝王行幸所在之地。

[11]山南：地名。此處指山南東道。唐開元二十一年（733）分山南道置，爲十五道之一。治所在襄州（今湖北襄陽市）。乾元元年（758）廢。但作爲地區名直至五代還在使用。中華書局本有校勘記："'山南'，原作'南山'，據殿本乙正。按本書卷一三五《王建傳》、《册府》卷二二三：'晏弘率八都迎扈行在至山南。'"

[12]興元：府名。治所在今陝西漢中市。《輯本舊史》之影庫本粘籤："興元，原本作'興亦'，今據《通鑑》改正。"

[13]留後：官名。唐、五代節度使多以子弟或親信爲留後，以代行節度使職務，亦有軍士、叛將自立爲留後者。掌一州或數州軍政。

[14]刺史：官名。漢武帝時始置。州一級行政長官，總掌考核官吏、勸課農桑、地方教化等事。唐中期以後，節度、觀察使轄州而設，刺史爲其屬官，職任漸輕。從三品至正四品下。 以建爲屬郡刺史：中華書局本有校勘記："'屬'，原作'蜀'，據劉本改。按《通鑑》卷二五六敘其事云：'及據興元，以建等爲巡内刺史。'"

[15]軍容使：官名。即觀軍容使。唐朝始設，負責監視出征將帥之高級軍職，多以掌權宦官擔任。 田令孜：人名。蜀（今四

川）人。唐末宦官首領。傳見《舊唐書》卷一八四、《新唐書》卷二〇八。

　　[16]神策：指神策軍。唐後期禁軍之一，以宦官爲統帥，並由其控制的軍隊。天寶十三載（754），唐王朝爲防吐蕃内擾而設。唐朝末年，神策軍捲入宦官集團與朝官的鬥爭，唐亡即廢。　金吾將軍：官名。指金吾衛將軍。唐置，掌宫禁宿衛。唐代置十六衛，即左右衛、左右驍衛、左右武衛、左右威衛、左右領軍衛、左右金吾衛、左右監門衛、左右千牛衛。各置上將軍，從二品；大將軍，正三品；將軍，從三品。　　“時僖宗在蜀”至“金吾將軍”：《舊唐書·僖宗紀》中和三年六月甲子條：“楊復光卒於河中，其部下忠武八都都頭鹿晏弘、晋暉、王建、韓建等各以其衆散去。”同卷中和四年九月條：“山南西道節度使鹿晏弘爲禁軍所討，棄城擁衆東出襄、鄧，大掠許州。晏弘大將王建、韓建、張造、晋暉、李師泰各率本軍歸朝，田令孜以建等楊復光故將，薄之，皆授諸衛將軍，惟以王建爲壁州刺史。”事亦見《宋本册府》卷六六九《内臣部·譴責門》。明本《册府》卷二二三：“復光死，晏弘率八都迎扈行在，至山南，乃攻剽金、商諸郡縣，得兵數萬，進逼興元，節度使牛叢棄城而去。晏弘因自爲留後，以（王）建等屬郡刺史，不令之任。俄而晏弘正授節旄，恐部下謀己，多行忍虐，由是部衆離心。建與别將韓建友善，晏弘益猜二建。僞待之厚，引入卧内，二建懼，夜登城慰守牌者，因月下共謀所向，謂韓建曰：‘僕射甘言厚德，意疑我也，禍難無日矣。早宜擇利而行。’韓曰：‘善。’因率三千人趨行在，僖宗嘉之，賜與巨萬，分其兵爲五都，仍以舊校主之，即晋暉、李師泰、張造與二建也，因號曰隨駕五都。田令孜皆録爲假子。及僖宗還宫，建等分典神策軍，皆遥領刺史。”亦見明本《册府》卷二三三王建條。《新五代史·韓建傳》：“從楊復光攻黄巢於長安，巢已破，復光亦死，晏弘與建等無所屬，乃以麾下兵西迎僖宗於蜀，所過攻劫。行至興元，逐牛叢，據山南。已而不能守，晏弘東走許州，建乃奔于蜀，拜金吾衛將軍。”《新五代史·前

蜀世家》:"已而晏弘擁衆東歸,陷陳、許,(王)建與晋暉、韓建、張造、李師泰等各率一都,西奔于蜀。僖宗得之大喜,號'隨駕五都',以屬十軍觀軍容使田令孜,令孜以建等爲養子。"《通鑑》卷二五六中和四年十一月條:"鹿晏弘之去河中,王建、韓建、張造、晋暉、李師泰各帥其衆與之俱;及據興元,以建等爲巡内刺史,不遣之官。晏弘猜忌,衆心不附,王建、韓建素相親善,晏弘尤忌之,數引入卧内,待之加厚,二建相謂曰:'僕射甘言厚意,疑我也,禍將至矣!'田令孜密遣人以厚利誘之,十一月,二建與張造、晋暉、李師泰帥衆數千逃奔行在,令孜皆養爲假子,賜與巨萬,拜諸衛將軍,使各將其衆,號'隨駕五都'。"

[17]潼關:地名。關隘重地。位於今陝西潼關縣東北。　防禦使:官名。唐代始置,設有都防禦使、州防禦使兩種。常由刺史或觀察使兼任,實際上爲唐代後期州或方鎮的軍政長官。　華州:州名。治所在今陝西渭南市華州區。　出爲潼關防禦使兼華州刺史:《新五代史・韓建傳》:"僖宗還長安,建爲潼關防禦使、華州刺史。"

[18]河:水名。即黄河。　潼:地名。即潼關。位於今陝西潼關縣。

[19]"河潼經大寇之後"至"軍民充實":亦見《宋本册府》卷六九二《牧守部・招輯門》。《宋本册府》卷六七八《牧守部・勸課門》:"梁韓建,唐末爲華州刺史。建少勤農稼,尤於勸課,曲盡其能。在華數年,軍民饒衍。"《新五代史・韓建傳》:"華州數經大兵,户口流散,建少賤,習農事,乃披荆棘,督民耕植,出入閭里,問其疾苦。……是時,天下已亂,諸鎮皆武夫,獨建撫緝兵民,又好學。荆南成汭時冒姓郭,亦善緝荆楚,當時號爲'北韓南郭'。"亦見《新唐書》卷一九〇《成汭傳》。《通鑑》卷二五七文德元年(888)四月癸巳條後:"時藩鎮各務兵力相殘,莫以養民爲事,獨華州刺史韓建招撫流散,勸課農桑,數年之間,民富軍贍。時人謂之'北韓南郭'。"

[20]"建比不知書"至"乃漸通文字"：亦見《宋本册府》卷八一一《總録部·晚學門》。《新五代史·韓建傳》："建初不知書，乃使人題其所服器皿牀榻，爲其名目以視之，久乃漸通文字。見《玉篇》，喜曰：'吾以類求之，何所不得也。'因以通音韻聲偶，暇則課學書史。"

[21]華商：方鎮名。治所在華州（今陝西渭南市華州區）。節度：官名。即節度使。唐時在重要地區所設掌握一州或數州軍、民、財政的長官。　守捉等使：官名。唐代邊防區守捉一級的主官。掌領本軍軍務。

[22]檢校太尉：官名。爲散官或加官，加此官以示恩寵，無實際執掌。太尉，與司徒、司空並爲三公。　平章事：官名。即"同中書門下平章事"。唐高宗以後，凡實際任宰相之職者，常在其本官後加同平章事的職銜。後成爲宰相專稱。或爲節度使加銜。後晉天福五年（940），升中書門下平章事爲正二品。　俄遷華商節度、潼關守捉等使，累加檢校太尉、平章事：《舊唐書》卷二○上《昭宗紀》大順元年（890）五月條："以華州節度使韓建爲北面行營招討都虞候、供軍等使。"同書卷一七九《張濬傳》："華州韓建爲供軍使。"《輯本舊史》卷二五《唐武皇紀上》大順元年六月條：以"華州韓建爲行營都虞候"。明本《册府》卷一二三《帝王部·征討門三》繫於大順元年五月："以華州韓建、成德軍王鎔、幽州李康、威雲州赫連鐸及朱全忠分爲太原四路招討使"。《新五代史》卷四《唐莊宗紀上》大順元年條：昭宗"以濬爲太原四面行營兵馬都統，韓建爲副使"。《新唐書》卷一八五《張濬傳》：詔"韓建爲供軍使"。同書卷二一八《沙陀傳》：以"華州節度使韓建爲行營馬步都虞候兼供軍糧料使"。《通鑑》卷二五八大順元年五月條："以鎮國節度使韓建爲都虞候兼供軍糧料使。"

乾寧二年，[1]建與鳳翔李茂貞、[2]邠州王行瑜舉兵赴闕，[3]迫昭宗，[4]請以王珙爲河中帥，[5]害大臣於都下。[6]
河中王珂召晋軍以爲援，[7]及晋軍渡河，昭宗幸石門。[8]
三年四月，昭宗遣延王、通王率禁兵討李茂貞，[9]爲茂
貞所敗，車駕幸渭橋，[10]翊日，次富平，[11]將幸河中。
建奉表迎駕，俄自至渭北，[12]懇乞東幸，許之。七月十
五日，昭宗至華下，[13]百官士庶相繼而至。建尋加兼中
書令，[14]充京畿安撫制置等使，[15]又兼京兆尹、京城把
截使。[16]昭宗久在華州，思還宮掖，每花朝月夕，遊宴
西谿，[17]與群臣屬詠歌詩，歔欷流涕。建每從容奏曰：
"臣爲陛下修營大内，結信諸侯，一二年間，必期興
復。"乃以建兼領修創京城使，[18]建自華督役輦運工作，
復治大明宮。[19]

[1]乾寧：唐昭宗李曄年號（894—898）。

[2]李茂貞：人名。深州博野（今河北蠡縣）人。唐末、五代
軍閥。傳見本書卷一三二、《新五代史》卷四〇。

[3]邠州：州名。治所在今陝西彬縣。此處代指邠寧軍。　王
行瑜：人名。邠州（今陝西彬縣）人。唐末軍閥。傳見《舊唐書》
卷一七五、《新唐書》卷二二四下。

[4]昭宗：即唐昭宗李曄。888年至904年在位。紀見《舊唐
書》卷二〇上、《新唐書》卷一〇。

[5]王珙：人名。太原祁（今山西祁縣）人。王重盈之子。唐
末、五代軍閥。傳見本書卷一四。　河中：方鎮名。治所在河中府
（今山西永濟市）。

[6]"乾寧二年"至"害大臣於都下"：《舊唐書》卷二〇上
《昭宗紀》乾寧二年（895）三月條："太原李克用上章言王重榮有
功於國，其子珂宜承襲，請賜節鉞。邠州王行瑜、鳳翔李茂貞、華

州韓建各上章，言珂螟蛉，不宜纘襲，請以王珂爲陝州，王珙爲河中。天子以先允克用之奏，久之不下。"同年五月條："五月丁巳朔。甲子，李茂貞、王行瑜、韓建等各率精甲數千人入覲，京師大恐，人皆亡竄，吏不能止。昭宗御安福門以俟之，三帥既至，拜舞樓下，昭宗臨軒自諭之曰：'卿等藩侯，宜存臣節，稱兵入朝，不由奏請，意在何也?'茂貞、行瑜汗流浹背，不能對，唯韓建陳敘入覲之由。上並召升樓，賜之巵酒，宴之於同文殿。茂貞、行瑜極言南北司相傾，深蠹時政，請誅其太甚者。乃貶宰相韋昭度、李磎，尋殺之於都亭驛，殺內官數人而去。王行瑜留弟行約，茂貞留假子閻圭，各以兵二千人宿衛。時三帥同謀廢昭宗立吉王，聞太原起軍乃止，留兵宿衛而還。"王珂、王珙爭立事，亦見《舊唐書》卷一八二《王珂傳》、《輯本舊史》卷一四《王珂傳》、明本《冊府》卷九四三《總錄部·不誼門》、《新五代史》卷四《唐莊宗紀上》、《新五代史》卷四〇《韓建傳》、《新五代史》卷四〇《李茂貞傳》、《新五代史》卷四二《王珂傳》、《新唐書》卷一八七《王重榮傳》、《通鑑》卷二六〇，不具錄。《輯本舊史》卷二六《唐武皇紀下》乾寧二年六月條："六月，武皇率蕃漢之師自晉陽趨三輔，討鳳翔李茂貞、邠州王行瑜、華州韓建之亂。"明本《冊府》卷四五四《將帥部·專恣門》："昭宗乾寧二年，茂貞與邠州王行瑜、華州韓建、同州王行約、秦州李茂莊等上表，疏興元楊守亮納叛臣楊復恭，請同出本軍討伐，兼自備供軍糧料，不取給于度支，祗請加茂貞山南招討使名。"《新唐書》卷一〇《昭宗紀》乾寧二年五月甲子條："靜難軍節度使王行瑜、鎮國軍節度使韓建及李茂貞犯京師，殺太保致仕韋昭度、太子少師李磎。"

[7]王珂：人名。王重榮兄王重簡之子，出繼王重榮。唐末、五代軍閥。傳見《舊唐書》卷一八二、《新唐書》卷一八七、本書卷一四、《新五代史》卷四二。　晉軍：指河東晉王李克用軍。

[8]石門：地名。位於今陝西三原縣。

[9]延王：即李戒丕。唐末宗室。事見《舊唐書》卷二〇上、

卷一七五及《通鑑》卷二六〇。 通王：即李滋。唐末宗室。傳見《新唐書》卷八二。

[10]渭橋：橋梁名。漢、唐時長安渭水上所建橋梁。參見辛德勇《古代交通與地理文獻研究》，商務印書館 2018 年版。

[11]富平：縣名。治所在今陝西富平縣。

[12]渭北：地名。即渭河以北地區。

[13]華下：地名。即華州。治所在今陝西渭南市華州區。

[14]中書令：官名。漢代始置，隋、唐前期爲中書省長官，屬宰相之職；唐後期多爲授予元勳大臣的虛銜。正二品。

[15]安撫制置等使：官名。唐後期臨時差遣官，爲地方用兵時控制當地秩序而設。

[16]京兆尹：官名。唐開元元年（713）改雍州置京兆府，治所在今陝西西安市。以京兆尹總其政務。從三品。 把截使：官名。唐末臨時差遣官，爲堵截西來之兵。 "三年四月"至"又兼京兆尹、京城把截使"：《舊唐書·昭宗紀》乾寧三年（896）七月條："壬辰，岐軍逼京師，諸王率禁兵奉車駕將幸太原。癸巳，次渭北。華州韓建遣子充奉表起居，請駐蹕華州，乃授建京畿都指揮、安撫制置、催促諸道綱運等使。詔謂建曰：'啓途之行，已在河東，今且幸鄜時。'甲午，次富平。韓建來朝，泣奏曰：'藩臣倔強，非止茂貞。雖太原勤王，無宜巡幸。臣之鎮守，控扼關畿，兵力雖微，足以自固。陛下若輕捨近畿，遠巡極塞，去園陵宗廟，寧不痛心；失魏闕金湯，又非良算。若輿駕渡河，必難再復，謀苟不臧，悔之寧及。願陛下且駐三峯，以圖恢復。'上亦泣下曰：'朕難奈茂貞，忿不思難。卿言是也。'乙未，次下邽。"同年九月丙午條："制以鎮國軍節度使韓建檢校太尉，兼中書令，充修復宮闕、京畿制置、催促諸道綱運等使。"同年十月戊午條："李茂貞上表章請罪，願改事君之禮，繼修職貢，仍獻錢十五萬，助修京闕。韓建左右之，師遂不行。"同年十一月丁丑條："十一月丁丑朔，以韓建兼領京兆尹、京城把截使。"《宋本冊府》卷一七八《帝王部·姑

息門三》："乾寧三年，鳳翔李茂貞逼京師，諸王率禁兵奉車駕將幸太原，次渭北，華州韓建遣子充奉表請蹕駐華州。乃詔曰：'鎮國軍節度使韓建，忠貫雪霜，義堅金石，十陳章表，備竭憂國之誠；一詣行宮，愈驗愛君之志。況華州城壘牢固，糧儲贍豐，兵士又免遠行，車輿且絶他慮。'時詔下之後，信宿而至華，以華之公署爲行宮。八月，又付韓建詔曰：'卿武抱七德，瑞應四靈，挺生德門，佐我丕祚。綵衣就養，深知百行之原；布被奉家，不似三公之貴。朕聞卿高節，獎卿崇勳，遷幸已來，社稷是託。卿宜每關朝政，莫惜揣摩，既位列大臣，亦不爲越分。至于道路警候，晨夜隄防，皆佇良籌，用致高枕，無令奔軼，以慰焦勞。諸道節度使知卿至忠，服卿威望，卿宜各移書檄，告以安危，使有兵者，陳勤王赴難之謀；豐財者，展急病上供之効。合成忠孝，同濟艱難；啓我中興，允屬上將；山河爲誓，不在他人。'初，帝在富平，以人情阻撓，召建議之。建既至，跣露首罪，言發涕流。帝亦爲之色動，竟未知其心也。及入華，公卿近侍皆與建膠固，不敢專行，制令故下，詔使建揣摩時政得失，及告諭藩鎮。時建乃上言云：'昔先皇帝幸蜀都之日，陳敬瑄守鎮錦城，過恃寵私，多所參預，所以遠方觀聽，物論誼然。臣豈敢遵彼覆車，同其濫吹。至于隄防道路，拱衛乘輿，夙夜在心，是臣之職。'"《新五代史·韓建傳》："乾寧三年，李茂貞復犯京師，昭宗將奔太原，次渭北，建遣子允請幸華州。昭宗又欲如鄜州，建追及昭宗於富平，泣曰：'藩臣倔彊，非止茂貞，若捨近畿而巡極塞，乘輿渡河，不可復矣！'昭宗亦泣，遂幸華州。"《新唐書·昭宗紀》乾寧三年七月甲午條："甲午，韓建來朝，次華州。"《通鑑》卷二六○乾寧三年六月丙寅條："初，李克用屯渭北，李茂貞、韓建憚之，事朝廷禮甚恭。克用去，二鎮貢獻漸疏，表章驕慢。"同年七月條："秋，七月，茂貞進逼京師。延王戒丕曰：'今關中藩鎮無可依者，不若自鄜州濟河，幸太原，臣請先往告之。'辛卯，詔幸鄜州；壬辰，上出至渭北；韓建遣其子從允奉表請幸華州，上不許。以建爲京畿都指揮、安撫制置及開通四面道路、催促諸道綱運等使。而建奉表相繼，上及從官亦憚遠去，癸巳，至富平，遣宣徽使元公訊召建，面議去留。甲午，建詣富平見上，頓首涕泣言：‘方今藩臣跋扈者，非止茂貞。陛下若去宗廟園陵，遠巡邊鄙，臣恐車駕濟河，無復還期。今華州兵力雖微，控帶關輔，亦足自固。臣積聚訓厲，十五年矣，西距長安不遠……’（上）以府署爲行宮；建視事於龍興寺。茂貞遂入長安，自中和以來所葺宮室、市肆，燔燒俱盡。”同年八月丙辰、丙寅條：“宰相畏韓建，不敢專決政事。八月，丙辰，詔建關議朝政；建上表固辭，乃止。韓建移檄諸道，令共輸資糧詣行在。李克用聞之，歎曰：‘去歲從余言，豈有今日之患！’又曰：‘韓建天下癡物，爲賊臣，弱帝室，是不爲李茂貞所擒，則爲朱全忠所虜耳！’因奏將與鄰道發兵入援。……丙寅，加韓建兼中書令。”同年九月乙未條：“崔胤出鎮湖南，韓建之志也。胤密求援於朱全忠，且教之營東都宮闕，表迎車駕。全忠與河南尹張全義表請上遷都洛陽，全忠仍請以兵二萬迎車駕，且言崔胤忠臣，不宜出外。韓建懼，復奏召胤爲相，遣使諭全忠以且宜安靜，全忠乃止。”同年十月丁巳、戊午條：“丁巳，以韓建權知京兆尹，兼把截使。戊午，李茂貞上表請罪，願得自新，仍獻助脩宮室錢；韓建復佐佑之，竟不出師。”

[17]西谿：水名。爲渭水南岸之流，位於今陝西渭南市華州區西南。

[18]修創京城使：官名。爲唐末臨時差遣，主管長安宮室修葺。

[19]大明宮：宮殿名。與太極宮、興慶宮並爲唐代“三內”。位於今陝西西安市。

四年二月，有詣建告睦王已下八王謀殺建，[1]建囚八王於別宅，放散隨駕殿後軍二萬人，[2]殺捧日都頭李筠，[3]自是天子益微，宿衛之士盡矣。八月，建以兵圍十六宅,[4] 通王以下十一王並遇害於石堤谷,[5] 以謀逆聞。又害太子詹事馬道殷、將作監許巖士,[6] 貶宰相朱朴,[7] 皆昭宗寵昵者也。[8] 建尋兼同州節度使。[9] 光化元年,[10] 升華州爲興德府,以建爲尹。[11] 八月,車駕還京。九月,册拜太傅,[12] 進封許國公,并賜鐵券。[13]

[1]睦王：即李倚。唐懿宗李漼之子。事見《舊唐書》卷二〇上、卷一七五及《通鑑》卷二六一、卷二六二。　有詣建告睦王已下八王謀殺建：《輯本舊史》之案語："《通鑑》作防城將張行思等來告,建惡諸王典兵,故使行思等告之。"　《舊唐書》卷一七五《德王裕傳》："時駕在華州,韓建畏諸王主兵,誘防城卒張行思、花重武相次告通王以下欲殺建。建他日又造訛言云：諸王欲劫遷車駕,別幸藩鎮。諸王懼,詣建自陳,建乃延入卧内。"

[2]殿後軍：又稱殿後四軍。唐昭宗所置侍衛部隊,即安聖、捧宸、保寧、宣化四軍。

[3]捧日：部隊番號。　都頭：官名。唐、五代時節度使屬將。李筠：人名。籍貫不詳。唐末侍衛軍將領。事見《舊唐書》卷二〇上。

[4]十六宅：地名。亦稱十六王宅。本名入苑坊,唐玄宗開元時期,因慶、忠等十六王子分院居於此坊,故名。位於今陝西西安市。

[5]石堤谷：地名。位於今陝西渭南市華州區西。

[6]太子詹事：官名。掌領太子之詹事府,爲太子官屬之長。正三品。　馬道殷：人名。籍貫不詳。唐末官員。事見本書本卷。　將作監：官名。秦代設將作少府,唐代改將作監,其長官即爲將作監。掌宮廷器物置辦及宮室修建事宜。從三品。　許巖士：人名。籍貫不詳。唐末官員。事見本書本卷。

[7]朱朴：人名。襄州襄陽（今湖北襄陽市）人。唐末宰相。

傳見《舊唐書》卷一七九、《新唐書》卷一八三。

[8]"四年二月"至"皆昭宗寵昵者也"：《輯本舊史》之案語："《新唐書·昭宗紀》：正月乙酉，韓建以兵圍行宫，殺扈蹕都將李筠。二月，韓建殺太子詹事馬道殷、將作監許巖士。八月，韓建殺通王滋、沂王禋、韶王、彭王、嗣韓王、嗣陳王、嗣覃王嗣周、嗣延王戒丕、嗣丹王允。《通鑑》與《新唐書》同。《薛史》以殺李筠爲二月事，以殺馬道殷、許巖士爲八月事，蓋本於《舊唐書·昭宗紀》，宜可徵信云。"《舊唐書》卷二〇上《昭宗紀》乾寧四年（897）二月條："甲寅，華州防城將花重武告睦王已下八王欲謀殺韓建，移車駕幸河中。帝聞之駭然，召韓建諭之，建辭疾不敢行。帝即令通王已下詣建治所自陳。建奏曰：'今日未時，睦王、濟王、韶王、通王、彭王、韓王、儀王、陳王等八人到臣治所，不測事由。臣酌量事體，不合與諸王相見，兼恐久在臣所，於事非宜。況睦王等與臣中外事殊，尊卑禮隔，至於事柄，未有相侵，忽然及門，意不可測。'又引晉室八王撓亂天下事，'請依舊制，令諸王在十六宅，不合典兵。其殿後捧日、扈蹕等軍人，皆坊市無賴之徒，不堪侍衛，伏乞放散，以寧衆心。'昭宗不得已，皆從之。是日，囚八王於別第，殿後侍衛四軍二萬餘人皆放散，殺捧日都頭李筠於大雲橋下，自是天子之衛士盡矣。丙辰，韓建上表，請封拜皇太子、親王，以爲維城之計。己未，制德王裕宜冊爲皇太子。辛酉，制第八男祕可封景王，第九男祚可封輝王，第十男祺可封祁王，第十一男禛可封雅王，第十二男祥可封瓊王。"同年三月戊寅條："戊寅，制韓建進封昌黎郡王，改賜'資忠靖國功臣'。"同年四月丙午條："四月丙午朔，就加福建節度使王潮檢校尚書右僕射。韓建獻封事十條，其三，太子、諸王請置師傅教導。乃以太子賓客王牘爲諸王侍讀。"同年八月甲辰條："八月甲辰朔，以工部尚書陸扆爲兵部尚書。韓建與邠、岐三鎮素有無君之迹，及李克用誅行瑜，心常切齒。去歲車駕將幸河東，乃令延王戒丕使太原，見克用，陳省方之意。是月，延王自太原還。韓建奏曰：'自陛下即位

已來，與近輔交惡，皆因諸王典兵，兇徒樂禍，遂致興駕不安。比者臣奏罷兵權，實慮有不測之變。今聞延王、覃王尚苞陰計，願陛下宸斷不疑，制於未亂，即社稷之福也。'上曰：'豈至是耶！'居數日，以上無報，乃與知樞密劉季述矯制發兵，圍十六宅。諸王懼，披髮沿垣而呼曰：'官家救兒命！'或登屋沿樹。是日，通王、覃王已下十一王并其侍者，皆爲建兵所擁，至石堤谷，無長少皆殺之，而建以謀逆聞。尋殺太子詹事馬道殷、將作監許巖士，貶平章事朱朴，皆上所寵昵者。"建殺諸王事，亦見《舊唐書·德王裕傳》、《新唐書》卷八二《德王裕傳》。《宋本册府》卷一二九《帝王部·封建門》："昭宗乾寧四年三月，制封鎮國軍節度韓建爲昌黎郡王。"同書卷一七八《帝王部·姑息門三》："（乾寧）四年三月丙子，制賜韓建資忠靖國功臣，封昌黎郡王。五月乙亥，以建八表讓昌黎郡王，詔曰：'卿始以勤儉鎮關輔，爲列岳準繩；近以忠赤扈和鑾，立大朝綱紀。誠敬備盡，豐省中規，下有慰於孝思，上無累於供億，創行廟之功也。群后在廷，盛典咸舉，復累朝之廢墜，崇萬代之本根，建儲宮之劾也。而又請散兵甲，大斥奸邪，忠言屢聞，成績可數，以身許國，其心動天，雖仲尼興微管之言，漢祖有必劫之謂，用方經濟，殊曰寂寥。永言茂恩，詎非異數！但念成人之美，君子所先；執德不回，格言斯尚。是用寢美號重封之澤，就謙光崇讓之規，足以警勵貪夫，教化疲俗，已議依允，尤切歎加。'九月癸酉，詔以太子太師盧知猷撰韓建德政碑文，前户部侍郎司空圖爲頌，建累表堅讓，從之。初，是歲春，華人表請爲建立碑，時建上第三表讓。至是，知猷與圖詞成，帝令琢其二碑，建又面奏，堅乞寢敕，其碑竟不立。十月癸卯，制韓建兼輔國軍節度、長春宮使。初，李瑭領同州，瑭，茂貞之養子也。時帝自播遷已來，怒茂貞未已，將遣宰臣孫偓理駕下軍，及率諸鎮討之。韓建累諫，故未果行。瑭知之，故逃歸鳳翔。至是命建兼之，時建亦陳讓。詔曰：'卿才本濟時，道惟師古，致君不期於辱市，憂國每至於忘家。自朕薄狩近關，倏踰周歲，備見忠勤之効，莫非傾盡之心。允謂良臣，宜膺重寄。會同州元戎失職，軍旅不安，況接行朝，尤思得帥，是用資爾兼領，鎮乎危邦，冀疲瘵之漸蘇，而煙塵之撤警。何乃遽陳章表，過有撝冲？方藉當仁，豈宜多讓？固難依允，無至再三！'尋遣供奉官祁彥祥宣賜旌節官告，至建理所尋授焉。建已兼判京尹，有跋扈之志，而致瑭之去鎮，人亦意建所搖動也。"同書卷八一七《總錄部・訓子門二》："韓叔豐，華州節度使建之父。乾寧末，建逼昭宗殺中山都將李筠，教近衛諸軍害其八王，冊德王爲皇太子。及李塘奔入鳳翔，兼領同州，乃修南莊，起樓觀，欲爲南內，行廢立之事。叔豐見其跋扈，謂建曰：'汝陳、許間一白丁，乘時危亂，位至方牧。不能感君父之恩，欲以同、華兩州百里之地，行其廢立，覆族在旦暮矣。吾不如先自裁，免爲爾所累。'由是，建稍稍而弭其志。"《新五代史》卷四〇《韓建傳》："是時，天子孤弱，獨有殿後軍及定州三都將李筠等兵千餘人爲衛，以諸王將之。建已得昭宗幸其鎮，遂欲制之，因請罷諸王將兵，散去殿後諸軍，累表不報。昭宗登齊雲樓，西北顧望京師，作《菩薩蠻辭》三章以思歸，其卒章曰：'野煙生碧樹，陌上行人去。安得有英雄，迎歸大內中？'酒酣，與從臣悲歌泣下，建與諸王皆屬和之。建心尤不悦，因遣人告諸王謀殺建、劫天子幸佗鎮。昭宗召建，將辨之，建稱疾不出，乃遣諸王自詣，建不見，請送諸王十六宅，昭宗難之。建乃率精兵數千圍行宮，請誅李筠。昭宗大懼，遽詔斬筠，悉散殿後及三都衛兵，幽諸王於十六宅。昭宗益悔幸華，遣延王戒丕使于晋，以謀興復。戒丕還，建與中尉劉季述誣諸王謀反，以兵圍十六宅，諸王皆登屋叫呼，遂見殺。昭宗無如之何，爲建立德政碑以慰安之。"明本《冊府》卷二五七《儲宮部・建立門二》："昭宗乾寧四年二月丙辰，帝在華州，節度使韓建表請立太子。己未，制德王裕宜冊爲皇太子。"《宋本冊府》卷七〇八《宮臣部・選任門》僅餘一葉，遂據明本："王牘爲太子賓客，昭宗乾寧四年，韓建獻封事十條。其三：'太子諸王請置師傅教導。'乃以牘爲諸王侍讀。"《新唐書》卷一〇《昭宗紀》乾寧四年正月乙酉條："四年正月乙酉，韓建以兵圍行宮，殺扈蹕都將李筠。"同年二月條："韓建殺太子詹事馬道殷、將作監許巖士。"同年八月條："八月，韓建殺通王滋、沂王禋、韶王、彭王、嗣韓王、嗣陳王、嗣覃王嗣周、嗣延王戒丕、嗣丹王允。"《新唐書》卷八二《彭王惕傳》："彭王惕，乾寧中，韓建殺之石隄谷。"《新唐書》卷八二《通王滋傳》："天子將狩太原，韓建道迎之，留次華州。建畏王等有兵，遣人上急變，告諸王欲殺建，脅帝幸河中。帝驚，召建諭之，稱疾不肯入。敕滋與睦王、濟王、韶王、彭王、韓王、沂王、陳王謁建自解，建留軍中，奏言：'中外異體，臣不可以私見。'又言：'晉八王擅權，卒敗天下。請歸十六宅，悉罷所領兵。'帝不許。建以兵環行在，請誅大將李筠。帝懼，斬筠以謝。建盡逐衛兵，自是天子孤弱矣。"《通鑑》卷二六一乾寧四年正月條："春，正月，甲申，韓建奏：'防城將張行思等告睦、濟、韶、通、彭、韓、儀、陳八王謀殺臣，劫車駕幸河中。'建惡諸王典兵，故使行思等告之。上大驚，召建諭之；建稱疾不入。令諸王詣建自陳，建表稱：'諸王忽詣臣理所，不測事端。臣詳酌事體，不應與諸王相見。'又稱：'諸王當自避嫌疑，不可輕爲舉措。陛下若以友愛含容，請依舊制，令歸十六宅，妙選師傅，教以詩書，不令典兵預政。'且曰：'乞散彼烏合之兵，用光麟趾之化。'建慮上不從，引麾下精兵圍行宮，表疏連上。上不得已，是夕，詔諸王所領軍士並縱歸田里，諸王勒歸十六宅，其甲兵並委韓建收掌。建又奏：'陛下選賢任能，足清禍亂，何必別置殿後四軍！顯有厚薄之恩，乖無偏無黨之道。且所聚皆坊市無賴姦猾之徒，平居猶思禍變，臨難必不爲用，而使之張弓挾刃，密邇皇輿，臣竊寒心，乞皆罷。'詔亦從之。於是殿後四軍二萬餘人悉散，天子之親軍盡矣。捧日都頭李筠，石門扈從功第一，建復奏斬於大雲橋。建又奏：'玄宗之末，永王璘暫出江南，遽謀不軌。代宗時吐蕃入寇，光啓中朱玫亂常，皆援立宗支以繫人望。今諸王銜命四方者，乞皆召還。'又奏：'諸方士出入禁庭，眩惑聖聽，宜皆禁止，無得入宮。'詔悉從之。建既幽諸王於別第，知上意不悅，乃奏請立德王爲太子，欲以解之。丁亥，詔立德王祐爲皇太子，仍更名裕。”同年二月乙亥條：“太子詹事馬道殷以天文，將作監許巖士以醫得幸於上，韓建誣二人以罪而殺之，且言偓、朴與二人交通，故罷相。”同年四月甲戌條後：“韓建惡刑部尚書張禕等數人，皆誣奏，貶之。”同年七月條：“韓建移書李茂貞；茂貞解奉天之圍，覃王歸華州。”同年八月條：“延王戒丕還自晋陽，韓建奏：‘自陛下即位以來，與近輔交惡，皆因諸王典兵，兇徒樂禍，致鑾輿不安。比者臣奏罷兵權，實慮不測之變。今聞延王、覃王尚苞陰計，願陛下聖斷不疑，制於未亂，則社稷之福。’上曰：‘何至於是！’數日不報。建乃與知樞密劉季述矯制發兵圍十六宅，諸王被髮，或緣垣，或升屋，呼曰：‘宅家救兒！’建擁通、沂、睦、濟、韶、彭、韓、陳、覃、延、丹十一王至石隄谷，盡殺之，以謀反聞。”同年十月條：“匡國節度使李繼瑭聞朝廷討李茂貞而懼，韓建復從而搖之，繼瑭奔鳳翔。冬十月，以建爲鎮國、匡國兩軍節度使。”

［9］同州：州名。治所在今陝西大荔縣。此處代指匡國軍。建尋兼同州節度使：《舊唐書·昭宗紀》乾寧四年十月癸卯條：“癸卯朔，以華州節度使韓建兼同州刺史、匡國軍節度使。”《宋本册府》卷四八四《邦計部·經費門》：“昭宗乾寧四年，同州節度使、長春宮使韓建奏：‘以京兆府於每年見徵賦内，減四十萬貫，充上供。’”

［10］光化：唐昭宗李曄年號（898—901）。

［11］“光化元年”至“以建爲尹”：《舊唐書·昭宗紀》光化元年（898）正月辛未條：“辛未朔，車駕在華州。以兵部侍郎崔遠爲户部侍郎、同平章事。諸道貢修宫闕錢，命京兆尹韓建入京城計度。”同年四月庚子條：“制淑妃何氏宜册爲皇后。上幸陂㟧寺，宴從官於韓建所獻御莊。”《輯本舊史·唐武皇紀下》光化元年正月條：“鳳翔李茂貞、華州韓建皆致書於武皇，乞修和好，同獎王室，兼乞助丁匠修繕秦宫，武皇許之。”明本《册府》卷一四《帝王

部·都邑門二》：“昭宗光化元年正月，車駕在華州，詔以韓建脩京師宮闕。是月，李茂貞與諸道相次進表，助營宮苑。詔遣建自華至京，經度宮室，開構橋道。”同書卷一一四《帝王部·巡幸門三》："昭宗乾寧五年三月庚午，車駕幸韓建南莊。"《通鑑》卷二六一光化元年正月壬辰條：“李茂貞、韓建皆致書於李克用，言大駕出幸累年，乞脩和好，同獎王室，兼乞丁匠助脩宮室；克用許之。”同年二月條："初，王建攻東川，顧彥暉求救於李茂貞，茂貞命將出兵救之，不暇東逼乘輿，詐稱改過，與韓建共翼戴天子。及聞朱全忠營洛陽宮，累表迎車駕，茂貞、韓建懼，請脩復宮闕，奉上歸長安。詔以韓建爲脩宮闕使。諸道皆助錢及工材；建使都將蔡敬思督其役。既成，二月，建自往視之。"

[12]册：文書名。屬命令體文書。凡皇帝上尊號、追謚，帝與皇后發訃告，立后妃，封親王、皇子、大長公主，拜三師、三公、三省長官等，用册。　太傅：官名。與太師、太保並爲三師。唐後期、五代多爲大臣、勳貴加官。正一品。

[13]鐵券：皇帝頒賜給功臣的鐵製詔令文書，功臣本人及後世如有犯罪，以此券爲證，即可推念其功而予以赦減。　"八月"至"并賜鐵券"：《舊唐書·昭宗紀》光化元年九月戊辰朔條："制以鎮國、匡國等軍節度使韓建守太傅、中書令、興德尹，封潁川郡王，賜鐵券，并御寫‘忠貞’以遺之。建累上表辭王爵，乃改封許國公。"《宋本册府》卷一七八《帝王部·姑息門三》："光化元年九月戊辰，制加韓建守太傅兼中書令、興德尹、潁川郡王，并賜鐵券，仍令所司擇日備禮册命。十月丁酉，改封潁川郡王韓建爲許國公，又賜鐵券。"《新五代史·韓建傳》："光化元年，昭宗還長安，自爲建畫像，封建潁川郡王，賜以鐵券。建辭王爵，乃封建許國公。"《通鑑》卷二六一光化元年九月乙亥條："九月，乙亥，加韓建守太傅、興德尹。"

天復元年十一月，[1]宦官韓全誨迫天子幸鳳翔，[2]建亦預其謀。太祖聞之，自河中引軍而西。前鋒至同州，建判官司馬鄴以城降，[3]遂移軍迫華州，建懼乞降。[4]太祖責以脅君之罪，建拜伏稱從事李巨川之謀也，[5]太祖即誅巨川。[6]太祖與建素有軍中昆弟之契，及見，其怒驟息，尋表建爲許州節度使。昭宗東遷，以建爲佑國軍節度使、京兆尹。[7]車駕至陝，[8]召太祖與建侍宴，宮妓奏樂，何皇后舉觴以賜太祖，[9]建躡足，[10]太祖遽起曰："臣醉不任。"偽若顛仆即去。建私謂太祖曰："上與宮人附耳而語，幕下有兵仗聲，恐圖王爾。"[11]天祐三年，[12]改青州節度使。[13]

[1]天復：唐昭宗李曄年號（901—904）。

[2]韓全誨：人名。籍貫不詳。唐末宦官。傳見《新唐書》卷二〇八。

[3]判官：官名。唐、五代方鎮僚屬，位在行軍司馬下。分掌使衙內各曹事，並協助使職官員通判衙事。　司馬鄴：人名。河內溫（今河南溫縣）人。唐末、五代大臣。傳見本書卷二〇。

[4]"天復元年十一月"至"建懼乞降"：《舊唐書》卷二〇上《昭宗紀》天復元年（901）十一月壬子、甲寅、乙卯條："壬子……汴軍陷同州，執州將司馬鄴，華州節度使韓建遣判官李巨川送款。甲寅，汴軍駐靈口。乙卯，全忠知帝出幸，乃迴兵攻華州。大軍駐赤水，全忠以親兵駐西溪。韓建出降，乃署爲忠武軍節度使，以陳州爲理所。"《舊唐書》卷一九〇下《李巨川傳》："巨川時從（楊）守亮，亦被械繫。在途，巨川題詩於樹葉以遺華帥韓建，詞情哀鳴，建欣然解縛。守亮誅，即命爲掌書記。俄而李茂貞犯京師，天子駐蹕於華。韓建以一州之力，供億萬乘，慮其不濟，

遣巨川傳檄天下，請助轉餉，同匡王室，完葺京城。四方書檄，酬報輻湊，巨川灑翰陳敘，文理俱愜，昭宗深重之，即時巨川之名聞于天下。昭宗還京，特授諫議大夫，仍留佐建。"事亦見《宋本册府》卷七一八《幕府部·才學門》。《宋本册府》卷一八七《閏位部·勳業門五》載天復元年十月："辛亥，（全忠）駐軍於渭濱，華帥韓建遣使奉牋納款，又以銀三萬兩助軍。……丙辰，帝表建權知忠武軍事，促令赴任，同、華二州平。"《新五代史》卷二三《馬嗣勳傳》："太祖西攻鳳翔，行至華州，遣嗣勳入説韓建，建即時出降。"同書卷一《梁太祖紀上》天復元年十月條："十月，王以宣武、宣義、天平、護國兵七萬，至于河中，取同州，遂攻華州，韓建出降。"《新唐書·昭宗紀》繫於天復元年十一月丁巳："朱全忠陷華州，鎮國軍節度使韓建叛附于全忠。"《通鑑》卷二六二天復元年十一月條："十一月，己酉朔，李繼筠等勒兵闕下，禁人出入，諸軍大掠。士兵衣紙及布襦者，滿街極目。韓建以幕僚司馬鄴知匡國留後。朱全忠引四鎮兵七萬趣同州，鄴迎降。……壬子……朱全忠遣司馬鄴入華州，謂韓建曰：'公不早知過自歸，又煩此軍少留城下矣。'是日，全忠自故市引兵南渡渭，韓建遣節度副使李巨川請降，獻銀三萬兩助軍；全忠乃西南趣赤水。"

　　[5]從事：泛指一般屬官。　李巨川：人名。隴右（今甘肅地區）人。唐末大臣、文學家。傳見《舊唐書》卷一九〇下、《新唐書》卷二二四下。

　　[6]"太祖責以脅君之罪"至"太祖即誅巨川"：《輯本舊史》之案語："《北夢瑣言》：韓建曰：'某不識字，凡朝廷章奏、鄰封書檄，皆巨川爲之。'因斬之。《通鑑》所採即本於《北夢瑣言》，與《薛史》同。《新唐書·李巨川傳》云：巨川詣軍門納款，因言當世利害。全忠屬官敬翔以文翰事左右，疑巨川用則全忠待己或衰，乃詭説曰：'巨川誠奇才，顧不利主人，若何！'是日，全忠殺之。是巨川之死，亦由于敬翔之譖，不僅爲韓建所賣也。"見《北夢瑣言》卷一五韓建賣李巨川條。《通鑑》卷二六二天復元年十一月丁

巳條：“朱全忠至零口西，聞車駕西幸，與僚佐議，復引兵還赤水。左僕射致仕張濬説全忠曰：‘韓建，茂貞之黨，不先取之，必爲後患。’全忠聞建有表勸天子幸鳳翔，乃引兵逼其城。建單騎迎謁，全忠責之，對曰：‘建目不知書，凡表章書檄，皆李巨川所爲。’全忠以巨川常爲建畫策，斬之軍門。謂建曰：‘公許人，可即往衣錦。’丁巳，以建爲忠武節度使，理陳州，以兵援送之。以前商州刺史李存權知華州，徙忠武節度使趙玏爲匡國節度使。車駕之在華州也，商賈輻湊，韓建重征之，二年，得錢九百萬緡。至是，全忠盡取之。”

[7]佑國軍：方鎮名。治所在河南府（今河南洛陽市）。

[8]陝：州名。治所在今河南三門峽市陝州區。

[9]何皇后：人名。梓州（今四川三臺縣）人。唐昭宗皇后。傳見《舊唐書》卷五二、《新唐書》卷七七。

[10]躡足：踩别人的腳，以示提醒。

[11]“昭宗東遷”至“恐圖王爾”：《宋本册府》卷一八七載天祐元年（904）二月：“帝辭歸洛陽，昭宗開内宴。時有宫人與昭宗附耳而語，韓建躡帝之足，帝遽出，以爲圖己。因連上章，請車駕幸洛。”《新五代史》卷四〇《韓建傳》：“昭宗東遷，建從至洛，昭宗舉酒屬太祖與建曰：‘遷都之後，國步小康，社稷安危，繫卿兩人。’次何皇后舉觴，建躡太祖足，太祖乃陽醉去。建出，謂太祖曰：‘天子與宫人眼語，幕下有兵仗聲，恐公不免也！’太祖以故尤德之，表建平盧軍節度使。”《通鑑》卷二六四天祐元年三月乙卯條：“乙卯，全忠辭上，先赴洛陽督脩宫室。上與之宴群臣，既罷，上獨留全忠及忠武節度使韓建飲，皇后出，自捧玉卮以飲全忠，晉國夫人可證附上耳語。建躡全忠足，全忠以爲圖己，不飲，陽醉而出。全忠奏以長安爲佑國軍，以韓建爲佑國節度使。”

[12]天祐：唐昭宗李曄開始使用的年號（904）。唐哀帝李柷即位後沿用（904—907）。唐亡後，河東李克用、李存勖仍稱天祐，沿用至天祐二十年（923）。五代其他政權亦有行此年號者，如南

吳、吳越等，使用時間長短不等。

[13]青州：州名。治所在今山東青州市。此處代指平盧軍（或稱淄青軍）。　天祐三年改青州節度使：《舊唐書》卷二〇下《哀帝紀》天祐三年六月己亥條：“制以京兆尹、佑國軍節度使韓建爲青州節度使，代王重師；以重師代建爲京兆尹。”《輯本舊史》卷一三《王師範傳》：“會韓建移鎮青州，太祖帳餞於郊，師範預焉。太祖謂建曰：‘公頃在華陰，政事之暇，省覽經籍，此亦士君子之大務。今之青土，政簡務暇，可復修華陰之故事。’建撝謙而已。太祖又曰：‘公讀書必須精意，勿錯用心。’太祖以師範好儒，前以青州叛，故以此言譏之。”《通鑑》卷二六五天祐三年六月甲申條後：“朱全忠以長安鄰於邠、岐，數有戰爭，奏徙佑國節度使韓建於淄青，以淄青節度使長社王重師爲佑國節度使。”

　　及受禪，徵爲司徒、平章事，充諸道鹽鐵轉運使。[1]開平二年，[2]加侍中，充建昌宮使。[3]三年，郊祀于洛，[4]以建爲大禮使。[5]建爲上宰，每謁見，時有直言。太祖爲性剛嚴，群下將迎不暇，待建稍異，故優容之。九月，册拜太保，[6]罷知政事。[7]四年三月，除匡國軍節度使、陳許蔡觀察使，[8]仍令中書不議除替。[9]乾化二年六月，[10]朝廷新有內難，人心動搖，部將張厚因作亂，[11]害建于衙署，時年五十八。[12]

　　[1]諸道鹽鐵轉運使：官名。主管漕運、鹽鐵專賣等政務。唐末、五代常由宰相兼任。　“及受禪”至“充諸道鹽鐵轉運使”：《宋本册府》卷一九九《閏位部·命相門》載梁太祖開平元年（907）五月：“以青州節度使韓建守司徒、平章事。帝以建有文武材，且詳於稼穡利害、軍旅之事，籌度經費，欲盡詢焉。恩澤特異

于時，罕有比者。遂拜爲上相，錫賚甚厚。"明本《册府》卷二〇五《閏位部・巡幸門》："梁太祖開平元年十月，帝以用軍，未暇西幸，文武百官等久居東京，漸及疑訝，令就便各許歸安，只留宰臣韓建、薛貽矩，翰林學士張策、韋郊、杜曉，中書舍人封舜卿、張袞，并左右御史、司天監、宗正寺，兼要當諸司節級外，其宰臣張文蔚已下文武百官，並先於西京祗侯。"《新五代史》卷二《梁太祖紀下》開平元年六月甲寅條："平盧軍節度使韓建守司徒，同中書門下平章事。"《新五代史》卷四〇《韓建傳》："太祖即位，拜司徒同中書門下平章事。"

[2]開平：後梁太祖朱溫年號（907—911）。

[3]建昌宮使：官名。後梁太祖建國時設建昌院，後改稱建昌宮，長官爲建昌使，常由宰相兼任，掌管財賦收入。 開平二年加侍中充建昌宮使：《宋本册府》卷四八三《邦計部・總序門》："（開平）二年，以侍中韓建判建昌宮事，又以尚書兵部侍郎李皎爲建昌宮副使。"

[4]郊祀：指中國古代帝王於南郊祭天之禮。因祭天之圜丘位於都城南面之郊外，故名。

[5]大禮使：官名。非常設。帝王舉行南郊等大禮時設，參掌大禮。

[6]太保：官名。與太師、太傅並爲三師。唐後期、五代多爲大臣、勳貴加官。正一品。

[7]"三年"至"罷知政事"：《輯本舊史》之案語："《五代會要》：開平三年十月，詔曰：太保韓建，每月旦、十五日入閣稱賀，即令赴朝參，餘時弗入見。示優禮也。"見《五代會要》卷一一功臣條。《宋本册府》卷一九三《閏位部・崇祀門》載梁太祖開平三年："十一月癸巳朔，帝齋於内殿，不視朝。甲午，日長至。五更一點，自大内出，於文明殿受宰臣已下起居。自五鳳樓出南郊，左右金吾、太常、兵部等司儀仗、法駕、鹵簿及左右内直、控鶴等引從赴壇，文武百官太保韓建已下班以俟至，帝昇壇告謝。"同書卷

一九七《閏位部·宴會門》梁太祖開平三年九月："丙辰，御崇勳殿，召韓建、楊涉、薛貽矩、趙光逢、杜曉、河南尹張宗奭、襄州節度使楊師厚、宣州節度使王景仁等賜食，賜宰臣銀鞍轡馬、分物、銀器、細茶等。"同書卷一九九《閏位部·命相門》："（開平三年）十一月戊午，御文明殿，册太傅張宗奭爲太保。韓建受册畢，金吾仗引昇輅車，儀仗導謁太廟訖，赴尚書省上。"明本《册府》卷三一九《宰輔部·褒寵門二》："梁韓建，爲太保、門下侍郎平章事。開平三年六月，太祖以建及薛貽矩每於案前有所敷奏，頗協事機，深加獎毅，各以贈帛錫之。三年，宣旨太保韓建每月旦十五日入閣稱賀，即令赴朝，餘時不用入。示優禮也。"《新五代史·梁太祖紀下》開平三年九月辛亥條："辛亥，韓建、楊涉罷。"《新五代史·韓建傳》："罷相，出鎮許州。"

[8]陳：州名。治所在今河南淮陽縣。 觀察使：官名。唐代後期出現的地方軍政長官。唐玄宗開元二十一年（733）置十五道採訪使，唐肅宗乾元元年（758）改爲觀察使。無旌節，故地位低於節度使。掌一道州縣官的考績及民政。

[9]中書：指中書門下，唐代宰相辦公和處理政事的機構。"四年三月"至"仍令中書不議除替"：《輯本舊史》之案語："《五代會要》：乾化元年正月，敕：許昌雄鎮，太保韓建，朕用以布政，民耕盜止，久居其位，庶可勝殘矣。宜令中書門下不計年月，勿議替。"按，《會要》卷一一功臣條末句作"勿議替移"。明本《册府》卷三二二《宰輔部·出鎮門》："梁韓建，開平元年爲司徒、平章事，累加侍中、太保。四年三月，除陳許節度使，仍令中書，不議除替。"

[10]乾化：後梁太祖朱温年號（911—912），末帝朱友貞沿用（913—915）。

[11]張厚：人名。籍貫不詳。唐末將領。事見本書本卷。

[12]"乾化二年六月"至"時年五十八"：亦見《宋本册府》卷九三一《總錄部·枉横門》。《輯本舊史》之案語："《通鑑考異》

引《莊宗實錄》：九月，建遇害。《通鑑》從《薛史》。”見《通鑑》卷二六八乾化二年（912）六月丙申條《考異》。《新五代史·韓建傳》：“太祖崩，許州軍亂，見殺，年五十八。”

　　子從訓，昭宗在華時授太子侍學，[1]賜名文禮，尋拜屯田員外郎。[2]國初爲都官郎中，[3]賜紫，[4]年未弱冠。時朝廷命從訓告國哀于陳、許，至許二日軍亂，[5]與建併命。

　　[1]子從訓，昭宗在華時授太子侍學：中華書局本有校勘記：“‘太子侍學’，《册府》卷九三一作‘太子文學’。”見《宋本册府》卷九三一《總録部·枉橫門》。
　　[2]屯田員外郎：官名。屯田郎中的副職。與郎中共掌屯田政令等。從六品上。
　　[3]都官郎中：官名。尚書省刑部都官司的主官。掌監獄事務。從五品上。
　　[4]賜紫：輿服制度。皇帝頒賜紫色官服。唐代官員三品以上服紫。特殊情況下，京官散階未及三品者可以賜紫，以示尊寵。
　　[5]至許二日軍亂：“許”字原闕，據《宋本册府》卷九三一補。

　　乾化三年，追贈太師。《永樂大典》卷三千六百七十五。[1]

　　[1]《大典》卷三六七五“韓”字韻“姓氏（一一）”事目。

李罕之

　　李罕之，陳州項城人。[1]父文，世田家。罕之拳勇趫捷，力兼數人。少學爲儒，不成，又落髮爲僧，以其無賴，所至不容。曾乞食於酸棗縣，[2]自旦至晡，無與之者，乃擲鉢于地，毀棄僧衣，亡命爲盜。[3]會黄巢起曹、濮，[4]罕之因合徒作剽，漸至魁首。及賊巢渡江，罕之因以兵將背賊歸于唐，[5]高駢録其功，[6]表爲光州刺史。[7]歲餘，爲蔡賊秦宗權寇迫，不能守，乃棄郡歸項城，收合餘衆，依河陽諸葛爽，[8]爽署爲懷州刺史。[9]中和初，僖宗以爽爲東南面招討使，[10]以擊宗權，爽乃表罕之爲副，令將兵屯宋州，[11]蔡寇兇燄日熾，兵鋒不敵。中和四年，爽表罕之爲河南尹、東都留守。[12]

　　[1]項城：縣名。治所在今河南項城市。
　　[2]酸棗縣：縣名。治所在今河南延津縣西南。　曾乞食於酸棗縣：《新五代史》卷四二《李罕之傳》作“乞食酸棗市中”。
　　[3]毀棄僧衣亡命爲盜：《輯本舊史》之案語：“《北夢瑣言》云：罕之即其僧名。”見《北夢瑣言》卷一五李摩雲擲鉢從事條。
　　[4]黄巢：人名。曹州冤句（今山東菏澤市）人。唐末農民起義領袖。傳見《舊唐書》卷二〇〇下、《新唐書》卷二二五下。曹：州名。治所在今山東曹縣。　濮：州名。治所在今山東鄄城縣。
　　[5]及賊巢渡江，罕之因以兵將背賊歸于唐：《舊唐書》卷一九下《僖宗紀》廣明元年（880）三月條：“朝廷以王鐸統衆無功，乃授淮南節度使高駢爲諸道兵馬行營都統。駢令大將張璘渡江討賊，屢捷。賊衆疫癘，其將李罕之以一軍投淮南，其衆稍沮。”《新

唐書》卷二二五下《黃巢傳》：廣明元年，“李罕之犯申、光、潁、宋、徐、兗等州，吏皆亡”。《通鑑》卷二五三乾符六年（879）正月條：“鎮海節度使高駢遣其將張璘、梁纘分道擊黃巢，屢破之，降其將秦彥、畢師鐸、李罕之、許勍等數十人。”

[6]高駢：人名。幽州（今北京市）人。唐末軍閥。傳見《舊唐書》卷一八二、《新唐書》卷二二四下。

[7]光州：州名。治所在今河南潢川縣。

[8]河陽：縣名。治所在今河南孟州市。　諸葛爽：人名。青州博昌（今山東博興縣）人。唐末軍閥，時爲河陽節度使。傳見《舊唐書》卷一八二、《新唐書》卷一八七。

[9]懷州：州名。治所在今河南沁陽市。　“歲餘”至“爽署爲懷州刺史”：《舊唐書·僖宗紀》中和三年（883）二月條：“魏博節度使韓簡再興兵討河陽，諸葛爽遣大將李罕之拒之於武陟，逆擊之，魏軍大敗而還。”《通鑑》卷二五五中和三年二月己未條：“初，光州刺史李罕之爲秦宗權所攻，棄州奔項城，帥餘衆歸諸葛爽，爽以爲懷州刺史。韓簡攻鄆州，半年，不能下；爽復襲取河陽，朱瑄請和，簡乃捨之，引兵擊河陽。爽遣罕之逆戰於武陟，魏軍大敗而還。”

[10]中和：原作“光啓”，《新唐書》卷一八七《諸葛爽傳》繫於中和三年，據改。　招討使：官名。唐始置。戰時任命，兵罷則省。常以大臣、將帥或地方軍政長官兼任。掌招撫討伐等事務。“使”字原闕，據《新五代史·李罕之傳》《新唐書·諸葛爽傳》補。

[11]宋州：州名。治所在今河南商丘市睢陽區。

[12]河南尹：官名。唐開元元年（713）改洛州爲河南府，治所在今河南洛陽市。以河南府尹總其政務。從三品。　東都：即洛陽。位於今河南洛陽市。　留守：官名。在陪都或軍事重鎮所設留守，由地方行政長官兼任。

是歲，李克用脱上源之難，[1]斂軍西歸，路由洛陽，罕之迎謁，供帳館待甚優，因與克用厚相結託。時罕之有衆三千，以聖善寺爲府。[2]光啓元年，[3]蔡賊秦宗權遣將孫儒來攻，[4]罕之對壘數月，以兵少備竭，委城而遁，西保于澠池。[5]蔡賊據京城月餘，焚燒宮闕，剽剝居民。賊既退去，鞠爲灰燼，寂無雞犬之音，罕之復引其衆，築壘於市西。[6]

[1]李克用：人名。沙陀部人，生於神武川新城（一説是今山西朔州市朔城區之梵王寺村，一説是今山西應縣縣城，一説在今山西懷仁縣之日中城）。唐末軍閥，後唐太祖。紀見本書卷二五至卷二六、《新五代史》卷四。　上源：地名。位於今河南開封市内。

[2]以聖善寺爲府：《輯本舊史》之影庫本粘籤："聖善寺，原本作'聖喜'，今據《新唐書》改正。"《新唐書》卷一八七《李罕之傳》未載聖善寺事，卷三四《五行志一》載："乾符四年十月，東都聖善寺火"；卷三五《五行志二》載：景龍中……時又謠曰："可憐聖善寺，身著綠毛衣，牽來河裏飲，踏殺鯉魚兒。"《輯本舊史》卷六三《張全義傳》："罕之敗經於聖善寺。"

[3]光啓：唐僖宗李儇年號（885—888）。

[4]孫儒：人名。河南府（今河南洛陽市）人。唐末軍閥。傳見《新唐書》卷一八八。

[5]澠池：縣名。治所在今河南澠池縣。

[6]築壘於市西：《新五代史》卷四二《李罕之傳》："罕之壁澠池。"　"光啓元年"至"築壘於市西"：《新唐書》卷一八八《孫儒傳》："光啓初，宗權遣儒攻東都，留守李罕之出奔，儒焚宮闕，屠居人。"《通鑑》卷二五六光啓元年（885）六月條："東都留守李罕之與秦宗權將孫儒相拒數月；罕之兵少食盡，棄城，西保澠池，宗權陷東都。"同年七月條："孫儒據東都月餘，燒宮室、官

寺、民居，大掠席卷而去，城中寂無雞犬。李罕之復引其衆入東
都，築壘於市西而居之。"

　　明年冬，諸葛爽死，其將劉經推爽子仲方爲帥，[1]
經懼罕之難制，自引兵鎮洛陽。罕之部曲有李瑭、郭璆
者，[2]情不相叶，欲相圖害。罕之怒，誅璆，軍情由是
不睦。劉經因其有間，掩擊罕之於澠池，軍亂，保乾
壕。[3]經急攻之，爲罕之所敗，罕之乘勝追至洛陽。時
經保敬愛寺，罕之保苑中飛龍厩，罕之激勵其衆攻敬愛
寺，數日，因風縱火，盡燔之，經衆奔竄，追斬殆盡。
罕之進逼河陽，營於鞏縣，[4]陳舟于氾水，[5]將渡，諸葛
仲方遣將張言率師拒于河上。[6]時仲方年幼，政在劉經，
諸將心多不附。張言密與罕之修好，經知其謀，言懼，
引衆渡河歸罕之，因合勢攻河陽，爲經所敗，罕之與言
退保懷州。冬，蔡將孫儒陷河陽。仲方汎輕舟來奔，孫
儒遂自稱節度使。[7]俄而蔡賊爲我軍所敗，孫儒棄河陽
歸蔡。罕之與言收合其衆，求援于太原，李克用遣澤州
刺史安金俊率騎助之，[8]遂收河陽。克用表罕之爲節度、
同平章事，又表言爲河南尹、東都留守。[9]

　　[1]劉經：人名。籍貫不詳。諸葛爽部將。事見本書本卷、
《通鑑》卷二五六。　　仲方：人名。即諸葛仲方。青州博昌（今山
東博興縣）人。唐末軍閥。事見《通鑑》卷二五六。
　　[2]部曲：此處指部下。　　李瑭：人名。籍貫不詳。唐末李克
用部將，後投降朱温，爲李嗣昭擒斬。事見本書卷二六。　　郭璆：
人名。籍貫不詳。唐末將領。事見本書本卷。

[3]乾壕：地名。位於今河南三門峽市陝州區東。

[4]鞏縣：縣名。治所在今河南鞏義市。

[5]汜水：水名。源於今河南鞏義市東南，北經滎陽市汜水鎮西，向北注入黃河。

[6]張言：人名。後名張全義。濮州臨濮（今山東鄄城縣）人。唐末將領，後降於諸葛爽，後梁、後唐將領。傳見本書卷六三、《新五代史》卷四五。《輯本舊史》之案語：“張言後名全義。”《輯本舊史》卷六三《張全義傳》：“張全義，字國維，濮州臨濮人。初名居言，賜名全義，梁祖改爲宗奭，莊宗定河南，復名全義。”

[7]“明年冬”至“孫儒遂自稱節度使”：《舊唐書》卷一九下《僖宗紀》光啓二年（886）十二月條：“蔡賊孫儒陷河陽，諸葛仲方奔歸汴州，別將李罕之出據澤州，張全義據懷州。”《輯本舊史·張全義傳》：“光啓初，（諸葛）爽卒，其子仲方爲留後。部將劉經與李罕之爭據洛陽，罕之敗經於聖善寺，乘勝欲攻河陽，營於洛口。經遣全義拒之，全義乃與罕之同盟結義，返攻經於河陽，爲經所敗，收合餘衆，與罕之據懷州，乞師於武皇。”《通鑑》卷二五六光啓二年十二月條：“河陽大將劉經，畏李罕之難制，自引兵鎮洛陽，襲罕之於澠池，爲罕之所敗；經棄洛陽走，罕之追殺殆盡。罕之軍于鞏，將渡河，經遣張全義將兵拒之。時諸葛仲方幼弱，政在劉經，諸將多不附，全義遂與罕之合兵攻河陽，爲經所敗，罕之、全義走保懷州。”

[8]澤州：州名。治所在今山西澤州縣。　安金俊：人名。籍貫不詳。唐末李克用部將。事見《舊唐書》卷二〇上、卷一八七，本書卷二五。

[9]“孫儒棄河陽歸蔡”至“東都留守”：《舊唐書·僖宗紀》光啓三年五月條：“諸葛爽舊將李罕之自澤州收河陽，懷州刺史張全義收洛陽。”《輯本舊史》卷二五《唐武皇紀上》光啓三年七月條：“七月，武皇以安金俊爲澤州刺史。時張全義自河陽據澤州，及李罕之收復河陽，召全義，令守洛陽，全義乃棄澤州而去，故以

金俊守之。”同書《張全義傳》：“武皇遣澤州刺史安金俊助之，進攻河陽，劉經、仲方委城奔汴，罕之遂自領河陽，表全義爲河南尹。”《新五代史》卷一《梁太祖紀上》光啓三年五月條：“故諸葛爽將李罕之取河陽、張全義取洛陽以來附。”同書卷四二《李罕之傳》：“梁兵擊走儒，罕之襲取河陽，言取河南，皆附于梁。”《新唐書》卷九《僖宗紀》光啓三年六月條：“河陽將李罕之入于孟州，張全義入于東都。”同書卷一八七《李罕之傳》：“克用表罕之爲節度使、同中書門下平章事。”《通鑑》卷二五七光啓三年六月壬戌條：“孫儒既去河陽，李罕之召張全義於澤州，與之收合餘衆。罕之據河陽，全義據東都，共求援於河東；李克用以其將安金俊爲澤州刺史，將騎助之，表罕之爲河陽節度使，全義爲河南尹。”

罕之既與言患難交契，刻臂爲盟，永同休戚，如張耳、陳餘之義也。[1]罕之雖有膽決，雄猜翻覆，而撫民御衆無方略，率多苛暴，性復貪冒，不得士心。既得河陽，出兵攻晋、絳。[2]時大亂之後，野無耕稼，罕之部下以俘剽爲資，啖人作食。絳州刺史王友遇以城降，[3]罕之乃進攻晋州，河中王重盈遣使求援於太祖。[4]時張言治軍有法，善積聚，勤於播植，軍儲不乏。言輸粟於罕之，以給其軍，罕之求索無限，言頗苦之，力不能應，罕之則録河南府吏笞責之。東諸侯修貢行在，多爲罕之邀留，王重盈苦其侵削，密結張言請圖之。[5]

[1]張耳：人名。大梁（今河南開封市）人。與陳餘作刎頸之交，先共同復趙抗秦，後反目成仇。傳見《史記》卷八九、《漢書》卷三二。　陳餘：人名。大梁（今河南開封市）人。傳見《史記》卷八九、《漢書》卷三二。

[2]晋：州名。治所在今山西臨汾市。 絳：州名。治所在今山西新絳縣。

[3]王友遇：人名。籍貫不詳。本書僅此一見。

[4]王重盈：人名。太原祁（今山西祁縣）人。唐末軍閥。事見《舊唐書》卷一八二、《新唐書》卷一八七。

[5]"罕之既與言患難交契"至"密結張言請圖之"：事亦見《輯本舊史》卷六三《張全義傳》、《新五代史》卷四五《張全義傳》。《通鑑》卷二五七文德元年（888）二月條："初，河陽節度使李罕之與張全義刻臂爲盟，相得歡甚。罕之勇而無謀，性復貪暴，意輕全義，聞其勤儉力穡，笑曰：'此田舍一夫耳！'全義聞之，不以爲忤。罕之屢求穀帛，全義皆與之；而罕之徵求無厭，河南不能給，小不如所欲，輒械河南主吏至河陽杖之，河南將佐皆憤怒。全義曰：'李太尉所求，柰何不與！'竭力奉之，狀若畏之者，罕之益驕。罕之所部不耕稼，專以剽掠爲資，啗人爲糧，至是悉其衆攻絳州，絳州刺史王友遇降之；進攻晋州，護國節度使王重盈密結全義以圖之。"

文德元年春，[1]會罕之盡出其衆攻平陽，[2]言夜出師掩擊河陽，罕之無備，單步僅免，舉族爲言所俘。罕之奔于太原，李克用表爲澤州刺史，仍領河陽節度使。[3]三月，克用遣其將李存孝率師三萬助之，[4]來攻懷、孟。[5]城中食盡，備禦皆竭，張言遣其孥入質，且求救於太祖。太祖遣葛從周、牛存節赴之，[6]逆戰於沇河店。[7]會晋將安休休以一軍奔于蔡，[8]存孝引軍而退，罕之保于澤州。自是罕之日以兵寇鈔懷孟、晋絳，數百里內，郡邑無長吏，閭里無居民。河內百姓，[9]相結屯寨，或出樵汲，即爲俘馘。[10]雖奇峯絕磴，梯危架險，亦爲罕之部衆攻取。先是，蒲、絳之間有山曰摩雲，[11]邑人立柵於上以避寇亂，罕之以百餘人攻下之，軍中因號罕之爲"李摩雲"。[12]自是數州之民，屠啖殆盡，荆棘蔽野，烟火斷絕，凡十餘年。

[1]文德：唐僖宗李儇年號（888）。

[2]平陽：地名。位於今山西臨汾市。

[3]"文德元年春"至"仍領河陽節度使"：《舊唐書》卷二〇上《昭宗紀》文德元年（888）四月乙亥條："乙亥，河南尹張全義以兵襲李罕之於河陽，罕之出據澤州。"《輯本舊史》卷二五《唐武皇紀上》文德元年三月條："河南尹張全義潛兵夜襲李罕之於河陽，城陷，舉族爲全義所擄，罕之踰垣獲免，遂來歸於武皇。遣李存孝、薛阿檀、史儼兒、安金俊、安休休將七千騎送罕之至河陽。汴將丁會、牛存節、葛從周將兵赴援，李存孝率精騎逆戰於溫縣。汴人既扼太行之路，存孝殿軍而退。騎將安休休以戰不利，奔於蔡。武皇以罕之爲澤州刺史，遙領河陽節度使。"同書卷一《梁太祖紀一》文德元年四月條："河南尹張全義襲李罕之於河陽，克之。罕之單騎出奔，因乞師於太原，李克用爲發萬騎以援之。罕之遂收其衆，偕晋軍合勢，急攻河陽。全義危急，遣使求救於汴，帝遣丁會、牛存節、葛從周領兵赴之，大戰於溫縣，晋人與罕之俱敗。於是河橋解圍，全義歸於河陽，因以丁會爲河陽留後。"事亦見《宋本册府》卷一八七《閏位部·勳業門五》。《輯本舊史》卷一六《葛從周傳》：文德元年，"李罕之引并人圍張全義於河陽，從周與丁會、張存敬、牛存節率兵赴援，大破并軍，殺蕃漢二萬人，解河陽之圍"。同書卷二〇《張存敬傳》："光啓中，李罕之會晋軍圍張宗奭于盟津，太祖遣丁會、葛從周、存敬同往馳救。"亦見明本《册府》卷三四六《將帥部·佐命門七》。《輯本舊史》卷二二《牛存節傳》："文德元年夏，李罕之以并軍圍張宗奭於河陽，太祖遣存

節率軍赴之。屬歲歉，饟餽不至，村民有儲乾椹者，存節以器用、錢帛易之，以給軍食。大破賊於沇河，罕之引衆北走。”亦見《宋本册府》卷四一四《將帥部·赴援門》。《輯本舊史》卷五〇《李克修傳》：“及李罕之來歸，武皇授以澤州刺史，與克修合勢進攻河陽，連歲出師，以苦懷孟。”同書卷五三《李存孝傳》：“張濬之加兵於太原也，潞州小校馮霸殺其帥李克恭以城叛，時汴將朱崇節入潞州，梁祖令張全義攻澤州。李罕之告急於武皇，武皇遣存孝率騎五千援之。初，汴人攻澤州，呼罕之曰：‘相公常恃太原，輕絕大國，今張相公圍太原，葛司空已入潞府，旬日之内，沙陀無穴自處，相公何路求生耶！’”事亦見《宋本册府》卷三九六《將帥部·勇敢門三》、《新五代史》卷三六《李存孝傳》。《宋本册府》卷三八七《將帥部·褒異門一三》：“文德初，李罕之既失河陽，來歸於武皇，且求授焉。”《新五代史》卷二一《張存敬傳》：“李罕之與晉人攻張全義於河陽，太祖遣存敬與丁會等救之，罕之解圍去。”同書卷二二《牛存節傳》：“李罕之圍張全義於河陽，全義乞兵於梁，太祖以存節故事河陽，知其間道，使以兵爲前鋒。是時歲饑，兵行乏食，存節以金帛就民易乾甚以食軍，擊走罕之。”同書卷四四《丁會傳》：“光啓四年，東都張全義襲破河陽，逐李罕之，罕之召晉兵圍河陽，全義告急。是時，梁軍在魏，乃遣會及葛從周等將萬人救之。會等行至河陰，謀曰：‘罕之料吾不敢渡九鼎，以吾兵少而來遠，且不虞吾之速至也。出其不意，掩其不備者，兵家之勝策也。’乃渡九鼎，直趨河陽，戰于沇水，罕之大敗，河陽圍解。”《新唐書》卷一〇《昭宗紀》文德元年四月乙亥條：“張全義陷孟州，李罕之奔于河東。”《通鑑》卷二五七文德元年二月條：罕之進攻晉州，“全義潛發屯兵，夜，乘虚襲河陽，黎明，入三城，罕之踰垣步走，全義悉俘其家，遂兼領河陽節度使。罕之奔澤州，求救於李克用”。

[4]李存孝：人名。本名安敬思。代州飛狐（今河北淶源縣）人。唐末李克用養子、部將。傳見本書卷五三、《新五代史》卷

三六。

[5]孟：州名。治所在今河南孟州市。

[6]葛從周：人名。濮州鄄城（今山東鄄城縣）人。唐末、五代將領。傳見本書卷一六、《新五代史》卷二一。 牛存節：人名。青州博昌（今山東博興縣）人。唐末將領。傳見本書卷二二、《新五代史》卷二二。

[7]沇河店：地名。今地不詳。中華書局本有校勘記："原作'流河店'，據劉本、邵本校改。按本書卷五五《康君立傳》、《新五代史》卷一《梁本紀》、卷二一《葛從周傳》、卷四二《李罕之傳》、卷四四《丁會傳》、卷四五《張全義傳》、《冊府》卷三四七敘其事皆作'沇河店'。"見明本《冊府》卷三四七《將帥部・佐命門八》。

[8]安休休：人名。籍貫不詳。後唐將領。事見本書卷二五、卷五五。

[9]河內：縣名。治所在今河南沁陽市。

[10]樵汲：打柴汲水。 俘馘（guó）：俘虜。

[11]摩雲：山名。位於今山西新絳縣。

[12]"三月"至"軍中因號罕之爲李摩雲"：《舊五代史考異》："案：《洛陽縉紳舊聞記》云：罕之亦嘗置寨於洛城中，至今民呼其寨地爲李摩雲寨。"見《洛陽搢紳舊聞記》卷二《齊王張令公外傳》。李摩雲事，亦見明本《冊府》卷四四八《將帥部・殘酷門》、《通鑑》卷二五七文德元年（888）四月壬午條後。明本《冊府》卷三九三《將帥部・威名門二》："李罕之，僖宗末爲河南尹。每討賊，無不擒之。曾縱兵于蒲、絳之地，有山曰摩雲，土人設堡於上，號'摩雲寨'。前後不能攻取，罕之至，則下焉。自此目爲'李摩雲'。"《新唐書》卷一八七《李罕之傳》："初爲浮屠，行丐市，窮日無得者，抵鉢褫祇袿去，聚衆攻剽五臺下。先是，蒲、絳民壁摩雲山避亂，群賊往攻不克，罕之以百人徑拔之，衆號'李摩雲'。"《舊唐書・昭宗紀》文德元年七月丙申條："七月丙申朔，澤

州刺史李罕之引太原之師攻河陽，爲汴將丁會所敗，退還高平。"《輯本舊史・唐武皇紀上》龍紀元年（889）五月、六月條："龍紀元年五月，遣李罕之、李存孝攻邢州。六月，下磁州。邢將馬溉率兵數萬來拒戰，罕之敗之於琉璃陂，生擒馬溉，狗於城下。孟方立悲恨，飲酖而死。三軍立其姪遷爲留後，使求援於汴。汴將王虔裕率精甲數百入於邢州，罕之等班師。"事亦見《新唐書》卷一八七《孟方立傳》。《通鑑》卷二五七文德元年三月條："李克用以其將康君立爲南面招討使，督李存孝、薛阿檀、史儼、安金俊、安休休五將、騎七千，助李罕之攻河陽。張全義嬰城自守，城中食盡，求救於朱全忠，以妻子爲質。"同年四月壬午條後："朱全忠遣其將丁會、葛從周、牛存節將兵數萬救河陽。李存孝令李罕之以步兵攻城，自帥騎兵逆戰於温，河東軍敗，安休休懼罪，奔蔡州。"同年七月條："秋，七月，李罕之引河東兵寇河陽，丁會擊卻之。"同書卷二五八龍紀元年六月條："李克用大發兵，遣李罕之、李存孝攻孟方立，六月，拔磁、洺二州。"同卷大順元年（890）六月癸丑條："癸丑，削奪李罕之官爵；六月，以孫揆爲昭義節度使，充招討副使。"同年七月條："秋，七月，官軍至陰地關，朱全忠遣驍將葛從周將千騎潛自壺關夜抵潞州，犯圍入城。又遣別將李讜、李重胤、鄧季筠將兵攻李罕之於澤州，又遣張全義、朱友裕軍於澤州之北，爲從周應援。"同年八月條："李罕之告急於李克用，克用遣李存孝將五千騎救之。"同年九月壬寅條："九月，壬寅，朱全忠軍于河陽。汴軍之初圍澤州也，呼李罕之曰：'相公每恃河東，輕絶當道；今張相公圍太原，葛僕射入潞府，旬月之間，沙陀無穴自藏，相公何路求生邪！'……是夕，李讜、李重胤收衆遁去，存孝、罕之隨而擊之，至馬牢山，大破之，斬獲萬計，追至懷州而還。"同卷大順二年二月條："復李罕之官爵。"

　　乾寧二年，李克用出師以拒邠、鳳，營于渭北，天子以克用爲邠州行營四面都統，[1]克用乃表罕之爲副。[2]及誅王行瑜，罕之以功授檢校太尉，食邑千户。[3]罕之自以功多，私謂晉將蓋寓曰：[4]"余自河陽失守，來依巨廡，歲月滋久，功效未施。比年以來，倦於師旅，所謂老夫耄矣，無能爲也。望吾王仁愍，太傅哀憐，與一小鎮，休兵養疾，一二年間即歸老菟裘，[5]幸也。"寓爲言之，克用不對。每藩鎮缺帥，議所不及，罕之私心鬱鬱，蓋寓懼其佗圖，亟爲論之。克用曰："吾於罕之，豈惜一鎮，吾有罕之，亦如董卓之有呂布，[6]雄則雄矣，鷹鳥之性，飽則颺去，實懼翻覆毒余也。"[7]

[1]行營四面都統：官名。唐末設諸道行營都統，作爲各道出征兵士的統帥。

[2]"乾寧二年"至"克用乃表罕之爲副"：《輯本舊史》卷二六《唐武皇紀下》乾寧二年（895）八月條："表李罕之爲副都統。"同年十月條："王行瑜因敗衄之後，閉壁自固，武皇令李罕之晝夜急攻，賊軍乏食，拔營而去。李存信與罕之等先伏軍於阨路，俟賊軍之至，縱兵擊之，殺戮萬計。是日，收梨園等三寨，生擒行瑜之子知進，並母丘氏、大將李天福等二百人，送赴闕庭。庚寅，王行約、王行實燒劫寧州遁走，寧州守將徐景乞降。"同年十一月丁巳條："十一月丁巳，收龍泉寨。時行瑜以精甲五千守之，李茂貞出兵來援，爲李罕之所敗，邠賊遂棄龍泉寨而去。"《新唐書》卷一〇《昭宗紀》乾寧二年九月條："前昭義軍節度使李罕之爲邠寧四面行營副都統。"同書卷二一八《沙陀傳》："（李）茂貞以兵援龍泉，克用使李罕之、李存審夜引兵劫其餉，援兵亡，行瑜潰而走，追殺萬計。"《通鑑》卷二六〇乾寧二年九月辛未條："以昭義節度使李罕之檢校侍中，充邠寧四面行營副都統。"同年十月條：

“克用令李罕之、李存信等急攻梨園；城中食盡，棄城走。罕之等邀擊之，所殺萬餘人，克梨園等三寨，獲王行瑜子知進及大將李元福等；克用進屯梨園。庚寅，王行約、王行實燒寧州遁去。”同年十一月丁巳條：“王行瑜以精甲五千守龍泉寨，李克用攻之；李茂貞以兵五千救之，營於鎮西。李罕之擊鳳翔兵，走之，十一月，丁巳，拔龍泉寨。”

[3]檢校太尉：官名。爲散官或加官，以示恩寵，無實際執掌。

食邑：即採邑，官員可以收其賦稅自用的封地。　“及誅王行瑜”至“食邑千户”：《輯本舊史》之案語：“《新唐書》：克用討王行瑜，表罕之副都統、檢校侍中。行瑜誅，封隴西郡王、檢校太尉、兼侍中。所載爵位，較《薛史》爲詳。《歐陽史》仍《薛史》之舊。”見《新唐書》卷一八七《李罕之傳》。《新五代史》卷四二《李罕之傳》作“破王行瑜，加檢校太尉，食邑千户”。《通鑑》卷二六〇乾寧二年十二月乙未條：“加李罕之兼侍中。”

[4]蓋寓：人名。蔚州（今河北蔚縣）人。唐末、五代李克用部將。傳見本書卷五五。

[5]菟（tù）裘：原爲春秋魯地。《左傳》隱公十一年：“使營菟裘，吾將老焉。”後世以“菟裘”指代告老退隱處。

[6]董卓：人名。隴西臨洮（今甘肅岷縣）人。東漢末年軍閥。傳見《後漢書》卷七二。　呂布：人名。五原九原（今內蒙古包頭市西）人。東漢末年將領。傳見《後漢書》卷七五。

[7]毒余：《輯本舊史》之影庫本粘籤：“毒余，原本作‘毒餘’，今據文改正。”　“罕之自以功多”至“實懼翻覆毒余也”：《通鑑》卷二六一光化元年（898）十二月條：“李克用之平王行瑜也，李罕之求邠寧於克用。克用曰：‘行瑜恃功邀君，故吾與公討而誅之。昨破賊之日，吾首奏趣蘇文建赴鎮。今纔達天聽，遽復二三，朝野之論，必喧然謂吾輩復如行瑜所爲也。吾與公情如同體，固無所愛，俟還鎮，當更爲公論功賞耳。’罕之不悅而退，私於蓋寓曰：‘罕之自河陽失守，依託大庇，歲月已深。比來衰老，倦於

軍旅，若蒙吾王與太傅哀愍，賜一小鎮，使數年之間休兵養疾，然後歸老閭閻，幸矣。'罕爲之言，克用不應。每藩鎮缺，議不及罕之，罕之甚鬱鬱。罕恐其有他志，亟爲之言，克用曰：'吾於罕之豈愛一鎮，但罕之，鷹也，飢則爲用，飽則背飛！'"

光化元年十二月，晋之潞帥薛志勤卒，[1]罕之乘其喪，自澤州率衆徑入潞州，自稱留後，以狀聞於克用曰："聞志勤之喪，新帥未至，慮爲佗盜所窺，不俟命已屯于潞矣。"克用怒，遣李嗣昭討之，[2]罕之執其守將馬溉、伊鐸、何萬友，[3]沁州刺史傅瑶等，[4]遣其子顥拘送于太祖以求援焉。[5]會罕之暴病，不能視事。明年六月，病篤，太祖令丁會代之，[6]移罕之爲河陽節度使，行至懷州，卒於傳舍，[7]時年五十八。[8]其子顥以舟載樞，歸葬河陰縣。[9]開平二年春，詔贈中書令。《永樂大典》卷一萬三百八十七。[10]

[1]潞：州名。治所在今山西長治市。此處代指昭義軍。　薛志勤：人名。蔚州奉誠（今河北蔚縣）人。唐末李克用部將。傳見本書卷五五。

[2]李嗣昭：人名。汾州（今山西汾陽市）人。唐末、五代李克用義子、部將。傳見本書卷五二、《新五代史》卷三六。

[3]馬溉：人名。籍貫不詳。李克用部將。事見本書本卷、卷二五。　伊鐸：人名。一作"伊鐸"。籍貫不詳。李克用部將。事見本書本卷。《輯本舊史》之案語："伊鐸，《歐陽史》作伊鐸。"見《新五代史》卷四二《李罕之傳》。　何萬友：人名。籍貫不詳。李克用部將。本書僅此一見。

[4]沁州：州名。治所在今山西沁源縣。　傅瑶：人名。籍貫

不詳。李克用部將。本書僅此一見。

[5]顥：人名。即李顥。陳州項城（今河南沈丘縣）人。李罕之之子。事見本書本卷。　遣其子顥：《輯本舊史》之案語："《歐陽史》作遣子頎。"按《新五代史‧李罕之傳》作"遣子顥送于梁以乞兵"，罕之子頎實事莊宗。　"光化元年十二月"至"遣其子顥拘送于太祖以求援焉"：《輯本舊史》之案語："《新唐書》：全忠表罕之昭義軍節度使。"見《新唐書》卷一八七《李罕之傳》。《舊唐書》卷二〇上《昭宗紀》光化元年（898）十二月丙寅條："十二月丙寅，李克用將潞州節度使薛志勤死，澤州刺史李罕之乘其無帥，襲潞取之，遣其子顥乞降于汴，全忠表罕之爲節度使。"《輯本舊史》卷二六《唐武皇紀下》光化元年十二月條："十二月，潞州節度使薛志勤卒，澤州刺史李罕之以本軍夜入潞州，據城以叛。罕之報武皇曰：'薛鐵山新死，潞民無主，慮軍城有變，輒專命鎮撫。'武皇令人讓之，罕之乃歸於汴。武皇遣李嗣昭將兵討之，下澤州，收罕之家屬，拘送晉陽。光化二年春正月，李罕之陷沁州。"同書卷一二《朱友倫傳》："李罕之請以上黨來歸，爲晉軍所圍。太祖遣友倫總步騎數萬，越險救應，遂大破晉軍。"亦見《册府》卷二九一《宗室部‧立功門二》。《輯本舊史》卷一六《葛從周傳》："（光化二年）五月，并人討李罕之於潞州，太祖以丁會代罕之，令從周馳入上黨。"亦見明本《册府》卷三四六《將帥部‧佐命門七》。《輯本舊史》卷五二《李嗣昭傳》："李罕之襲我潞州也，嗣昭率師攻潞州，與汴將丁會戰於含口，俘獲三千，執其將蔡延恭，代李君慶爲蕃漢馬步行營都將。"事亦見《新五代史》卷三六《李嗣昭傳》、明本《册府》卷三四七《將帥部‧佐命門八》。《新五代史》卷一《梁太祖紀上》："（光化元年）十二月，李罕之以潞州來降。"同書卷四四《丁會傳》："光化二年，李罕之叛晉，以潞州降梁。"同書卷一三《朱友倫傳》："李罕之以潞州降梁，晉人攻潞，友倫以兵入潞州，取罕之以歸。"同書卷四《唐莊宗紀上》光化元年冬條："冬，潞州守將薛志勤卒，李罕之據潞州，叛附于朱全

忠。"《新唐書·昭宗紀》光化元年十二月癸未條："十二月癸未，李罕之陷潞州，自稱節度留後。"同卷光化二年正月條："李罕之陷沁州。"《通鑑》卷二六一光化元年十二月條：昭義節度使薛志勤薨，"旬日無帥，罕之擅引澤州兵夜入潞州，據之，以狀白克用，曰：'薛鐵山死，州民無主，慮不逞者爲變，故罕之專命鎮撫，取王裁旨。'克用怒，遣人讓之。罕之遂遣其子請降於朱全忠，執河東將馬溉等及沁州刺史傅瑶送汴州。克用遣李嗣昭將兵討之，嗣昭先取澤州，收罕之家屬送晉陽"。同卷光化二年正月丁未條後："朱全忠表李罕之爲昭義節度使。"同年五月己亥條："李克用遣蕃漢馬步都指揮使李君慶將兵攻李罕之，己亥，圍潞州。"

〔6〕丁會：人名。壽春（今安徽壽縣）人。唐末將領。傳見本書卷五九、《新五代史》卷四四。

〔7〕傳舍：古代官府設立的供行旅食宿之所。遍布於交通要道上。主要招待往來官員；持有傳符的一般旅客，可以在偏房旁舍寄宿。

〔8〕"明年六月"至"時年五十八"：《舊唐書·昭宗紀》光化二年六月丁丑條："六月，制以昭義節度使、檢校太尉、兼太師、侍中、潞州大都督府長史、隴西郡開國公、食邑三千户李罕之爲孟州刺史，充河陽三城節度、孟懷觀察等使。……丁丑，李罕之至懷州，卒于傳舍。"《宋本册府》卷一八七《閏位部·勳業門五》："（光化二年）六月，帝表丁會爲潞州節度使，以李罕之疾亟故也。"《通鑑》卷二六一光化二年六月乙丑、丁卯、丁丑條："乙丑，李罕之疾亟。丁卯，全忠表罕之爲河陽節度使，以丁會爲昭義節度使。……丁丑，李罕之薨于懷州。"

〔9〕河陰縣：縣名。治所在今河南榮陽市。

〔10〕《大典》卷一〇三八七"李"字韻"姓氏（三二）"事目。

馮行襲

馮行襲，字正臣，武當人也。[1]歷職爲本郡都校。中和中，僖宗在蜀，有賊首孫喜者，[2]聚徒數千人欲入武當，刺史吕燁惶駭無策略。[3]行襲伏勇士於江南，乘小舟逆喜，謂喜曰："郡人得良牧，衆心歸矣，但緣兵多，民懼擄掠。若駐軍江北，領肘腋以赴之，使某前導，以慰安士民，可立定也。"喜然之。既渡江，軍吏迎謁，伏甲奮起，行襲擊喜仆地，仗劍斬之，[4]其黨盡殪，賊衆在江北者悉奔潰。[5]山南節度使劉巨容以功上言，[6]尋授均州刺史。[7]

[1]武當：縣名。治所在今湖北丹江口市西北。

[2]孫喜：人名。均州（今湖北丹江口市）人。唐末叛亂勢力首領。事見《新唐書》卷一八六、《通鑑》卷二五六。

[3]吕燁：人名。籍貫不詳。唐末將領。事見《新唐書》卷一八六、《通鑑》卷二五六。中華書局本有校勘記："原作'吕曄'，據《册府》卷八七九、《新五代史》卷四二《馮行襲傳》、《新唐書》卷九《僖宗紀》、卷一八六《馮行襲傳》、《通鑑》卷二五六改。"見《新唐書》卷九《僖宗紀》光啓元年（885）四月條、《通鑑》卷二五六中和四年（884）條。

[4]仗劍斬之：中華書局本有校勘記："'仗'，《册府》卷八七九作'拔'。"

[5]賊衆在江北者悉奔潰：《輯本舊史》之案語："《新唐書·本紀》：光啓元年四月，武當賊馮行襲陷均州，逐其刺史吕燁。蓋行襲既殪孫喜，遂自據其郡也。《薛史》作中和間事，與《唐書》異。《歐陽史》仍從《薛史》。"見《新唐書·僖宗紀》光啓元年四

月條、《新五代史》卷四二《馮行襲傳》。

[6]劉巨容：人名。徐州（今江蘇徐州市）人。唐末將領。傳見《新唐書》卷一八六。

[7]均州：州名。治所在今湖北丹江口市。　“馮行襲”至“尋授均州刺史”：亦見《宋本册府》卷八七九《總録部·計策門二》。《通鑑》卷二六一光化元年（898）正月條後：“以昭信防禦使馮行襲爲昭信節度使。”《新唐書》卷一八六《劉巨容附馮行襲傳》作中和初事：“行襲乘勝逐刺史吕燁，據均州，巨容因表爲刺史。”

　　州西有長山，[1]當襄、漢入蜀路，[2]群賊屯據，以邀劫貢奉，行襲又破之。洋州節度使葛佐奏辟爲行軍司馬，[3]請將兵鎮谷口，[4]通秦、蜀道，由是益知名。[5]李茂貞遣養子繼臻竊據金州，[6]行襲攻下之，因授金州防禦使。時興元楊守亮將襲京師，[7]道出金、商，[8]行襲逆擊，大破之。詔升金州爲節鎮，以戎昭軍爲額，即以行襲爲節度使。[9]

[1]長山：山名。位於今湖北丹江口市西南。

[2]襄：水名。指襄水，位於今湖北襄陽市。　漢：水名。指漢水。長江支流，即今漢江。源出今陝西西南部，在湖北武漢市匯入長江。　當襄漢入蜀路：中華書局本有校勘記：“‘入’字原闕，據《册府》卷八七九補。”《新唐書》卷一八六《劉巨容附馮行襲傳》：“帝在蜀，均之右有長山，當襄、漢貢道。”

[3]洋州：州名。治所在今陝西洋縣。此處代指武定軍。　葛佐：人名。籍貫不詳。唐末將領。事見本書本卷。　行軍司馬：官名。出征將領及節度使的屬官。掌軍籍符伍，號令印信，是藩鎮重

要的軍政官員。　洋州節度使葛佐奏辟爲行軍司馬：《新唐書·劉巨容附馮行襲傳》作：“武定節度使楊守忠表爲行軍司馬。”

[4]谷口：地名。位於今陝西禮泉縣東北，因地當涇水出山谷處得名。

[5]“州西有長山”至“由是益知名”：亦見《宋本册府》卷八七九《總録部·計策門二》。

[6]繼臻：人名。即李繼臻。籍貫不詳。李茂貞養子。唐末將領。事見本書本卷、《通鑑》卷二五八。　金州：州名。治所在今陝西安康市。

[7]楊守亮：人名。曹州（今山東菏澤市）人。唐末軍閥。傳見《新唐書》卷一八六。

[8]商：州名。治所在今陝西商洛市商州區。

[9]“時興元楊守亮將襲京師”至“即以行襲爲節度使”：亦見《宋本册府》卷三六〇《將帥部·立功門一三》、卷三八六《將帥部·褒異門一二》，唯《册府》卷三六〇無“詔”字。《輯本舊史》之案語：“《舊唐書·哀帝紀》：天祐二年，金州馮行襲奏，當道昭信軍額内一字與元帥全忠諱字同，乃賜號戒昭軍。是金州初賜軍額本名昭信，至哀帝時，避朱全忠祖諱，乃改稱戒昭也。《薛史》於金州初賜軍額即作戒昭，蓋仍《梁實録》之舊，未及考正。”見《舊唐書》卷二〇下《哀帝紀》天祐二年（905）十月丙戌條，按此處爲避諱全忠祖信，《會要》卷一追諡皇帝條有：“憲祖昭武皇帝諱信，開平元年七月追尊昭武皇帝，廟號憲祖，葬光天陵。”《宋本册府》卷三六〇《牧守部·邪佞門》：“馮行襲，哀帝時爲金州節度使，奏當道昭信軍額内一字與元帥梁王諱字同，乃賜號戒昭軍。”《通鑑》卷二五八大順二年（890）十二月甲辰條：“初，李茂貞養子繼臻據金州，均州刺史馮行襲攻下之，詔以行襲爲昭信防禦使，治金州。”該條胡注：“《方鎮表》：僖宗光啓元年，置昭信防禦於金州。《考異》曰：薛居正《五代史》：‘行襲破楊守亮兵，詔升金州節鎮，以戒昭爲軍額，即以行襲爲節度使。’按《實録》，光化元

年正月，始以昭信防禦使馮行襲爲昭信節度使。《新·方鎮表》，光啓元年，升金商都防禦使爲節度使，是年，罷節度，置昭信軍防禦使，治金州。光化元年，始升昭信軍防禦使爲節度使；天祐二年，賜號戎昭軍。《薛史》誤也。"見《新唐書》卷六七《方鎮表四》。

及太祖義旗西征，行襲遣副使魯崇矩稟受制令。[1]會唐昭宗幸鳳翔，太祖帥師奉迎，久之未出。中尉韓全誨遣中官郤文晏等二十餘人分命矯詔，[2]欲徵江淮兵屯於金州，以脅太祖之軍，行襲定策盡殺之，收其詔敕送於太祖。天祐元年，兼領洋州節度使。太祖之伐荊襄，行襲令其子勗以舟師會於均、房，[3]預收復功，[4]遷匡國軍節度使。[5]到任，誅大吏張澄，[6]暴其罪，州人莫不惴慄。[7]在許三年，上供外，別進助軍羨糧二十萬石。及太祖郊禋，[8]行襲請入覲，貢獻巨萬，恩禮殊厚。[9]尋詔翰林學士杜曉撰德政碑以賜之，[10]累官至兼中書令，冊拜司空。[11]開平中卒，[12]輟朝一日，[13]贈太傅，謚曰忠敬。

[1]魯崇矩：人名。籍貫不詳。唐末將領。本書僅此一見。行襲遣副使魯崇矩稟受制令：《通鑑》卷二六二天復元年（901）十二月戊戌條後："朱全忠之入關也，戎昭節度使馮行襲遣副使魯崇矩聽命於全忠。"

[2]中尉：官名。指神策軍中尉。唐德宗朝以後，左、右神策軍各置護軍中尉一人，由宦官充任，統領禁軍。　中官：即宦官。

郤文晏：人名。籍貫不詳。唐末宦官。本書僅此一見。

[3]勗：人名。即馮勗。均州（今湖北丹江口市）人。馮行襲長子。唐末將領。事見本書本卷。　房：州名。治所在今湖北

房縣。

　　[4]"太祖之伐荆襄"至"預收復功"：《輯本舊史》之案語：
"《新唐書·昭宣帝紀》：二年五月，王建陷金州，戎昭軍節度使馮
行襲奔於均州。六月，行襲克金州。《舊唐書·哀帝紀》：二年十二
月，戎昭軍奏，收復金州，兵火之後，井邑殘破，請移理所於均
州。從之，仍改爲武定軍。是行襲因金州嘗被陷，乃改治均州也。
《薛史》不載。"見《新唐書》卷一〇《哀帝紀》天祐二年（905）
五月、六月條，《舊唐書》卷二〇下《哀帝紀》天祐二年十二月壬
寅條。《新唐書》卷一八六《劉巨容附馮行襲傳》："天祐二年，王
建遣將王思縮攻行襲，敗其兵，州大將金行全出降，行襲奔均州。
全忠以行襲不足禦建，遣別將屯金州。行襲議徙戎昭軍於均州，以
金、房爲隸。全忠以金人不樂行襲，以馮恭領州，罷防禦使而廢戎
昭軍。"《通鑑》卷二六五天祐二年八月條："王建遣前山南西道節
度使王宗賀等將兵擊昭信節度使馮行襲於金州。"同年九月丙子條：
"王宗賀等攻馮行襲，所向皆捷。丙子，行襲棄金州，奔均州；其
將全師朗以城降。"同年十二月甲寅條後："西川將王宗朗不能守金
州，焚其城邑，奔成都。戎昭節度使馮行襲復取金州，奏請'金州
荒殘，乞徙理均州'，從之。更以行襲領武安軍。"

　　[5]匡國軍：方鎮名。後梁改忠武軍置。治所在許州（今河南
許昌市）。　遷匡國軍節度使：《輯本舊史》之案語："《舊唐書·哀
帝紀》：三年四月（按：《舊唐書》實作五月）丙申，敕曰：天祐
二年九月二十日，於金州置戎昭軍，割均、房二州爲屬郡。比因馮
行襲叶贊元勳，克宣丕績，用獎濟師之效，遂行割地之權。今命帥
得人，酬庸有秩，其戎昭軍額宜停，其均、房二州却還山南東道收
管。據此則戎昭軍額廢於天祐三年，故行襲改鎮許州也。"見《舊
唐書·哀帝紀》天祐三年五月丙申條。《通鑑》卷二六五天祐三年
五月丙子條："丙子，廢戎昭軍，并均、房隸忠義軍；以武定節度
使馮行襲爲匡國節度使。"

　　[6]大吏：地方官。　張澄：人名。籍貫不詳。唐末官員。事

見本書本卷。

［7］“到任，誅大吏張澄”至“州人莫不惴懾”：亦見《宋本册府》卷六八九《牧守部·威嚴門》。

［8］郊禋（yīn）：指祭天之禮（郊天）。

［9］恩禮殊厚：《輯本舊史》之影庫本粘籤：“殊厚，原本作‘殊學’，今據文改正。”

［10］翰林學士：官名。由南北朝始設之學士發展而來，唐玄宗改翰林供奉爲翰林學士，備顧問、代王言。掌拜免將相、號令征伐等詔令的起草。　杜曉：人名。京兆杜陵（今陝西西安市）人。祖、父皆爲唐宰相。傳見本書卷一八、《新五代史》卷三五。　德政碑：表彰官吏政績的碑刻。　尋詔翰林學士杜曉撰德政碑以賜之：《宋本册府》卷八二〇《總録部·立祠門》：“梁馮行襲爲許州節度使。開平二年，本州官吏百姓詣四方館進狀，請與行襲立德政碑，太祖允之。”

［11］累官至兼中書令，册拜司空：《宋本册府》卷一九六《閏位部·封建門》：開平二年（908）五月，“許州節度使馮行襲封長樂王”。

［12］開平中卒：《通鑑》卷二六七開平四年六月庚戌、庚辰、甲申條：“匡國節度使長樂忠敬王馮行襲疾篤，表請代者。許州牙兵二千，皆秦宗權餘黨，帝深以爲憂。六月，庚戌，命崇政院直學士李珽馳往視行襲病，曰：‘善諭朕意，勿使亂我近鎮。’珽至許州，謂將吏曰：‘天子握百萬兵，去此數舍；馮公忠純，勿使上有所疑。汝曹赤心奉國，何憂不富貴！’由是衆莫敢異議。行襲欲使人代受詔，珽曰：‘東首加朝服，禮也。’乃即臥内宣詔，謂行襲曰：‘公善自輔養，勿視事，此子孫之福也。’行襲泣謝，遂解兩使印授珽，使代掌軍府。帝聞之曰：‘予固知珽能辦事，馮族亦不亡矣。’庚辰，行襲卒。甲申，以李珽權知匡國留後，悉以行襲兵分隸諸校，冒馮姓者皆還宗。”

［13］輟朝：又稱廢朝。古代帝王遇親喪或文武大臣病故，停止

視朝數日，以示哀悼。

行襲性嚴烈，爲政深刻，然所至有天幸，境内嘗大蝗，尋有群烏啄食，不爲害；民或艱食，必有穭穀，[1]出於壟畝。雖威福在己，而恒竭力以奉於王室，故能保其功名。行襲魁岸雄壯，面有青誌，當時目爲"馮青面"。[2]

[1]穭（lǚ）穀：野生稻穀。《輯本舊史》之影庫本粘籤："穭穀，原本作'魯穀'，據《廣韻》云：穭，禾自生也。今改正。"
[2]面有青誌，當時目爲"馮青面"：亦見《宋本册府》卷八三五《總録部·醜陋門》。

長子勗，歷蘄、沁二州刺史。[1]次子德晏，仕至金吾將軍。《永樂大典》卷四百三。[2]

[1]蘄：州名。治所在今湖北蘄春縣。
[2]《大典》卷四〇三"馮"字韻"姓氏（六）"事目。

孫德昭

孫德昭，鹽州五原縣人，[1]世爲州校。父惟晟，[2]有功於唐朝，遥領荊南節度，[3]分判右神策軍事。[4]德昭藉父蔭，累職爲右神策軍都指揮使。[5]光化三年，唐昭宗爲閹官所廢，矯立德王，[6]時中外以權在禁闈，[7]莫能致討，近藩朋附，章表繼有至者。丞相崔胤，[8]外與太祖

申結輔佐之好，内遣心腹密購忠義。有以事諭德昭
者，[9]德昭感慨，乃與本軍孫承誨、董從實三人，[10]奮
發應命，誓圖返正，崔又割衣手筆以通其志。[11]天復元
年正月一日未旦，[12]逆豎左軍容劉季述早入，[13]德昭伏
甲要路以俟，逗其前驅，[14]邀其輿而斬之，[15]孫承誨等
分捕右軍容王仲先黨伍。[16]唐昭宗方幽辱東内，[17]聞外
喧，大恐。德昭馳至，扣閤曰：“逆賊劉季述伏誅矣，
請上皇開鑰復皇帝位。”皇后何氏呼曰：[18]“汝可進逆
人首，門乃可開。”俄而承誨、從實俱以馘獻，昭宗悲
而嘉之。[19]於是丞相崔胤奉迎御丹鳳樓，[20]率百辟待
罪，[21]泣且奏曰：“臣居大位，不能討姦，賴東平王全忠
首奮忠貞，[22]誅殺邸吏，遂致德昭等擒戮妖逆，再清禁
闈。”[23]即日議功，以德昭為檢校太保、静海軍節度
使，[24]承誨邕州節度使，[25]從實容州節度使，[26]並同平
章事，錫姓李，賜號扶傾濟難忠烈功臣，圖形凌煙
閣，[27]俱留京師。[28]錫賚宴賞之厚，恩寵權倖之勢，近
代罕比。[29]

[1]鹽州：州名。治所在今陝西定邊縣。　五原：縣名。治所
在今陝西定邊縣。

[2]惟晟：《舊五代史考異》：“案：《歐陽史》作‘惟勗’，考
《新唐書》亦作‘惟晟’，今仍其舊。”見《新五代史》卷四三《孫
德昭傳》，似作“惟最”。《舊唐書》卷二〇上《昭宗紀》、卷四六
《經籍志上》，《宋本册府》卷一七八《帝王部・姑息門三》，《新唐
書》卷五七《藝文志一》，《通鑑》卷二五九，俱作“惟晟”。

[3]遥領：雖居此官職，然實際上並不赴任。　荆南：方鎮名。

治所在荆州（今湖北荆州市）。

[4]判右神策軍事：官名。右神策軍長官。　“父惟晟”至“分判右神策軍事”：《舊唐書·昭宗紀》景福二年（893）三月庚子條：制以“宣威都頭孫惟晟爲江陵尹、荆南節度使，並加特進、同平章事”。《新唐書·藝文志一》：“昭宗播遷，京城制置使孫惟晟斂書本軍，寓教坊於祕閣。”《通鑑》卷二五九景福二年閏五月條：以“宣威都頭孫惟晟爲荆南節度使”。

[5]右神策軍都指揮使：官名。唐朝右神策軍統兵將領。《宋本册府》卷六二七《環衛部·忠節門》同。《輯本舊史》之案語：“《通鑑》：德昭由雄毅軍使爲左神策指揮使。”見《通鑑》卷二六二光化三年十二月條。《新唐書》卷一〇《昭宗紀》天復元年正月乙酉條作“左神策軍將孫德昭”。《新五代史·孫德昭傳》作“神策軍指揮使”。

[6]德王：即李裕。唐昭宗太子。劉季述軟禁唐昭宗，擁李裕爲帝。昭宗復位後，李裕復降爲德王。傳見《新唐書》卷八二。

[7]禁闥：《宋本册府》卷六二七《環衛部·忠節門》作“禁闈”。

[8]崔胤：人名。清河武城（今山東武城縣）人。唐末宰相。傳見《舊唐書》卷一七七、《新唐書》卷二二三下。

[9]有以事諭德昭者：《輯本舊史》之案語：“《通鑑》云：德昭常憤惋不平，崔胤聞之，遣判官石戩與之遊。德昭每酒酣必泣，戩知其誠，乃密以胤意説之。”見《通鑑》卷二六二光化三年（900）十二月條。

[10]孫承誨：人名。一作“周承誨”。籍貫不詳。唐末將領。助宰相崔胤奉唐昭宗復位，以功拜使相。事見本書本卷、《通鑑》卷二六二。　董從實：人名。又名董彥弼。籍貫不詳。唐末將領。助宰相崔胤奉唐昭宗復位，以功拜使相。事見本書本卷、《通鑑》卷二六二。　三人：《宋本册府》卷六二七《環衛部·忠節門》同《輯本舊史》作“三人”，明本《册府》作“二人”。　乃與本軍孫

承誨董從實三人：《輯本舊史》之案語：“新、舊《唐書》俱作周承誨、董彥弼，據《薛史》則承誨自姓孫，彥弼乃從實後改之名也。《通鑑》從《唐書》，《歐陽史》從《薛史》。”《舊唐書·昭宗紀》光化三年十二月癸未條、《新唐書·昭宗紀》天復元年（901）正月乙酉條、《通鑑》卷二六二光化三年十二月條作周承誨、董彥弼。《新五代史·孫德昭傳》作孫承誨、董從實。《新唐書》卷二〇八《劉季述傳》作董從實。

[11]崔又割衣手筆以通其志：《新唐書·劉季述傳》作“割帶內蜜丸通意”。

[12]天復元年正月一日未旦：《舊唐書·昭宗紀》、《舊唐書》卷一七七《崔胤傳》作光化三年十二月晦癸未。《舊唐書·昭宗紀》作天復元年正月甲申朔。《宋本冊府》卷一八七《閏位部·勳業門五》、《通鑑》卷二六二作天復元年正月乙酉朔。《新五代史·孫德昭傳》《新唐書·劉季述傳》作天復元年正月朔未旦。《新唐書·昭宗紀》作天復元年正月乙酉。

[13]左軍容：官名。即左神策觀軍容使。左神策軍監軍。　劉季述：人名。籍貫不詳。唐末宦官。顯於唐僖宗、唐昭宗時期，累遷至樞密使。傳見《新唐書》卷二〇八。

[14]逗其前驅：中華書局本有校勘記：“‘逗’，原作‘追’，據《冊府》卷六二七改。”

[15]邀其輿而斬之：“其輿”二字原闕，據《宋本冊府》卷六二七《環衛部·忠節門》、《新五代史·孫德昭傳》補。

[16]右軍容：官名。即右神策觀軍容使。右神策軍監軍。　王仲先：人名。籍貫不詳。唐末宦官。事見《舊唐書》卷二〇上。

[17]東內：大明宮別稱。

[18]皇后何氏：即唐昭宗皇后何氏。梓州（今四川三臺縣）人。唐哀帝李柷之母。被朱溫所殺。傳見《舊唐書》卷五二、《新唐書》卷七七。

[19]“逆豎左軍容劉季述早入”至“昭宗悲而嘉之”：《舊唐

書·昭宗紀》光化三年十二月癸未條:"癸未夜,護駕鹽州都將孫德昭、周承誨、董彥弼以兵攻劉季述、王仲先,殺仲先,攜其首詣東宮門,呼曰:'逆賊王仲先已斬首訖,請陛下出宮慰諭兵士。'宮人破鑰,帝與皇后方得出。"同卷天復元年正月甲申條:"天復元年春正月甲申朔,昭宗反正,登長樂門樓,受朝賀。班未退,孫德昭執劉季述至樓前,上方詰責,已爲亂棒擊死,乃尸之於市。"《舊唐書·崔胤傳》:光化三年,"十二月晦,德昭伏兵誅季述"。《宋本册府》卷五六九《掌禮部·作樂門五》:"光化四年,正月,宴於保寧殿,帝自制曲,名曰《讚成功》。"注曰:"時中官劉季述幽帝於西內,監州雄毅軍使孫德昭等殺季述,昭宗反正,乃製曲以褒之。又作《樊噲排難》戲以樂焉。"《新五代史》卷一《梁太祖紀上》天復元年正月條:"唐宦者劉季述作亂,天子幽于東宮。天復元年正月,護駕都頭孫德昭誅季述,天子復位。"《新五代史·孫德昭傳》:"天復元年正月朔,未旦,季述將朝,德昭伏甲士道旁,邀其輿斬之,承誨等分索餘黨皆盡。昭宗聞外誼譁,大恐。德昭馳至,扣門曰:'季述誅矣,皇帝當反正!'何皇后呼曰:'汝可進逆首!'德昭擲其首入。已而承誨等悉取餘黨首以獻,昭宗信之。"

[20]丹鳳樓:樓名。唐長安大明宮丹鳳門門樓,位於今陝西西安市。

[21]百辟:百官。

[22]全忠:人名。即後梁太祖朱全忠(朱溫)。曾被封爲東平王。

[23]"於是丞相崔胤奉迎御丹鳳樓"至"再清禁闈":《新唐書·劉季述傳》:"(昭宗)出御長樂門,群臣稱賀。承誨馳入左軍,執季述、彥範至樓前,胤先戒京兆尹鄭元規集萬人持大梃,帝詰季述未已,萬梃皆進,二人同死梃下,遂尸之。兩軍支黨死者數十人。"《通鑑》卷二六二天復元年正月乙酉條:"崔胤迎上御長樂門樓,帥百官稱賀。周承誨擒劉季述、王彥範繼至,方詰責,已爲亂梃所斃。"

[24] 檢校太保：官名。爲散官或加官，以示恩寵，無實際執掌。　靜海軍：方鎮名。治所在今江蘇南通市。

[25] 邕州：州名。治所在今廣西南寧市。

[26] 容州：州名。治所在今廣西北流市。

[27] 凌煙閣：樓名。唐太宗爲表彰功臣所建樓閣，位於今陝西西安市。

[28] “即日議功”至“俱留京師”：《舊唐書·昭宗紀》天復元年正月乙酉、庚寅條：“乙酉，制以孫德昭檢校司空，充靜海軍節度使。……庚寅，制以孫德昭爲安南節度、檢校太保。以周承誨爲邕州刺史、邕管節度經略使，以董彥弼爲容州刺史、容管節度等使，並檢校太保、同平章事。”《新唐書·劉季述傳》：“以德昭檢校太保、靜海軍節度使，從實檢校司徒、容管節度使，並同中書門下平章事，賜氏李，曰繼昭，曰彥弼。承誨亦檢校司徒、邕管節度使，視宰相秩。皆號‘扶傾濟難忠烈功臣’，圖形凌煙閣，留宿衛凡十日乃休，竭内庫珍寶賜之。當時號‘三使相’，人臣無比。”《通鑑》卷二六二天復元年正月丙戌、庚寅條：“丙戌，以孫德昭同平章事，充靜海節度使，賜姓名李繼昭。……庚寅，以周承誨爲嶺南西道節度使，賜姓名李繼誨，董彥弼爲寧遠節度，賜姓李，並同平章事；與李繼昭俱留宿衛，十日乃出還家，賞賜傾府庫，時人謂之‘三使相’。”

[29] “錫賚宴賞之厚”至“近代罕比”：《新唐書》卷一八三《韓偓傳》：“初，李繼昭等以功皆進同中書門下平章事，時謂‘三使相’，後稍稍更附韓全誨、周敬容，皆忌胤。……李彥弼見帝倨甚，帝不平，偓請逐之，赦其黨許自新，則狂謀自破，帝不用。彥弼譖偓及渙漏禁省語，不可與圖政，帝怒曰：‘卿有官屬，日夕議事，奈何不欲我見學士邪？’繼昭等飲殿中自如，帝怒，偓曰：‘三使相有功，不如厚與金帛官爵，毋使豫政事。今宰相不得顓決事，繼昭輩所奏必聽。它日遽改，則人人生怨。初以衛兵檢中人，今敕使、衛兵爲一，臣竊寒心，願詔茂貞還其衛軍。不然，兩鎮兵鬭闕

下，朝廷危矣。'"同書卷二〇八《韓全誨張彥弘傳》：劉季述之誅，崔胤請以己主神策左軍，陸扆以扆主右，"昭宗意不決。李茂貞語人曰：'崔胤奪軍權未及手，志滅藩鎮矣。'帝聞，召李繼昭等問以胤所請奈何，對曰：'臣世世在軍，不聞書生主衛兵。且罪人已得，持軍還北司便。'帝謂胤曰：'議者不同，勿庸主軍。'乃以全誨爲左神策中尉，彥弘爲右，皆拜驃騎大將軍，袁易簡、周敬容爲樞密使。"事亦見《通鑑》卷二六二天復元年正月丙午條後。

　　其年十一月，[1]閹官韓全誨縱火脅昭宗西幸鳳翔，承誨、從實並變節，爲中官所誘，始欲驅擁百僚，將圖出令。而德昭獨按兵，與太祖親吏婁敬思叶力衛丞相及文武百官，[2]與長安吏民保於街東，免爲所劫。[3]太祖遣從事相繼勞問，遺以龍鳳劍、鬭雞紗，委令制輯。於是百官次華州，連狀請太祖迎奉。及大旆入關，德昭以軍禮上謁，立道左，太祖命左右扶騎控至長安，賜與甚厚，署權知同州節度留後。將赴任，復徇民請，留充兩街制置使，[4]賜錢百萬。德昭以本部兵八千人獻于太祖，[5]由是愈見賞重，又賜甲第一區，俾先還洛陽。及昭宗東遷，奏授左威衛上將軍，[6]以疾免，歸於別墅。太祖受禪，以左領衛上將軍徵赴闕。開平四年，拜左金吾大將軍，充街使。[7]末帝即位，[8]俾將命于兩浙，[9]對見失儀，不果行。尋改授右武衛上將軍，俄復左金吾大將軍。卒於官。詔贈太傅，輟視朝一日。

　　[1]其年十一月：《新五代史》卷四三《孫德昭傳》作十月，《新唐書》卷二〇八《韓全誨張彥弘傳》、《通鑑》卷二六二均作天

復元年（901）十一月壬子。

　　[2]婁敬思：人名。籍貫不詳。朱温部將。事見《新唐書》卷
一六七、《通鑑》卷二六三。

　　[3]“而德昭獨按兵”至“免爲所劫”：《通鑑》卷二六二天復
元年十一月庚戌條：“韓全誨等以李繼昭不與之同，遏絕不令見上。
時崔胤居第在開化坊，繼昭帥所部六十餘人及關東諸道兵在京師者
共守衛之；百官及士民避亂者，皆往依之。”

　　[4]制置使：官名。唐後期臨時差遣官，爲地方用兵時控制該
地秩序而設。

　　[5]“署權知同州節度留後”至“德昭以本部兵八千人獻于太
祖”：《通鑑》卷二六二繫於天復元年十一月癸亥條。

　　[6]左威衛上將軍：官名。唐置十六衛之一，掌宮禁宿衛。從
二品。

　　[7]街使：官名。掌巡查京城六街。

　　[8]末帝：即後梁末帝朱友貞。後梁太祖朱温之子。913 年至
923 年在位。紀見本書卷八至卷一〇、《新五代史》卷三。

　　[9]兩浙：地區名。浙東、浙西的合稱。泛指今浙江全省及江
蘇南部一角。

　　天復初，德昭與孫承誨、董從實以返正功，時人呼
爲“三使相”，恩澤俱冠世。及承誨至鳳翔，易名繼誨，
從實改名彦弼，皆爲李茂貞所養，後閹官之敗，俱戮于
京師。唯德昭克全終始，有所稱云。《永樂大典》卷一萬
八千一百二十六。[1]

　　[1]《大典》卷一八一二六“將”字韻“五代後梁將（一）”
事目。

趙克裕

趙克裕，河陽人也。祖、父皆爲軍吏。克裕少爲牙將，好讀書，謹儀範，牧伯皆奇待之。[1]累居右職，[2]擢爲虎牢關使。[3]光啓中，蔡寇陷河陽，[4]克裕率所部歸於太祖，隸于宣義軍。[5]太祖東征徐、鄆，[6]克裕屢受指顧，無不如意。數年之內，繼領亳、鄭二州刺史。[7]時關東藩鎮方爲蔡寇所毒，黎元流散，不能相保，克裕妙有農戰之備，復善於綏懷，民賴而獲安者衆。太祖表爲河陽節度使、檢校右僕射，尋移理許田，[8]入爲金吾衛大將軍、檢校司空。及太祖爲元帥，[9]以克裕爲元帥府左都押衙，[10]復統六軍。[11]兗州平，[12]命權知泰寧軍留後。[13]數月，暴疾而卒。開平初，追贈太保。《永樂大典》卷一萬八千一百二十六。[14]

[1]牧伯：州郡長官。

[2]右職：要職。

[3]虎牢關使：官名。主管虎牢關防衛。虎牢關，關隘名。位於今河南滎陽市汜水鎮。

[4]光啓中蔡寇陷河陽：《通鑑》卷二五六繫於光啓二年（886）十二月甲寅條。

[5]宣義軍：方鎮名。治所在滑州（今河南滑縣）。

[6]鄆：州名。治所在今山東東平縣。

[7]亳：州名。治所在今安徽亳州市。　鄭：州名。治所在今河南鄭州市。

[8]許田：地名。指許州。治所在今河南許昌市。　太祖表爲河陽節度使、檢校右僕射，尋移理許田：《輯本舊史》之案語：

"《新唐書·本紀》：景福元年正月己未，朱全忠陷孟州，逐河陽節度使趙克裕。據《通鑑》則克裕之移鎮，因梁祖欲以張全義領河陽也。《新唐書》所紀，疑非事實。"全忠陷孟州，逐趙克裕，《新唐書》卷一〇《昭宗紀》繫於景福元年（892）正月己未；《通鑑》卷二五九則繫於二月甲申條後。《輯本舊史》卷二五《唐武皇紀上》大順二年（891）八月條："大蒐於晉陽，遂南巡澤潞，略地懷孟，河陽趙克裕望風送款，請修鄰好。"亦見《宋本册府》卷七《帝王部·創業門三》。克裕遭貶逐，或因此事。

［9］及太祖爲元帥：《通鑑》卷二六四繫於天復三年（903）四月己卯。

［10］左都押衙：官名。"押衙"即"押牙"。唐、五代時期節度使辟署的屬官，有稱左、右都押衙或都押衙者。掌領方鎮儀仗侍衛、統率軍隊。參見劉安志《唐五代押牙（衙）考略》，武漢大學歷史系魏晉南北朝隋唐史研究室編《魏晉南北朝隋唐史資料》第16輯，武漢大學出版社1998年版。

［11］六軍：唐置六軍，分左、右羽林，左、右龍武，左、右神武，即"北衙六軍"。

［12］兗州平：事在天復三年十月丁丑，從《新唐書》卷一〇《昭宗紀》及《通鑑》卷二六四。《通鑑》卷二六四《考異》考證較詳。

［13］泰寧軍：方鎮名。治所在兗州（今山東濟寧市兗州區）。

［14］《大典》卷一八一二六"將"字韻"五代後梁將（一）"事目。

張慎思

張慎思，清河人。[1]自黄巢軍來歸，累授軍職，歷諸軍都指揮使。[2]從平巢、蔡、兗、鄆，皆著軍功，[3]表授檢校工部尚書兼宋州長史。[4]光化中，加檢校右僕射，權知亳州。天復三年，昭宗還長安，以從太祖迎駕功，賜號迎鑾毅勇功臣，尋除汝州防禦使。天祐元年，授左龍武統軍。[5]其冬，除許州匡國軍節度使。明年十一月，[6]權知徐州武寧軍兩使留後。[7]太祖受禪，入爲左金吾大將軍。開平二年，除宋州刺史，未幾，復拜左金吾大將軍。三年冬，除蔡州刺史，[8]以貪貨大失民情，詔追赴闕。未幾，扈從北征還，[9]以疾臥洛陽之私第。馭家不肅，爲其子所弑。《永樂大典》卷六千三百五十。[10]

[1]清河：縣名。治所在今河北清河縣。

[2]都指揮使：官名。唐末、五代軍隊多置都指揮使、指揮使，爲統兵將領。

[3]皆著軍功："軍"字原闕，據《宋本册府》卷三六〇《將帥部·立功門一三》補。

[4]長史：官名。州府屬官。協助處理州府公務。正四品上至正六品上。

[5]左龍武統軍：官名。唐興元元年（784），六軍各置統軍，以寵勳臣。其品秩，《唐會要》卷七一、《舊唐書》卷一二記載爲從二品，《通鑑》卷二二九記載爲從三品。

[6]明年十一月：《舊唐書》卷二〇下《哀帝紀》繫此事於天祐二年（905）十一月辛巳。

[7]徐州武寧軍：方鎮名。治所在徐州（今江蘇徐州市）。

[8]除蔡州刺史：《輯本舊史》之影庫本粘籤："蔡州，原本作'孳州'，今據《通鑑》改正。"《通鑑》追述此事於卷二六七乾化元年（911）二月甲子條。明本《册府》卷二一四《閏位部·權略門》："開平五年二月，以蔡州順化軍指揮使王存儼權知軍州事。蔡

人士習叛逆，刺史張慎思又衰斂無狀，帝追慎思至京，而久未命代。右厢指揮使劉行琮乘虛作亂，因縱火驅擁，爲度淮計。存儼誅行琮，而撫遏其衆，都將鄭遵與其下奉存儼爲主，而以衆情馳奏。時東京留守博王友文不先請，遂討其亂，兵至鄢陵，上聞之，曰：‘誅行琮，功也。然存儼方懼，若臨之以兵，蔡必速飛矣。’遂馳使還軍，而擢授存儼，蔡人安之。”亦見《通鑑》卷二六七乾化元年二月條，開平五年與乾化元年爲同一年。

[9]扈從北征還：在乾化元年十一月及乾化二年四月，見《新五代史》卷二《梁太祖紀下》、《通鑑》卷二六八。

[10]《大典》卷六三五〇“張”字韻“姓氏（二〇）”事目。

史臣曰：韓建遇唐朝之衰運，據潼關之要地，不能藩屏王室，翻務翦喪宗枝，雖有阜俗之能，何補不臣之咎。罕之負驍雄之氣，蓄嚮背之謀，武皇比之呂布，[1]斯知人矣。行襲勵納忠之節，德昭立反正之功，俱善其終，固其宜矣。克裕而下，無譏可也。《永樂大典》卷六千三百五十。[2]

[1]呂布：人名。五原九原（今内蒙古包頭市西北）人。東漢末將領。傳見《後漢書》卷七五。

[2]《大典》卷六三五〇“張”字韻“姓氏（二〇）”事目。

舊五代史　卷一六

梁書十六

列傳第六

葛從周

葛從周，字通美，濮州鄄城人也。[1]曾祖阮，祖遇賢，父簡，累贈兵部尚書。[2]從周少豁達，有智略，初入黃巢軍，[3]漸至軍校。唐中和四年三月，[4]太祖大破巢軍於王滿渡，[5]從周與霍存、張歸霸昆弟相率來降。[6]七月，從太祖屯兵於西華，[7]破蔡賊王夏寨。[8]太祖臨陣馬踣，[9]賊衆來追甚急，從周扶太祖上馬，與賊軍格鬭，傷面，矢中於肱，身被數槍，奮命以衛太祖。賴張延壽迴馬轉鬭，[10]從周與太祖俱免，退軍潊水。[11]諸將並削職，唯擢從周、延壽爲大校。其從入長葛、靈井，[12]大敗蔡賊，至斤溝、溵河，[13]殺鐵林三千人，[14]獲九寨都虞候王涓。[15]

　　[1]濮州：州名。治鄄城縣。　鄄城：縣名。治所在今山東鄄城縣。　葛從周，字通美，濮州鄄城人也：《全唐文》卷八三八《贈太尉葛從周神道碑》：“公諱從周，字通美，其先濮州鄄縣秦邱里人也。”《舊五代史考異》：“案：《玉堂閒話》作葛周。”見《玉堂閒話》卷二葛周條、卷三葛氏婦條。《九國志》卷一《侯瓚傳》亦作“葛從周”。

　　[2]兵部尚書：官名。尚書省兵部主官。掌兵衛、武選、車輦、甲械、厩牧之政令。正三品。

　　[3]黃巢：人名。曹州冤句（今山東菏澤市）人。唐末農民起義領袖。傳見《舊唐書》卷二〇〇下、《新唐書》卷二二五下。

　　[4]中和：唐僖宗李儇年號（881—885）。

　　[5]巢軍：明本《册府》卷三四六《將帥部‧佐命門七》作“黃巢”。　王滿渡：地名。汴河渡口。位於今河南中牟縣。

　　[6]霍存：人名。洺州曲周（今河北曲周縣東北）人。唐末、五代將領。傳見本書卷二一、《新五代史》卷二一。　張歸霸：人名。清河（今河北清河縣）人。唐末、五代將領。傳見本書本卷、《新五代史》卷二二。　“唐中和四年三月”至“從周與霍存、張歸霸昆弟相率來降”：從周等歸降朱全忠，《舊唐書》卷一九下《僖宗紀》繫於中和四年（884）五月戊辰條，同書卷二〇〇下《黃巢傳》繫於中和四年五月；《輯本舊史》卷一六《葛從周傳》繫於中和四年三月，《宋本册府》卷一八七《閏位部‧勳業門五》繫於中和四年四月丁巳條，《新唐書》卷二二五下《黃巢傳》繫於中和四年五月，《通鑑》卷二五五中和四年五月戊辰條。

　　[7]西華：縣名。治所在今河南西華縣。

　　[8]蔡：州名。治所在今河南汝南縣。此處指蔡州秦宗權勢力。　王夏寨：《舊五代史考異》：“案：原本作‘五夏’，今據《通鑑》改正。”檢《通鑑》卷二五六中和四年七月諸條，未見王夏寨；明本《册府》卷三四六作“王夏寨”。

　　[9]踣（bó）：跌倒。

［10］張延壽：人名。籍貫不詳。唐末將領。事見本書本卷、《新五代史》卷二一。

［11］潵水：水名。自汝水別出，東北流經今西華、商水二縣，至周口市西北入潁水（今沙河）。

［12］長葛：縣名。治所在今河南長葛縣老城鎮。 靈井：地名。位於今河南許昌市建安區靈井鎮。 其從入長葛、靈井：中華書局本有校勘記："'從'，殿本、劉本、《冊府》卷三四六作'後'。"見明本《冊府》卷三四六。

［13］斤溝：地名。位於今安徽太和縣斤溝鎮。 洮河：水名。今安徽北部之北洮河。

［14］鐵林：部隊番號。

［15］都虞候：官名。唐、五代方鎮高級軍官。 王涓：人名。唐末將領。籍貫不詳。事見本書本卷、《新五代史》卷二一。

太祖遣郭言募兵於陝州，[1]有黄花子賊據於温谷，[2]從周擊破之。又破秦賢之衆於滎陽，[3]尋佐朱珍收兵於淄、青間。[4]時兗州齊克讓軍於任城，[5]從周敗之，[6]擒其將吕全真。[7]淄人不受制，復與之戰，獲其驍將鞏約。[8]會青州以步騎萬餘人列三寨于金嶺，[9]以阨要害，從周與朱珍大殲其衆，[10]擄其將楊昭範五人而還。[11]至大梁，[12]不解甲，徑至板橋擊蔡賊，[13]破盧瑭寨；[14]瑭自溺而死，又於赤堈殺蔡軍二萬餘人。[15]從討謝殷於亳州，[16]擒之。迴襲曹州，[17]擄刺史丘弘禮以歸。[18]與兗、鄆軍遇於臨濮之劉橋，[19]殺數萬人，朱瑄、朱瑾僅以身免，[20]擒都將鄒務卿已下五十人。[21]從太祖至范縣，[22]復與朱瑄戰，擄尹萬榮等三人，[23]遂平濮州。未幾，與朱珍擊蔡賊於陳、亳間，[24]獲都將石璠。[25]

[1]郭言：人名。太原（今山西太原市）人。唐末將領。傳見本書卷二一。　陝州：州名。治所在今河南三門峽市陝州區。

[2]黃花子：人名。籍貫不詳。事見本書本卷。　溫谷：地名。位於今河南盧氏縣南。

[3]秦賢：人名。籍貫不詳。秦宗權部將。事見《新五代史》卷二一。　滎陽：縣名。治所在今河南滎陽市。

[4]朱珍：人名。徐州豐（今江蘇豐縣）人。朱溫部將。傳見本書卷一九、《新五代史》卷二一。　淄：州名。治所在今山東淄博市。　青：州名。治所在今山東青州市。

[5]兗州：州名。治所在今山東濟寧市兗州區。此處代指泰寧軍。　齊克讓：人名。籍貫不詳。唐末將領。事見《通鑑》卷二五三、卷二五四、卷二五六。　任城：縣名。治所在今山東濟寧市。

[6]敗：明本《册府》卷三四六《將帥部·佐命門七》作"破"。

[7]吕全真：人名。籍貫不詳。唐末將領。事見本書本卷。

[8]鞏約：人名。籍貫不詳。唐末將領。事見本書本卷。

[9]金嶺：地名。位於今山東招遠市金嶺鎮。

[10]從周與朱珍大殲其衆："朱珍"下明本《册府》卷三四六有"戰"字。

[11]楊昭範：人名。籍貫不詳。唐末將領。事見本書本卷。

[12]大梁：地名。即開封。位於今河南開封市。　至大梁：明本《册府》卷三四六作"至太原"。

[13]板橋：地名。位於河南開封城南。

[14]盧瑭：人名。籍貫不詳。秦宗權部將。事見《新五代史》卷二一。

[15]赤堈：地名。今名霍赤岡。位於今河南開封市東北。《輯本舊史》之影庫本粘籤："赤堈，《通鑑》作赤岡，考《薛史》前後皆作'堈'，今仍其舊。"明本《册府》卷三四六亦作"赤岡"。

[16]謝殷：人名。籍貫不詳。唐末將領。事見《新唐書》卷

九、《通鑑》卷二五七。　亳州：州名。治所在今安徽亳州市。

[17]曹州：州名。治所在今山東曹縣西北。

[18]刺史：官名。漢武帝始置。州一級行政長官，總掌考核官吏、勸課農桑、地方教化等事。唐中期以後，節度、觀察使轄州而設，刺史爲其屬官，職任漸輕。從三品至正四品下。　丘弘禮：人名。籍貫不詳。事見本書本卷、卷一，《通鑑》卷二五七。　迴襲曹州，擄刺史丘弘禮以歸：《通鑑》卷二五七光啓三年（887）八月壬子條：“全忠遣其將朱珍、葛從周襲曹州，壬子，拔之，殺刺史丘弘禮。”

[19]鄆：州名。治所在今山東東平縣。　臨濮：縣名。治所在今山東鄄城縣。　劉橋：橋名。位於今山東鄄城縣西南。　與兗、鄆軍遇於臨濮之劉橋：句下明本《册府》卷三四六有“間”字。《通鑑》卷二五七光啓三年八月壬子條：“又攻濮州，與兗、鄆兵戰於劉橋，殺數萬人，朱瑄、朱瑾僅以身免。”

[20]朱瑄：人名。一作朱宣。宋州下邑（今河南夏邑縣）人。唐末、五代軍閥。傳見《舊唐書》卷一八二、《新唐書》卷一八八、本書卷一三、《新五代史》卷四二。　朱瑾：人名。宋州下邑（今河南夏邑縣）人。唐末、五代軍閥。傳見《新五代史》卷四二。

[21]都將：官名。唐、五代時節度使屬將。　鄒務卿：人名。籍貫不詳。唐末將領。事見本書本卷。　五十：明本《册府》卷三四六作“五千”。

[22]范縣：縣名。治所在今河南范縣。

[23]尹萬榮：人名。籍貫不詳。唐末將領。事見本書本卷。

[24]陳：州名。治所在今河南淮陽縣。

[25]石璠：人名。籍貫不詳。唐末將領。事見本書卷二一。“未幾”至“獲都將石璠”：《通鑑》卷二五七文德元年（888）正月癸亥條：“蔡將石璠將萬餘人寇陳、亳，朱全忠遣朱珍、葛從周將數千騎擊擒之。”

文德元年,[1]魏博軍亂,[2]樂從訓來告急,[3]從太祖渡河,拔黎陽、李固、臨河等鎮,[4]至內黃,[5]破魏軍萬餘衆,獲其將周儒等十人。[6]李罕之引并人圍張全義於河陽,[7]從周與丁會、張存敬、牛存節率兵赴援,[8]大破并軍,殺蕃漢二萬人,解河陽之圍,以功表授檢校工部尚書。[9]從朱珍討徐州,[10]拔豐縣,[11]敗時溥於吳康,[12]得其輜重,加檢校刑部尚書。佐龐師古討孫儒於淮南,[13]略地至廬、壽、滁等州,[14]下天長、高郵,[15]破邵伯堰。[16]回軍攻濠州,[17]殺刺史魏勳,[18]得餉船十艘。

[1]文德:唐僖宗李儇年號(888)。

[2]魏博:方鎮名。治所在魏州貴鄉縣(今河北大名縣)。

[3]樂從訓:人名。樂彥禎之子,唐末軍閥。傳見《舊唐書》卷一八一、《新唐書》卷二一〇。

[4]黎陽:縣名。治所在今河南浚縣。 李固:地名。位於今河北魏縣。 臨河:縣名。治所在今河南浚縣東北。

[5]內黃:縣名。治所在今河南內黃縣。

[6]周儒:人名。籍貫不詳。唐末、五代將領。事見本書本卷。
"文德元年"至"獲其將周儒等十人":《輯本舊史》之孔本案語:"《梁祖本紀》作帝遣朱珍領大軍渡河,此《傳》作從周從太祖濟河,與《本紀》異。"見《輯本舊史》卷一《梁太祖紀一》文德元年(888)四月戊辰條,該條引自《宋本冊府》卷一八七《閏位部·勳業門五》。明本《冊府》卷七《帝王部·創業門三》文德二年正月條:"是月,魏博爲汴將葛從周所寇,節度使羅弘信遣使來求援,帝出師以赴之。"《通鑑》卷二五七文德元年三月壬寅條後:"朱全忠裹糧於宋州,將攻秦宗權;會樂從訓來告急,乃移軍屯滑州,遣都押牙李唐賓等將步騎三萬攻蔡州,遣都指揮使朱珍等分兵

救樂從訓。自白馬濟河，下黎陽、臨河、李固三鎮；進至內黃，敗魏軍萬餘人，獲其將周儒等十人。"

[7]李罕之：人名。陳州項城（今河南沈丘縣）人。唐末軍閥，後依附於諸葛爽。傳見《新唐書》卷一八七、本書卷一五、《新五代史》卷四二。　并：州名。治所在今山西太原市。并人指河東李克用軍。　張全義：人名。濮州臨濮（今山東鄄城縣）人。唐末、後梁、後唐將領。傳見本書卷六三、《新五代史》卷四五。　河陽：縣名。治所在今河南孟州市。

[8]丁會：人名。壽春（今安徽壽縣）人。唐末將領。傳見本書卷五九、《新五代史》卷四四。　張存敬：人名。譙郡（治今安徽亳州市）人。唐末、五代將領。傳見本書卷二〇、《新五代史》卷二一。　牛存節：人名。青州博昌（今山東博興縣）人。唐末將領。傳見本書卷二二、《新五代史》卷二二。

[9]以功：《輯本舊史》之影庫本粘籤："以功，原本作'以助'，今據文改正。"明本《冊府》卷三四六《將帥部·佐命門七》、《宋本冊府》卷三八六《將帥部·褒異門一二》作"以功"。　檢校工部尚書：官名。爲散官或加官，以示恩寵，無實際執掌。　"李罕之引并人圍張全義於河陽"至"以功表授檢校工部尚書"：《通鑑》卷二五七文德元年四月壬午條："朱全忠遣其將丁會、葛從周、牛存節將兵數萬救河陽。李存孝令李罕之以步兵攻城，自帥騎兵逆戰於溫，河東軍敗，安休休懼罪，奔蔡州。汴人分兵欲斷太行路，康君立等懼，引兵還。"

[10]徐州：州名。治所在今江蘇徐州市。

[11]豐縣：縣名。治所在今江蘇豐縣。

[12]時溥：人名。徐州彭城（今江蘇徐州市）人。唐末地方割據武裝，平定了黃巢之亂，後割據徐州。傳見《舊唐書》卷一八二、《新唐書》卷一八八。　吳康：地名。位於今江蘇豐縣。

[13]龐師古：人名。曹州南華（今山東菏澤市）人。唐末將領。傳見本書卷二一、《新五代史》卷二一。　孫儒：人名。河南

（今河南洛陽市）人。唐末軍閥。傳見《新唐書》卷一八八。 淮南：今淮河以南、長江以北地區。

[14]廬：州名。治所在今安徽合肥市。 壽：州名。治所在今安徽壽縣。 滁：州名。治所在今安徽滁州市。

[15]天長：縣名。治所在今安徽天長市。 高郵：縣名。治所在今江蘇高郵市。

[16]邵伯堰：地名。位於今江蘇揚州市。

[17]濠州：州名。治所在今安徽鳳陽縣。

[18]魏勳：人名。籍貫不詳。本書僅此一見。

大順元年八月，[1]并帥圍潞州，[2]太祖遣從周率敢死之士，夜銜枚犯圍而入，[3]會王師不利於馬牢川，[4]即棄上黨而歸。[5]其年十二月，與丁會諸將討魏州，連收十邑。[6]明年正月，大破魏軍於永定橋，[7]魏軍五敗，斬首萬餘級。十月，佐丁會攻宿州，[8]從周壅水灌其城，刺史張筠以郡降。[9]從討兗州，破朱瑾之軍於馬溝。[10]景福二年二月，[11]與諸將大破徐、兗之兵於石佛山。[12]八月，與龐師古同攻兗州。[13]

[1]大順：唐昭宗李曄年號（890—891）。

[2]帥：明本《册府》卷三四六《將帥部·佐命門七》作“師”。 潞州：州名。治所在今山西長治市。

[3]銜枚：橫銜枚於口中，以防喧嘩或叫喊。指閉口不言。枚，形如筷子，兩端有帶，可繫於頸上。

[4]馬牢川：地名。位於今山西澤州縣。

[5]上黨：即潞州。治所在今山西長治市。 “大順元年八月”至“即棄上黨而歸”：《通鑑》卷二五八大順元年（890）九月

壬寅、戊申條："九月，壬寅，朱全忠軍于河陽。汴軍之初圍澤州也，呼李罕之曰：'相公每恃河東，輕絕當道；今張相公圍太原，葛僕射入潞府，旬月之間，沙陀無穴自藏，相公何路求生邪！'及李存孝至，選精騎五百，繞汴寨呼曰：'我，沙陀之求穴者也，欲得爾肉以飽士卒；可令肥者出鬬！'汴將鄧季筠，亦驍將也，引兵出戰，存孝生擒之。是夕，李讜、李重胤收衆遁去，存孝、罕之隨而擊之，至馬牢山，大破之，斬獲萬計，追至懷州而還。存孝復引兵攻潞州，葛從周、朱崇節棄潞州而歸。戊申，全忠庭責諸將橈敗之罪，斬李讜、李重胤而還。"

[6]"其年十二月"至"連收十邑"：《通鑑》卷二五八大順元年十二月辛丑條："辛丑，汴將丁會、葛從周擊魏，渡河，取黎陽、臨河、龐師古、霍存下淇門、衛縣，朱全忠自以大軍繼之。"

[7]永定橋：橋名。位於今河南安陽縣。

[8]宿州：州名。治所在今安徽宿州市。

[9]張筠：人名。海州（今江蘇連雲港市海州區）人。唐末軍閥。傳見本書卷九〇、《新五代史》卷四七。

[10]馬溝：地名。今地不詳。

[11]景福：唐昭宗李曄年號（892—893）。

[12]石佛山：山名。即今江蘇徐州市南雲龍山。其東南嶺有大石佛，故名。

[13]八月與龐師古同攻兗州：《通鑑》卷二五九景福二年（893）十二月條："汴將葛從周攻齊州刺史朱威，朱瑄、朱瑾引兵救之。"

乾寧元年三月，[1]軍至新泰縣，[2]朱瑾令都將張約、李胡椒率三千人來拒戰，[3]師古遣從周、張存敬掩襲，生擒張約、李胡椒等都將數十人。二年十月，圍兗州，兗人不出，從周詐揚言并人、鄆人來救，即引軍趨高吳，[4]夜半却潛歸寨。[5]朱瑾果出兵攻外壕，我軍士突出，掩殺千餘人，生擒都將孫漢筠。[6]從周累立戰功，自懷州刺史歷曹、宿二州刺史，[7]累遷檢校左僕射。[8]

[1]乾寧：唐昭宗李曄年號（894—898）。

[2]新泰縣：縣名。治所在今山東新泰市。

[3]張約：人名。籍貫不詳。朱瑾部將。事見本書本卷。　李胡椒：人名。籍貫不詳。朱瑾部將。事見本書本卷。

[4]高吳：地名。即高魚。位於今山東鄆城縣北。

[5]却潛：明本《冊府》卷三四六《將帥部·佐命門七》、《武經總要後集》卷三《權奇門》作“潛却”。

[6]孫漢筠：人名。籍貫不詳。唐末將領。事見本書本卷、卷一。　“二年十月”至“生擒都將孫漢筠”：《輯本舊史》之案語：“《通鑑》：十二月，朱瑄、朱瑾告急於河東，李克用遣大將史儼、李承嗣將數千騎假道於魏以救之。是河東實遣師來援，非從周詐言也。此蓋覘知兗人告急，乘并師尚未至，乃揚言已至，多方以誤之耳。又《本紀》作十二月，此作十月，辨正見《本紀》。”見《通鑑》卷二六〇乾寧二年（895）十二月戊戌條。《通鑑》卷二六〇乾寧二年十月癸卯條：“朱全忠遣都將葛從周擊兗州，自以大軍繼之。癸卯，圍兗州。”同年十二月戊戌條：“朱全忠之去兗州也，留葛從周將兵守之，朱瑾閉城不復出。從周將還，乃揚言‘天平、河東救兵至，引兵西北邀之’，夜半，潛歸故寨。瑾以從周精兵悉出，果出兵攻寨。從周突出奮擊，殺千餘人，擒其都將孫漢筠而還。”

[7]懷州：州名。治所在今河南沁陽市。

[8]左：《宋本冊府》卷三八六《將帥部·褒異門一二》作“右”。

三年五月，[1]并帥以大軍侵魏，遣其子落落率二千

騎屯洹水，[2]從周以馬步二千人擊之，殺戮殆盡，[3]擒落
落於陣，并帥號泣而去。遂自洹水與龐師古渡河擊
鄆。[4]四年正月，下之。[5]從周乘勝伐兖，會朱瑾出師在
徐境，[6]其將康懷英以城降，[7]以功授兖州留後、檢校司
空。[8]復領兵萬餘人渡淮討楊行密，[9]至濠州，聞龐師古
清口之敗，[10]遽班師。[11]

[1]三年五月：《通鑑》卷二六〇繫於乾寧三年（896）六
月條。

[2]落落：人名。即李落落。李克用之子。時爲鐵林軍使，將
鐵林小兒三千騎薄於洹水，與葛從周部作戰失敗，爲葛從周部將張
歸霸所擒，朱溫命將落落送於羅弘信斬之。事見《舊唐書》卷一八
一、本書卷二六、《新五代史》卷二二。　洹水：縣名。治所在今
河北魏縣。因境有洹水，故名。《輯本舊史》之影庫本粘籤："洹
水，原本作'湻水'，今據《歐陽史》改正。"見《新五代史》卷
二一《葛從周傳》。《宋本冊府》卷一八七《閏位部·勳業門五》
乾寧三年五月條、明本《冊府》卷三四六《將帥部·佐命門七》、
《通鑑》卷二六〇乾寧三年六月條亦作"洹水"。

[3]殺戮殆盡：《宋本冊府》卷三八六《將帥部·褒異門一二》
同，明本《冊府》卷三四六作"殺戮大盡"。

[4]遂自洹水與龐師古渡河擊鄆：《通鑑》卷二六〇乾寧三年
十月丙子條後："李克用自將攻魏州，敗魏兵於白龍潭，追至觀音
門。朱全忠復遣葛從周救之，屯于洹水，全忠以大軍繼之，克用乃
還。"同年十一月條："朱全忠還大梁，復遣葛從周東會龐師古，攻
鄆州。"

[5]四年正月下之：《通鑑》卷二六一乾寧四年正月辛卯等條：
"龐師古、葛從周併兵攻鄆州，朱瑄兵少食盡，不復出戰，但引水
爲深壕以自固。辛卯，師古等營於水西南，命爲浮梁。癸巳，潛決

濠水。丙申，浮梁成，師古夜以中軍先濟。瑄聞之，棄城奔中都，葛從周逐之，野人執瑄及妻子以獻。”

[6]會：明本《册府》卷三四六作“州”。

[7]康懷英：人名。兗州（今山東濟寧市兗州區）人。唐末、五代將領。本名懷貞，避後梁末帝朱友貞諱改懷英。傳見本書卷二三、《新五代史》卷二二。

[8]留後：官名。唐、五代節度使多以子弟或親信爲留後，以代行節度使職務，亦有軍士、叛將自立爲留後者。掌一州或數州軍政。　“從周乘勝伐兗”至“以功授兗州留後檢校司空”：《通鑑》卷二六一乾寧四年二月戊申條：“朱瑾留大將康懷貞守兗州，與河東將史儼、李承嗣掠徐州之境以給軍食。全忠聞之，遣葛從周將兵襲兗州。懷貞聞鄆州已失守，汴兵奄至，遂降。二月，戊申，從周入兗州，獲瑾妻子。”同年三月丙子條：“朱全忠表曹州刺史葛從周爲泰寧留後。”

[9]楊行密：人名。廬州合淝（今安徽合肥市）人。唐末軍閥，後追爲五代十國時期吳國太祖。傳見《新唐書》卷一八八、本書卷一三四、《新五代史》卷六一。

[10]清口：地名。原爲泗水入淮之口，位於今江蘇淮安市淮陰區。

[11]“復領兵萬餘人渡淮討楊行密”至“遽班師”：亦見明本《册府》卷三四六。《輯本舊史》之案語：“《九國志·侯瓚傳》云：破葛從周於壽陽，沉其卒萬餘人於淠河。與《薛史》異。《歐陽史》兼採《九國志》。”見《九國志》卷一《侯瓚傳》、《新五代史》卷二一《葛從周傳》。《通鑑》卷二六一乾寧四年九月辛巳條後：“朱全忠既得兗、鄆，甲兵益盛，乃大舉擊楊行密，遣龐師古以徐、宿、宋、滑之兵七萬壁清口，將趨揚州，葛從周以兗、鄆、曹、濮之兵壁安豐，將趨壽州，全忠自將屯宿州；淮南震恐。”同年十一月癸酉條：“楊行密與朱瑾將兵三萬拒汴軍於楚州，别將張訓自漣水引兵會之，行密以爲前鋒。龐師古營於清口，或曰：‘營

地汙下，不可久處。'不聽。師古恃衆輕敵，居常弈棋。朱瑾壅淮上流，欲灌之；或以告師古，師古以爲惑衆，斬之。十一月，癸酉，瑾與淮南將侯瓚將五千騎潛渡淮，用汴人旗幟，自北來趣其中軍，張訓踰柵而入；士卒蒼黃拒戰，淮水大至，汴軍駭亂。行密引大軍濟淮，與瑾等夾攻之，汴軍大敗，斬師古及將士首萬餘級，餘衆皆潰。葛從周營於壽州西北，壽州團練使朱延壽擊破之，退屯濠州，聞師古敗，奔還。行密、瑾、延壽乘勝追之，及於渒水。從周半濟，淮南兵擊之，殺溺殆盡，從周走免。過後都指揮使牛存節棄馬步鬭，諸軍稍得濟淮，凡四日不食，會大雪，汴卒緣道凍餒死，還者不滿千人；全忠聞敗，亦奔還。行密遺全忠書曰：'龐師古、葛從周，非敵也，公宜自來淮上決戰。'"

　　光化元年四月，[1]率師經略山東，[2]時并帥以大軍屯邢、洺，[3]從周至鉅鹿，[4]與并軍遇，[5]大破之，并帥遁走。我軍追襲至青山口，[6]數日之內，邢、洺、磁三州連下，[7]斬首二萬級，獲將吏一百五十人，即以從周兼領邢州留後。[8]十月，復破并軍五千騎於張公橋。[9]晋將李嗣昭急攻邢州，[10]陣於城門外，[11]從周大破之，擒蕃將賈金鐵、慕容騰等百餘人。[12]

　　[1]光化：唐昭宗李曄年號（898—901）。
　　[2]山東：太行山以東。昭義軍所管五州，澤、潞二州在太行山以西，邢、洺、磁三州在太行山以東。
　　[3]邢：州名。治所在今河北邢臺市。　洺：州名。治所在今河北邯鄲市永年區。
　　[4]鉅鹿：縣名。治所在今河北巨鹿縣。
　　[5]與并軍遇：明本《册府》卷三四六作"與并軍相遇"。

[6]青山口：地名。位於今河北邢臺市西南。

[7]磁：州名。治所在今河北磁縣。

[8]"光化元年四月"至"即以從周兼領邢州留後"：明本《册府》卷七《帝王部·創業門三》光化元年（898）四月條："四月，汴將葛從周寇邢、洺、磁等州，旬日之内，三州連陷。"《宋本册府》卷一八七《閏位部·勳業門五》光化元年正月條："帝遣葛從周統諸將略地於山東，遂次于邢、洺。"同書卷四一四《將帥部·赴援門》："光化元年正月，淮南楊行密舉全吳之師寇徐州。"《通鑑》卷二六一光化元年四月丁卯、戊辰條："丁卯，朱全忠遣葛從周分兵攻洺州，戊辰，拔之，斬刺史邢善益。"同年五月辛未條："葛從周攻邢州，刺史馬師素棄城走。辛未，磁州刺史袁奉滔自到。全忠以從周爲昭義留後，守邢、洺、磁三州而還。"

[9]張公橋：地名。位於今河北邢臺市西北。

[10]李嗣昭：人名。汾州（今山西汾陽市）人。唐末、五代李克用義子、部將。傳見本書卷五二、《新五代史》卷三六。

[11]陣於城門外：明本《册府》卷三四六無"門"字。

[12]賁金鐵：人名。籍貫不詳。五代李克用部將。事見本書本卷。 慕容騰：人名。籍貫不詳。五代李克用部將。事見本書本卷。 等百餘人：中華書局本有校勘記："'等'字原闕，據《册府》卷三四六補。"見明本《册府》卷三四六。 "十月"至"擒蕃將賁金鐵慕容騰等百餘人"：《通鑑》卷二六一光化元年十月壬寅條："李克用遣其將李嗣昭、周德威將步騎二萬出青山，將復山東三州。壬寅，進攻邢州；葛從周出戰，大破之。嗣昭等引兵退入青山，從周追之，將扼其歸路；步兵自潰，嗣昭不能制。會橫衝都將李嗣源以所部兵至，謂嗣昭曰：'吾輩亦去，則勢不可支矣，我試爲公擊之。'嗣昭曰：'善！我請從公後。'嗣源乃解鞍屬鏃，乘高布陳，左右指畫，邢人莫之測。嗣源直前奮擊，嗣昭繼之，從周乃退。"

二年春，幽州劉仁恭率軍十萬寇魏州，[1]屠貝郡。[2]從周自邢臺馳入魏州，燕軍突上水關，[3]攻館陶門。[4]從周與賀德倫率五百騎出戰，[5]謂門者曰：“前有敵，[6]不可返顧！”命闔其門。[7]從周等極力死戰，大敗燕人，擒都將薛突厥、王郇郎等。[8]翊日，破其八寨，追擊至臨清，[9]劉仁恭走滄州，[10]從周授宣義軍行軍司馬。[11]五月，并人討李罕之於潞州，太祖以丁會代罕之，令從周馳入上黨。七月，并人陷澤州，太祖召從周，令賀德倫守潞州，德倫等尋棄城而歸。三年四月，領軍討滄州，先攻德州，下之。[12]及進攻浮陽，[13]幽州劉仁恭大舉來援。時都監蔣玄暉謂諸將曰：[14]“吾王命我護軍，志在攻取，[15]今燕帥來赴，不可外戰，當縱其入壁，聚食困廩，力屈糧盡，必可取也。”[16]從周對曰：“兵在機，機在上將，非督護所言也。”乃令張存敬、氏叔琮守其寨。[17]從周逆戰於乾寧軍老鴉堤，[18]大破燕軍，斬首三萬，獲將佐馬慎交已下百餘人，[19]奪馬三千匹。[20]八月，并人攻邢、洺，從太祖破之。[21]從周追襲至青山口，斬首五千級，[22]獲其將王郇郎、楊師悅等，[23]得馬千匹，表授檢校太保兼徐州兩使留後，尋爲兗州節度使。[24]

[1]幽州：州名。治所在今北京市。　劉仁恭：人名。深州樂壽（今河北獻縣）人。唐末方鎮將領、軍閥，割據幽州，受封燕王。傳見《新唐書》卷二一二。

[2]貝郡：即貝州。州名。治所在今河北清河縣。《宋本册府》卷三九六《將帥部·勇敢門三》、卷四一四《將帥部·赴援門》同，明本《册府》卷三四六《將帥部·佐命門七》作“其郡”。

《新五代史》卷二一《葛從周傳》、《通鑑》卷二六一光化二年（899）正月丁未條後載仁恭屠貝州。

[3]上水關：關隘名。位於今河北大名縣北。

[4]館陶門：門名。魏州城北門。由此門出，可至館陶縣，由此得名。《輯本舊史》之影庫本粘籤："館陶，原本作'館姚'，今據《通鑑》改正。"見《通鑑》卷二六一光化二年三月戊申條。明本《册府》卷三四六，《宋本册府》卷三九六、卷四一四，《新五代史·葛從周傳》亦作"館陶"。

[5]賀德倫：人名。後梁將領。其先係河西部落人，後居滑州（今河南滑縣）。傳見本書卷二一、《新五代史》卷四四。　從周與賀德倫率五百騎出戰：《宋本册府》卷四一四："從周與賀德綸、李暉、馬言騎五六百人出壁外。"

[6]前有敵：《宋本册府》卷四一四、《通鑑》卷二六一光化二年三月戊申條作"前有大敵"，《新五代史·葛從周傳》作"大敵在前"。

[7]命闔其門：《宋本册府》卷三九六同，明本《册府》卷三四六作"令闔其門"，《通鑑》卷二六一光化二年三月戊申條作"命闔其扉"。

[8]薛突厥：人名。籍貫不詳。劉仁恭部將。事見本書本卷。
王郎郎：人名。籍貫不詳。劉仁恭部將。事見本書本卷。

[9]臨清：縣名。治所在今河北臨西縣。

[10]"翊日"至"劉仁恭走滄州"：《宋本册府》卷四一四："翌日，乘勢統諸將張存敬、齊奉國、程暉等連破八寨，襲至臨清，擁其師于御河，溺死甚衆，恭走滄州。"

[11]宣義軍：方鎮名。治所在滑州（今河南滑縣）。　行軍司馬：官名。出征將領及節度使的屬官。掌軍籍符伍、號令印信，是藩鎮重要的軍政官員。　從周授宣義軍行軍司馬：明本《册府》卷三四六、《宋本册府》卷三八六《將帥部·褒異門一二》云從周授宣義軍司馬。

[12]“三年四月”至“下之”：《通鑑》卷二六二光化三年五月庚寅條：“朱全忠遣葛從周帥兗、鄆、滑、魏四鎮兵十萬擊劉仁恭，五月，庚寅，拔德州，斬刺史傅公和。”

[13]浮陽：地名。位於今河北滄縣。中華書局本有校勘記：“原作‘孚陽’，據殿本、劉本、彭校、《册府》卷三四六改。”見明本《册府》卷三四六。

[14]都監：官名。唐代中葉命將出征，常以宦官爲監軍、都監。後爲臨時委任的統兵官，稱都監、兵馬都監。掌屯戍、邊防、訓練之政令。　蔣玄暉：人名。籍貫不詳。唐末大臣。傳見《新唐書》卷二二三下。

[15]志在攻取：明本《册府》卷三四六作“志存攻取”。

[16]必可取也：明本《册府》卷三四六無“必”字。

[17]氏叔琮：人名。河南尉氏（今河南尉氏縣）人。唐末將領。傳見本書卷一九、《新五代史》卷四三。

[18]乾寧軍：方鎮名。治所在今河北青縣。　老鴉堤：地名。位於今河北青縣東南。

[19]馬慎交：人名。籍貫不詳。唐末將領。事見本書本卷、卷二、卷八、卷二〇。

[20]“及進攻浮陽”至“奪馬三千匹”：《通鑑》卷二六二光化三年七月條：“劉仁恭將幽州兵五萬救滄州，營於乾寧軍，葛從周留張存敬、氏叔琮守滄州寨，自將精兵逆戰於老鴉堤，大破仁恭，斬首三萬級，仁恭走保瓦橋。秋，七月，李克用復遣都指揮使李嗣昭將兵五萬攻邢、洺以救仁恭，敗汴軍於内丘。王鎔遣使和解幽、汴，會久雨，朱全忠召從周還。”

[21]“八月”至“從太祖破之”：《通鑑》卷二六二光化三年八月乙丑條：“八月，李嗣昭又敗汴軍于沙門河，進攻洺州。乙丑，朱全忠引兵救之，未至，嗣昭拔洺州，擒刺史朱紹宗。全忠命葛從周將兵擊嗣昭。”

[22]斬首五千級：《舊五代史考異》：“案：《玉堂閒話》云：

葛公威名著于敵中，河北諺云：‘山東一條葛，無事莫撩撥。’云。”見《玉堂閒話》卷二葛周條。

　　[23]王郜郎：人名。籍貫不詳。劉仁恭部將。事見本書本卷。楊師悦：人名。籍貫不詳。劉仁恭部將。事見本書本卷。

　　[24]節度使：官名。唐時在重要地區所設掌握一州或數州軍、民、財政的長官。　“從周追襲至青山口”至“尋爲兗州節度使”：《通鑑》卷二六二光化三年九月條：“九月，葛從周自鄲縣渡漳水，營於黃龍鎮；朱全忠自將中軍三萬涉洺水置營。李嗣昭棄城走，從周設伏於青山口，邀擊，大破之。”

　　天復元年三月，[1]與氏叔琮討太原，[2]從周以兗、鄲之衆，自土門路入，[3]與諸軍會於晉陽城下，[4]以糧運不給，班師。[5]頃之，從周染疾，會青州將劉鄩陷兗州，[6]太祖命討之，[7]遂力疾臨戎。三年十一月，鄩舉城降，以功授檢校太傅。[8]太祖以從周抱疾既久，命康懷英代之，授左金吾上將軍，[9]以風恙不任朝謁，[10]改右衛上將軍致仕，養疾偃師縣亳邑鄉之別墅。[11]頃之，授太子太師，[12]依前致仕。末帝即位，[13]制授潞州節度使，[14]令坐食其俸，加開府儀同三司、檢校太師、兼侍中，[15]封陳留郡王，累食邑至七千户，[16]命近臣齎旌節就別墅以賜之。[17]貞明初，卒於家。[18]册贈太尉。[19]《永樂大典》卷二萬一千二百九。[20]

　　[1]天復：唐昭宗李曄年號（901—904）。
　　[2]太原：府名。治所在今山西太原市。
　　[3]土門：關隘名。即井陘關。位於今河北井陘縣北井陘山上。
　　[4]晉陽：縣名。治所在今山西太原市。

[5]"天復元年三月"至"班師"：《通鑑》卷二六二天復元年（901）三月癸卯條云遣葛從周以兗、鄆兵會成德兵入自土門。

[6]劉鄩：人名。密州安丘（今山東安丘市）人。唐末、五代將領。傳見本書卷二三、《新五代史》卷二二。

[7]太祖命討之：《宋本册府》卷三八六《將帥部·褒異門一二》同，明本《册府》卷三四六《將帥部·佐命門七》作"太祖命從周討之"。

[8]"頃之"至"以功授檢校太傅"：明本《册府》卷四五〇《將帥部·失守門》："梁葛從周，仕唐爲兗州節度使。昭宗天復三年，青帥王師範遣將劉鄩陷兗州。初，從周方統州兵在外，青人知其虛來攻，逐之。"《通鑑》繫於卷二六三天復三年正月丙午條，卷二六四天復三年三月戊午條、十月丁丑條。

[9]左金吾上將軍：官名。唐置，掌宫禁宿衞。從二品。

[10]風恙：中醫上指由風邪引起的疾病。

[11]偃師縣：縣名。治所在今河南偃師市。　亳邑：地名。位於今河南偃師市。　別墅：《舊五代史考異》："案：原本作'別堲'，今改正。"　"太祖以從周抱疾既久"至"養疾偃師縣亳邑鄉之別墅"：《舊唐書》卷二〇下《哀帝紀》天祐二年（905）二月壬子條："泰寧軍節度、檢校司空、兗州刺史、御史大夫葛從周檢校司徒、兼右金吾上將軍致仕，從周病風，不任朝謁故也。"《宋本册府》卷八九九《總録部·致政門》："梁葛從周，以前泰寧軍節度使除檢校司徒兼左金吾上將軍致仕。從周病風，不任朝謁故也。"《通鑑》卷二六三天復三年十月丁丑條："葛從周久病，全忠以康懷英爲泰寧節度使代之。"

[12]太子太師：官名。與太子太傅、太子太保統稱太子三師。隋唐以後多作加官或贈官。從一品。

[13]末帝：即後梁末帝朱友貞。朱溫第四子，殺其兄朱友珪而自立。爲李存勖大軍包圍後自殺身死，後梁由是滅亡。紀見本書卷八至卷一〇、《新五代史》卷三。

[14]制授：帝王命令的發佈方式。唐制，封授三品以上官用册，爲册授，五品以上制授，六品以下敕授。册授、制授有相應的禮儀，敕授則宣而授之。

[15]開府儀同三司：官名。魏晋始置，隋唐時爲散官之最高官階。多授功勳重臣。從一品。　檢校太師：官名。爲散官或加官，以示恩寵，無實際執掌。　侍中：官名。秦始置。隋、唐前期爲門下省長官。唐後期多爲大臣加銜，不參與政務，實際職務由門下侍郎執行。正二品。

[16]食邑：即採邑，官員可以收其賦稅自用的封地。

[17]“頃之”至“命近臣齎旌節就别墅以賜之”：亦見《宋本册府》卷三八六，唯“命近臣齎旌節就别墅以賜之”《册府》作“命近臣旌節就别墅賜之”。同書卷一九六《閏位部·封建門》：“末帝以乾化三年二月即位，尋以太子太師致仕。葛從周爲潞州節度使，封陳留郡王。”

[18]貞明：後梁末帝朱友貞年號（915—921）。　貞明初卒於家：亦見《宋本册府》卷三八六。《輯本舊史》卷八《末帝紀上》貞明二年（916）十月條：“前昭義軍節度使、檢校太師、兼侍中、陳留郡王葛從周薨。”《舊五代史考異》：“案：偃師縣有《葛從周神道碑》云：十月三日，歸葬於偃師縣亳邑鄉。碑以貞明二年十一月十二日建。”見《全唐文》卷八三八《贈太尉葛從周神道碑》。

[19]太尉：官名。與司徒、司空並爲三公，唐後期、五代多爲大臣、勳貴加官。正一品。　册贈太尉：《贈太尉葛從周神道碑》載從周有五子，碑有闕文，存名者僅二人：次曰彦勳，金紫光禄大夫、檢校兵部尚書、前守洪州别駕，不□；次曰彦浦，殿前受旨銀青光禄大夫、檢校太子賓客，薨……

[20]《大典》卷二一二〇九“葛”字韻“姓氏（一）”事目。

謝彦章

謝彦章，[1]許州人。幼事葛從周爲養父，[2]從周憐其敏慧，教以兵法，常以千錢於大盤中，布其行陣偏伍之狀，[3]示以出没進退之節，彦章盡得其訣。及壯，事太祖爲騎將。末帝嗣位，用爲兩京馬軍都軍使，[4]累與晋軍接戰有功，尋領河陽節度使。[5]及從周卒，[6]臨喪行服，躬預葬事，時人義之。彦章後爲許州節度使、檢校太傅。[7]貞明四年冬，滑州節度使賀瓌爲北面招討使，[8]彦章爲排陣使，[9]同領大軍，駐於行臺寨，與晋人對壘。彦章時領騎軍與之挑戰，晋人或望我軍行陣整肅，則相謂曰："必兩京太傅在此也。"[10]不敢以名呼，其爲敵人所憚如此。

[1]謝彦章：中華書局本有校勘記："《册府》（宋本）卷一六六、《通鑑》卷二七〇同，《册府》（明本）卷一六六、《太平廣記》卷三五四引《玉堂閑話》作'謝彦璋'。《謝彦璋墓誌》（拓片刊《隋唐五代墓誌匯編·洛陽卷》第十五册）：'公諱彦璋。'本書各處同。"見《宋本册府》卷一六六《帝王部·招懷門四》。

[2]幼事葛從周爲養父：中華書局本有校勘記："'葛'字原闕，據《册府》卷三九一、卷八〇四補。據史例當有'葛'字。"見明本《册府》卷三九一《將帥部·習兵法門》、《宋本册府》卷八〇四《總録部·義門四》。

[3]偏伍：春秋戰國車戰編制單位。二十五乘爲偏，步兵五人爲伍。後泛指軍隊編制。

[4]兩京：時以開封府爲東京、河南府爲西京，合稱兩京，分別指今河南開封市和洛陽市。 馬軍都軍使：官名。所部統兵將

領，位次於都指揮使。

[5]尋領河陽節度使：明本《册府》卷二一七《閏位部·交侵門》：貞明二年（916），"二月，命許州節度使王檀、河陽節度使謝彥章、鄭州防禦使王彥章率師自陰地關抵晉陽，急攻其壘，不克而旋"。

[6]及從周卒：《輯本舊史》卷八《梁末帝紀下》繫於貞明二年十月條。

[7]彥章後爲許州節度使檢校太傅：《輯本舊史》卷九《梁末帝紀中》貞明四年二月甲子條："二月，遣將謝彥章帥衆數萬迫楊劉城。甲子，晉王來援楊劉城，彥章之軍不利而退。"同書卷二八《唐莊宗紀二》天祐十五年（918）二月條："二月，梁將謝彥章帥衆數萬來迫楊劉，築壘以自固，又決河水，瀰漫數里，以限帝軍。"《新五代史》卷五《唐莊宗紀下》：天祐十四年，"冬，梁謝彥章軍于楊劉。十二月，攻楊劉，王自負芻以堙塹，遂破之"。天祐十五年正月條："十五年正月，梁、晉相距于楊劉，彥章決河水以隔晉軍。"《通鑑》卷二七〇貞明四年二月甲子條："河陽節度使、北面行營排陳使謝彥章將兵數萬攻楊劉城。甲子，晉王自魏州輕騎詣河上；彥章築壘自固，決河水，瀰浸數里，以限晉兵，晉兵不得進。"《輯本舊史·梁末帝紀中》貞明四年六月條："庚申，以河陽節度、充北面行營排陣、兩京馬軍都軍節度等使、光禄大夫、檢校太保謝彥章爲匡國軍節度、陳許蔡等州觀察處置等使。"同書《唐莊宗紀二》天祐十五年六月條："壬戌，帝自魏州復至楊劉。甲子，率諸軍涉水而進，梁人臨水拒戰，帝軍小却。俄而鼓譟復進，梁軍漸退，因乘勢而擊之，交鬭於中流，梁軍大敗，殺傷甚衆，河水如絳，謝彥章僅得免去。"《新五代史·唐莊宗紀下》：天祐十五年，"六月，渡水擊彥章，破其四寨"。《通鑑》卷二七〇貞明四年六月壬戌、甲子條："晉王自魏州勞軍於楊劉，自泛舟測河水，其深没槍。王謂諸將曰：'梁軍非有戰意，但欲阻水以老我師，當涉水攻之。'甲子，王引親軍先涉，諸軍隨之，褰甲橫槍，結陳而進。是

日水落，深纔及膝。匡國節度使、北面行營排陳使謝彥章帥衆臨岸拒之，晉兵不得進，乃稍引卻，梁兵從之。及中流，鼓譟復進，彥章不能支，稍退登岸；晉兵因而乘之，梁兵大敗，死傷不可勝紀，河水爲之赤，彥章僅以身免。是日，晉人遂陷濱河四寨。”《輯本舊史·唐莊宗紀二》天祐十五年八月條：“帝自魏州率師次於楊劉，略地至鄆、濮而還，遂營於麻家渡，諸鎮列營十數。梁將賀瓌、謝彥章以軍屯濮州行臺村，結壘相持百餘日。帝嘗以數百騎摩壘求戰，謝彥章帥精兵五千伏於堤下，帝以十餘騎登堤，伏兵發，圍帝十數重。俄而帝之騎軍繼至，攻於圍外，帝於圍中躍馬奮擊，決圍而出。李存審兵至，梁軍方退。”亦見《宋本冊府》卷四四《帝王部·神武門》、明本《冊府》卷二一七《閏位部·交侵門》、《通鑑》卷二七〇貞明四年八月乙丑條後。

[8]賀瓌：人名。濮陽（今河南濮陽市）人。後梁將領。傳見本書卷二三、《新五代史》卷二三。《輯本舊史》之影庫本粘籤：“賀瓌，原本作‘賀懷’，今據《歐陽史》改正。”見《新五代史》卷二三《謝彥章傳》。 招討使：官名。唐始置。戰時任命，兵罷則省。常以大臣、將帥或地方軍政長官兼任。掌招撫討伐等事務。

[9]排陣使：官名。唐節度使所屬武官中有排陣使，五代後梁以後設於諸軍，爲先鋒之職。參見王軼英《中國古代排陣使述論》，《西北大學學報》2010年第6期。

[10]必兩京太傅在此也：《舊五代史考異》：“案：原本作‘西京’，今據《通鑑》改正。”《通鑑》未見此説。

是時，咸謂賀瓌能將步軍，彥章能領騎士，既名聲相軋，故瓌衷心忌之。[1]一日，與瓌同設伏於郊外，瓌指一方地謂彥章曰：“此地岡阜隆起，中央坦夷，好列柵之所。”尋而晉人舍之，故瓌疑彥章與晉人通。又瓌欲速戰，彥章欲持重以老敵人，瓌益疑之。會爲行營馬

步都虞候朱珪所誣，[2] 瓌遂與珪協謀，因享士伏甲以殺
彥章及濮州刺史孟審澄、別將侯溫裕等於軍，[3] 以謀叛
聞。[4] 晉王聞之喜曰："彼將帥如是，亡無日矣。"

[1] 故瓌衷心忌之："衷"字原闕，據明本《册府》卷四四〇
《將帥部·忌害門》、《宋本册府》卷四五六《將帥部·不和
門》補。

[2] 馬步都虞候：官名。五代侍衛親軍馬步軍統兵官，僅次於
馬步軍都指揮使、副都指揮使。　朱珪：人名。籍貫不詳。五代後
梁將領，時爲後梁檢校太傅、匡國軍節度觀察留後、行營諸軍馬步
都虞候。傳見本書附錄。

[3] 濮州：州名。治所在今山東鄄城縣。　孟審澄：人名。籍
貫不詳。後梁將領。事見本書本卷、卷九、卷二三。　別將：官
名。一般也作偏將代稱。唐軍設有別將一職，各折衝府亦設別將。
侯溫裕：人名。籍貫不詳。後梁將領。事見本書本卷、卷九、卷
二三。

[4] "一日"至"以謀叛聞"：《輯本舊史》卷九《梁末帝紀
中》貞明四年十二月庚子、丁未條："十二月庚子朔，晉王領軍迫
行臺寨，距寨十里結營而止。北面招討使賀瓌殺許州節度使謝彥
章、濮州刺史孟審澄、別將侯溫裕等於軍，以謀叛聞，爲行營馬步
都虞候朱珪搆之也。晉王聞之，喜曰：'彼將帥不和，亡無日矣。'
丁未，以行營諸軍馬步都虞候、光禄大夫、檢校太保、曹州刺史朱
珪爲檢校太傅，充匡國軍節度觀察留後，依前行營諸軍馬步都虞
候。"賀瓌殺彥章，《輯本舊史》卷二八《唐莊宗紀二》、《新五代
史》卷三《梁末帝紀》亦繫於十二月庚子條。《通鑑》卷二七〇貞
明四年十二月條："初，北面行營招討使賀瓌善將步兵，排陳使謝
彥章善將騎兵，瓌惡其與己齊名。一日，瓌與彥章治兵於野，瓌指
一高地曰：'此可以立柵。'至是，晉軍適置柵於其上，瓌疑彥章與

晋通謀。瓌屢欲戰，謂彦章曰：‘主上悉以國兵授吾二人，社稷是
賴。今强寇壓吾門，而逗遛不戰，可乎！’彦章曰：‘强寇憑陵，利
在速戰。今深溝高壘，據其津要，彼安敢深入！若輕與之戰，萬一
蹉跌，則大事去矣。’瓌益疑之，密譖之於帝，與行營馬步都虞候
曹州刺史朱珪謀，因享士，伏甲，殺彦章及濮州刺史孟審澄、别將
侯温裕，以謀叛聞。”

審澄、温裕亦善將騎軍，然所領不過三千騎，多而
益辦，唯彦章有焉。將略之外，好優禮儒士。與晋人對
壘於河上，恒褒衣博帶，動皆由禮，或臨敵御衆，則肅
然有上將之威。每敦陣整旅，左旋右抽，雖風馳雨驟，
亦無以喻其迅捷也，故當時騎士咸樂爲用。及其遇害，
人皆惜之。《永樂大典》卷一萬八千一百二十六。[1]

[1]《大典》卷一八一二六“將”字韻“五代後梁將（一）”
事目。

胡真

胡真，[1]江陵人也。[2]體貌洪壯，長七尺，善騎射，
少爲縣吏。及在巢寇中，寇推爲名將，[3]隨巢涉淮、浙，
陷許、洛，入長安。及太祖以衆歸唐，真時爲元從都
將，[4]從至梁苑，[5]表授檢校刑部尚書，頻從破巢、蔡於
陳、鄭間。尋以奇兵襲取滑州，乃署爲滑州節度留後，
復表爲鄭滑節度使、檢校右僕射。[6]數年，徵爲右金吾
衛大將軍，俄拜寧遠軍節度使、容州刺史、[7]檢校太保。

卒，贈太傅。《永樂大典》卷一萬八千一百二十六。[8]

[1]胡真：明本《册府》卷八四六《總録部·善射門》、《舊唐書》卷一九下《僖宗紀》作"胡貞"。

[2]江陵：地名。荆州别稱，治所在今湖北荆州市。

[3]寇推爲名將：明本《册府》卷八四六無"寇"字。

[4]元從：自初始即追隨在側的部屬。 及太祖以衆歸唐真時爲元從都將：《輯本舊史》之案語："《舊唐書》：中和二年，朱温與大將胡真、謝瞳來降。《通鑑》云：温見巢兵勢日蹙，知其將亡，親將胡真、謝瞳勸温歸國。《薛史·謝瞳傳》載瞳説温之辭，《胡真傳》不言其勸温歸國，與《通鑑》異。"見《舊唐書·僖宗紀》、《通鑑》卷二五五、《輯本舊史》卷二〇《謝瞳傳》。朱温之降，《舊唐書·僖宗紀》繫於中和二年（882）八月庚子條；《宋本册府》卷一八七《閏位部·勳業門五》繫於九月，未書日；《新唐書》卷九《僖宗紀》、《通鑑》卷二五五均繫於九月丙戌。當以九月爲是。

[5]梁苑：地名。開封别稱。

[6]鄭滑：方鎮名。即義成軍。治所在滑州（今河南滑縣）。

"從至梁苑"至"檢校右僕射"：《輯本舊史》卷二二《王檀傳》："光啓二年，（王檀）從胡真擊淮西之衆，解河陽之圍。……胡真至陝州，開通貢路，遣檀攻玉山寨，降賊帥石令殷。"同書卷一九《李重胤傳》：重胤"爲先鋒步軍都頭，與胡真援河陽，逼懷州"。亦見《宋本册府》卷三六〇《將帥部·立功門一三》。朱全忠陷滑州，《舊唐書·僖宗紀》《新唐書·僖宗紀》，俱作光啓二年（886）十月；《宋本册府》卷一八七、《通鑑》卷二五六，俱作十一月。《宋本册府》卷三六〇，同《輯本舊史》卷一六《胡真傳》，作胡真"尋以奇兵襲取滑州，乃署爲滑州節度留後"。《宋本册府》卷一八七、《新五代史》卷一《梁太祖紀》、《通鑑》卷二五六，則俱以取滑州者爲朱珍、李唐賓。《舊唐書·僖宗紀》："（全忠）以兵攻滑……朝廷以汴帥全忠兼領義成軍節度使。"《新五代史》卷一《梁太祖紀上》：光啓二年，"（全忠）遣朱珍、李唐賓陷滑州，以胡真爲留後"。《通鑑》卷二五六光啓二年十一月丙戌條後："朱全忠先遣其將朱珍、李唐賓襲滑州，入境，遇大雪，珍等一夕馳至壁下，百梯並升，遂克之，虜師儒以歸。全忠以牙將江陵胡真知義成留後。"《通鑑考異》曰："《實録》：'告於行在，命全忠兼領義成節度使。'按大順元年始以全忠兼宣義節度使，全忠猶辭，以授胡真，此際未也。《實録》誤。"《通鑑》卷二五八大順元年（890）六月辛未條："更命義成軍曰宣義；辛未，以朱全忠爲宣武、宣義節度使。全忠以方有事徐、楊，徵兵遣戍，殊爲遼闊，乃辭宣義，請以胡真爲節度使，從之；然兵賦出入，皆制於全忠，一如巡屬。及胡真入爲統軍，竟以全忠爲兩鎮節度使，罷淮南不領焉。"

[7]寧遠軍：方鎮名。治所在容州（今廣西北流市）。 容州：州名。治所在今廣西北流市。

[8]《大典》卷一八一二六"將"字韻"五代後梁將（一）"事目。

張歸霸

張歸霸，字正臣，清河人。[1]祖進言，陽穀令。[2]父實，亦有宦緒。少倜儻，好兵術。唐乾符中，[3]寇盜蜂起，歸霸率昆弟三人棄家投黃巢，頗以勇略聞。巢陷長安，遂署爲左番功臣。[4]中和中，巢領徒走宛丘。[5]時太祖在汴，奉詔南討，巢黨日窘，[6]歸霸昆仲與葛從周、李讜等相率來降，[7]尋補宣武軍劇職。[8]

[1]清河人：《通鑑》卷二五五中和四年（884）五月戊辰條謂"冤句張歸霸"。

[2]陽穀：縣名。治所在今山東陽穀縣東北。

[3]乾符：唐僖宗李儇年號（874—879）。

[4]番：明本《册府》卷三四六《將帥部·佐命門七》作"蕃"。

[5]宛丘：縣名。治所在今河南淮陽縣。

[6]巢黨日窘：明本《册府》卷三四六作"巢黨日尅"。

[7]李讜：人名。河中臨晋（今山西臨猗縣）人。後梁將領。傳見本書卷一九。　"中和中"至"歸霸昆仲與葛從周李讜等相率來降"：亦見明本《册府》卷三四六。《舊唐書》卷一九下《僖宗紀》中和四年五月戊辰條："別將楊能、李讜、霍存、葛從周、張歸霸等降朱全忠。"同書卷二〇〇下《黄巢傳》載中和四年五月，"李讜、楊能、霍存、葛從周、張歸厚、張歸霸各率部下降于大梁"；《新唐書》卷二二五下《黄巢傳》亦繫張歸霸等於中和四年五月降全忠。《輯本舊史》卷一六《葛從周傳》："唐中和四年三月，太祖大破巢軍於王滿渡，從周與霍存、張歸霸昆弟相率來降。"《宋本册府》卷一八七《閏位部·勳業門五》中和四年："四月丁巳，收西華寨，賊將黄鄴單騎奔陳。……是時，河東節度使李克用奉僖宗詔，統騎軍數千同謀破賊，與帝合勢於中牟北邀擊之，賊衆大敗於王滿渡，多束手來降。時賊將霍存、葛從周、張歸厚、張歸霸皆匍匐於馬前，悉宥而納之，遂逐殘寇，東至於冤句。"《通鑑》卷二五五中和四年五月戊辰條："戊辰，追及黄巢於中牟北王滿渡，乘其半濟，奮擊，大破之，殺萬餘人，賊遂潰。尚讓帥其衆降時溥，別將臨晋李讜、曲周霍存、甄城葛從周、冤句張歸霸及弟歸厚帥其衆降朱全忠。"

[8]宣武軍：方鎮名。治所在汴州（今河南開封市）。

光啓二年，[1]與蔡將張存戰于盧氏。[2]三年夏，又與蔡將盧瑭戰於雙丘，[3]復與秦宗賢戰于萬勝，[4]皆敗而殲之。翌日，[5]秦宗權遣將張晊來寇，[6]列寨于赤堈。[7]一日，出騎將較勝，歸霸爲飛戈所中，[8]即拔馬却逸，控弦一發，賊洞頸而墜，遂兼騎而還。太祖時於高丘下瞰，備見其狀，面加賞激，厚以金帛及所獲馬錫之。[9]又嘗被命以控弦之士五百人伏於壕內，太祖統數百騎稍逼其寨，蔡人果以銳士摩疊來追，[10]歸霸發伏兵，掩殺千餘人，奪馬數十匹，尋奏授檢校左散騎常侍。其後從太祖伐鄆，副李唐賓渡淮，[11]咸著奇績。

[1]光啓：唐僖宗李儇年號（885—888）。

[2]張存：人名。籍貫不詳。秦宗權部將。事見本書本卷。盧氏：縣名。治所在今河南盧氏縣。

[3]盧瑭：《輯本舊史》卷一六《葛從周傳》、卷二一《霍存傳》，《新五代史》卷一《梁太祖紀上》中和三年（883）春條、卷二一《朱珍傳》，《新唐書》卷二二五下《秦宗權傳》，《通鑑》卷二五六中和四年是歲條後、卷二五七光啓三年（887）四月庚午條後同。《宋本冊府》卷一八七《閏位部·勳業門五》、明本《冊府》卷三四六《將帥部·佐命門七》、《舊唐書》卷二〇〇下《秦宗權傳》作“盧塘”。　雙丘：地名。今地不詳。　又與蔡將盧瑭戰於雙丘：《宋本冊府》卷一八七繫其歿於光啓三年四月：“庚午，賊將盧塘領萬餘人於圃田北萬勝戍夾汴水爲營，跨河爲梁，以扼運路。帝擇精銳以襲之。是日，昏霧四合，兵及賊壘方覺，遂突入掩殺，赴水死者甚衆，盧塘自投于河。”

[4]秦宗賢：人名。籍貫不詳。唐末將領。事見本書本卷、卷二〇、卷二一。　萬勝：地名。位於今河南中牟縣北二十四里萬

勝村。

　　[5]翌日：《宋本册府》卷三九六作“翌月”，明本則作“翼日”。

　　[6]秦宗權：人名。河南郡許州（今河南許昌市）人。唐末軍閥。傳見《舊唐書》卷二〇〇下、《新唐書》卷二二五下。　張晊：人名。籍貫不詳。秦宗權部將。事見本書本卷、卷一、卷二一。　翌日秦宗權遣將張晊來寇：中華書局本有校勘記：“‘秦’字原闕，據《册府》卷三四六、卷三九六補。據史例當有‘秦’字。‘張晊’，殿本、孔本、《册府》卷三四六、卷三八六、卷三九六作‘張郅’。”見明本《册府》卷三四六，《宋本册府》卷三八六《將帥部·襃異門一二》、卷三九六《將帥部·勇敢門三》。《宋本册府》卷三八六繫其事於光啓二年。

　　[7]赤堈：《新五代史》卷二二《張歸霸傳》作“赤岡”。

　　[8]歸霸爲飛戈所中：《輯本舊史》之案語：“飛戈，《歐陽史》作飛矢。”見《新五代史·張歸霸傳》，《宋本册府》卷三九六作“飛戈”。中華書局本有校勘記：“‘戈’，《册府》卷三四六作‘弋’。《新五代史》卷二二《張歸霸傳》敘其事作‘矢中歸霸’。”

　　[9]厚以金帛及所獲馬錫之：“厚”《宋本册府》卷三九六作“賞”。

　　[10]摩壘：《宋本册府》卷三九六同，明本《册府》卷三四六則作“麾壘”。

　　[11]李唐賓：人名。陝州陝縣（今河南三門峽市陝州區）人。後梁將領。傳見本書卷二一、《新五代史》卷二一。

　　文德初，大軍臨蔡州，賊將蕭顥來斫寨，[1]歸霸與徐懷玉各以所領兵自東、南二扉分出，[2]合勢殺賊，蔡人大敗。及太祖整衆離營，[3]寇塵已息。太祖召至，賞之曰：“昔耿弇不俟光武擊張步，[4]言不以賊遺君父，弇之功，爾其二焉。"大順中，郭紹賓拔曹州，[5]歸霸率兵數千守之。俄而朱瑾統大軍自至，歸霸與丁會逆擊之於金鄉，[6]瑾大敗，[7]擒賊將宗江等七十餘人，[8]曹州以寧。明年，破濮州，生擒刺史邵儒。[9]又佐葛從周與晉軍戰於洹水，生獲克用愛子落落。復與燕人戰於内黄，殺劉仁恭兵三萬餘衆。[10]戎績超特，居諸將之右，累官至檢校左僕射。[11]

[1]蕭顥：人名。籍貫不詳。唐末將領。事見本書本卷。

[2]徐懷玉：人名。亳州焦夷（今安徽亳州市）人。後梁將領。傳見本書卷二一、《新五代史》卷二二。

[3]太祖：明本《册府》卷三四六《將帥部・佐命門七》作"高祖"。

[4]耿弇：人名。扶風茂陵（今陝西興平市）人。東漢光武帝部將。傳見《後漢書》卷一九。　光武：即光武帝劉秀。南陽蔡陽（今湖北棗陽市）人。東漢王朝建立者。紀見《後漢書》卷一。張步：人名。琅邪不其（今山東青島市）人。東漢初年軍閥。傳見《後漢書》卷一二。

[5]郭紹賓：人名。籍貫不詳。唐末將領。事見本書本卷、卷九、卷二一。

[6]金鄉：縣名。治所在今山東金鄉縣。

[7]"大順中"至"瑾大敗"：《通鑑》卷二五八大順二年（891）十二月乙酉條："十二月，乙酉，汴將丁會、張歸霸與朱瑾戰於金鄉，大破之，殺獲殆盡，瑾單騎走免。"

[8]宗江：人名。籍貫不詳。唐末將領。事見本書本卷。中華書局本有校勘記："《册府》卷三四六、卷三八六作'宋江'。"見明本《册府》卷三四六。《宋本册府》卷三八六《將帥部・褒異門一二》張歸霸條未見此説。

[9]邵儒：人名。籍貫不詳。唐末官員。事見本書本卷、卷一。

[10]殺劉仁恭兵三萬餘衆："劉"字原闕，據《宋本册府》卷三八六、《新五代史》卷二二《張歸霸傳》補。

[11]左：《宋本册府》卷三八六作"右"。

光化二年，權知邢州事。[1]明年春，李嗣昭以蕃漢五萬來寇，歸霸堅壁設備，晉軍不敢顧其城，遂移軍攻洺州，[2]陷焉。時太祖在滑，頗慮邢之失守。及葛從周復洺水，[3]嗣昭北遁，歸霸出兵襲之，殺二萬餘衆。捷至，賞錫殊等，旋以功奏加檢校司空。天祐初，遷萊州刺史，[4]秩滿授左衛上將軍，又除曹州刺史。其秋，加檢校司徒，副劉知俊禦邠、鳳之寇，[5]敗之。太祖受禪，拜右龍虎統軍，[6]改左驍衛上將軍，[7]充河陽諸軍都指揮使。[8]明年夏六月，就除河陽節度使、檢校太保，尋加同平章事。[9]二年秋七月，卒於位。[10]詔贈太傅。

[1]光化二年權知邢州事：《通鑑》卷二六一光化二年（899）六月丁卯條："以其將張歸霸守邢州。"

[2]遂移軍攻洺州：《宋本册府》卷三八六《將帥部·褒異門一二》無"軍"字。

[3]洺水：縣名。治所在今河北曲周縣。因縣西近洺河，故名。中華書局本有校勘記："'水'字原闕，據《册府》卷三四六、卷三八六補。"見明本《册府》卷三四六《將帥部·佐命門七》、《宋本册府》卷三八六。

[4]萊州：州名。治所在今山東萊州市。

[5]劉知俊：人名。徐州沛縣（今江蘇沛縣）人。唐末、五代將領。先後隸時溥、朱温、李茂貞、王建。傳見本書卷一三、《新

五代史》卷四四。　邠：州名。治所在今陝西彬縣。　鳳：州名。
治所在今陝西鳳縣。　副劉知俊禦邠鳳之寇：《輯本舊史》之影庫
本粘籤："邠、鳳，原本作'汾鳳'，今據《通鑑》改正。"檢《通
鑑》，未見此説，明本《册府》卷三四六、《宋本册府》卷三八六
則作"邠鳳"。

[6]右龍虎統軍：官名。後梁禁衛部隊右龍虎軍統兵官。

[7]左驍衛上將軍：官名。唐德宗貞元二年（786）初置一員，
爲左驍衛長官，位大將軍上，掌宫禁宿衛。從二品。"驍"，《新五
代史》卷二二《張歸霸傳》同，《宋本册府》卷三八六作"騎"。

[8]都指揮使：官名。唐末、五代軍隊編制，五百人爲一指揮，
設指揮使、副指揮使；十指揮爲一軍，設都指揮使、副都指揮使。

[9]同平章事：官名。"同中書門下平章事"的簡稱。唐高宗
以後，凡實際任宰相之職者，常在其本官後加同平章事的職銜。後
成爲宰相專稱。或爲節度使加銜。後晉天福五年（940），升中書門
下平章事爲正二品。

[10]二年秋七月卒於位：中華書局本有校勘記："《册府》卷三
八六無'二年秋'三字。按本卷上文已敘'太祖受禪'及'明年
夏六月'，此處不當復出二年。另本書卷四《梁太祖紀四》記開平
三年正月張歸霸來朝，則其似卒於開平二年後。"《輯本舊史》卷
四《梁太祖紀四》開平三年（909）正月丙子條，輯自明本《册
府》卷二〇五《閏位部·巡幸門》開平三年正月："丙子，次汜水
縣。河南尹張宗奭、河陽節度使張歸霸並來朝。"《新五代史·張歸
霸傳》："二年，拜河陽節度使，以疾卒。"

　　梁末帝德妃張氏，[1]即歸霸女也。[2]末帝嗣位，以歸
霸子漢鼎、漢傑並爲近職。[3]漢鼎早亡，漢傑貞明中爲
控鶴指揮使，[4]領兵討惠王於陳州，[5]擒之。當貞明、龍
德之際，[6]漢傑昆仲分掌權要，藩鎮除拜多出其門，段

凝因之遂竊兵柄。[7]及莊宗入汴，[8]漢傑與兄漢倫、弟漢融同日族誅於汴橋下。[9]《永樂大典》卷六千三百五十。[10]

[1]德妃張氏：後梁末帝朱友貞之妃，張歸霸之女。傳見本書卷一一、《新五代史》卷一三。

[2]梁末帝德妃張氏，即歸霸女也：《會要》卷一皇后條：“少帝妃張氏，乾化五年九月二十四日册爲德妃，其夕薨。”《輯本舊史》卷八梁《末帝紀上》貞明元年（915）九月壬午條：“壬午，正衙命使册德妃張氏。是夕，妃薨。”明本《册府》卷三〇一《外戚部·封拜門》：“梁張歸霸者，末帝德妃之父也。”《通鑑》卷二六九貞明元年九月壬午條：“初，帝爲均王，娶河陽節度使張歸霸女爲妃，即位，欲立爲后；后以帝未南郊，固辭。九月，壬午，妃疾甚，册爲德妃，是夕，卒。”

[3]漢鼎：人名。即張漢鼎。張歸霸之子。事見本書本卷。漢傑：即張漢傑。張歸霸之子。傳見本書本卷。　末帝嗣位以歸霸子漢鼎漢傑並爲近職：明本《册府》卷三〇一《外戚部·封拜門》：“歸霸子漢傑、漢倫、漢融皆以外戚之故，咸居大任掌大權。”《通鑑》卷二六九貞明元年十月壬子條：“帝由是疏忌宗室，專任趙巖及德妃兄弟漢鼎、漢傑、從兄弟漢倫、漢融，咸居近職。”

[4]控鶴指揮使：官名。所部統兵將領。控鶴爲禁軍番號。

[5]惠王：即朱友能。朱温兄朱全昱之子。傳見本書卷一二、《新五代史》卷一三。　陳州：州名。治所在今河南淮陽縣。

[6]龍德：後梁末帝朱友貞年號（921—923）。

[7]段凝：人名。開封（今河南開封市）人。其妹爲朱温美人，因其妹而爲朱温親信。後梁將領。傳見本書卷七三、《新五代史》卷四五。

[8]莊宗：即後唐莊宗李存勖。923年至926年在位。紀見本書卷二七至卷三四、《新五代史》卷四至卷五。

[9]漢倫：人名。即張漢倫。傳見本書本卷。　漢融：人名。即張漢融。張歸弁之子。傳見本書本卷。　汴橋：橋名。位於今河南開封市。　漢傑與兄漢倫弟漢融同日族誅於汴橋下：《宋本册府》卷九二七《總録部・讒佞門》段凝條：“莊宗以爲滑州兵馬留後。凝上疏奏：‘梁朝掌事權者趙巖等，並助成虐政，結怨於人，聖政惟新，宜誅首惡，以謝天下。’於是張漢傑、張漢融、張漢倫、張希逸、趙毅、朱珪等並族誅，家財籍没。”其事亦見《輯本舊史》卷五九《王瓚傳》。《通鑑》卷二七二繫於同光元年十月丙戌條。

[10]《大典》卷六三五〇“張”字韻“姓氏（二〇）”事目。

漢傑、漢倫、漢融

　　張漢傑，末帝德妃之兄，歸霸之子也。[1]漢倫，漢傑之從兄也。[2]漢融，歸霸弟歸弁之子也。[3]貞明元年，康王友孜作亂，[4]末帝由是疏忌宗室，專任趙巖及德妃兄弟漢鼎、漢傑、從兄弟漢倫、漢融，[5]咸居近職，參預謀議，每出兵必使之監護。巖等依勢弄權，賣官鬻獄，離間舊將相，敬翔、李振雖爲執政，[6]所言多不用。振每稱疾不預事，以避趙、張之族，政事日紊。[7]

　　[1]張漢傑，末帝德妃之兄，歸霸之子也：明本《册府》卷三〇六《外戚部・專恣門》。

　　[2]漢倫，漢傑之從兄也：《通鑑》卷二六九貞明元年（915）十月壬子條、明本《册府》卷三〇六《外戚部・專恣門》。

　　[3]歸弁：人名。即張歸弁。清河（今河北清河縣）人。唐末將領。傳見本書本卷。　漢融歸霸弟歸弁之子也：《輯本舊史》卷

一六《張歸弁傳》。

[4]友孜：人名。即朱友孜。朱溫第八子。傳見本書卷一二、《新五代史》卷一三。“友孜”，《通鑑》及《會要》卷二諸王條作“友敬”，《輯本舊史》卷一二有《康王友孜傳》、《新五代史》卷一三有《康王友孜傳》，今從《輯本舊史》改。

[5]趙巖：人名。陳州宛丘（今河南淮陽縣）人。唐忠武軍節度使趙犨之子。後梁大臣。事見本書卷九、卷一四，《新五代史》卷四二。

[6]敬翔：人名。同州馮翊（今陝西大荔縣）人。後梁大臣。傳見本書卷一八、《新五代史》卷二一。　李振：人名。後梁大臣。祖居西域，祖、父在唐皆官郡守。傳見本書卷一八、《新五代史》卷四三。

[7]“貞明元年”至“政事日紊”：《通鑑》卷二六九貞明元年十月辛亥、壬子條。《輯本舊史》卷一六《張歸霸傳》、明本《冊府》卷三〇六《外戚部·專恣門》：“當貞明、龍德之際，漢傑昆仲分掌權要，藩鎮除拜多出其門，段凝因之遂竊兵柄。”明本《冊府》卷三〇一《外戚部·封拜門》：“梁張歸霸者，末帝德妃之父也。歸霸子漢傑、漢倫、漢融，皆以外戚之故，咸居大任，掌大權。”《新五代史·康王友孜傳》：“康王友孜，目重瞳子，嘗竊自負，以爲當爲天子。貞明元年，末帝德妃薨，將葬，友孜使刺客夜入寢中。末帝方寐，夢人害己，既寤，聞榻上寶劍鏘然有聲，躍起，抽劍曰：‘將有變邪！’乃索寢中，得刺客，手殺之，遂誅友孜。明日，謂趙巖、張漢傑曰：‘幾與卿輩不相見。’由此遂疏弱宗室，而信任趙、張，以至於敗亡。”

龍德元年夏四月，陳州刺史惠王友能反，舉兵趣大梁，詔漢傑與陝州留後霍彥威、宣義節度使王彥章將兵討之。[1]友能至陳留，[2]兵敗，走還陳州，諸軍圍之。[3]

三年，末帝命王彥章將保鑾騎士及他兵合萬人，屯兖、鄆之境，謀復鄆州，以漢傑監其軍。[4]十月，晉主至鄆州，擒彥章、漢傑、曹州刺史李知節、裨將趙廷隱、劉嗣彬等二百餘人，[5]斬首數千級。[6]末帝遣漢倫馳騎追段凝軍，漢倫至滑州，墜馬傷足，復限水不能進。[7]段凝、杜晏球上言：[8]"偽梁要人趙巖、趙鵠、張希逸、張漢倫、張漢傑、張漢融、朱珪等，[9]竊弄威福，殘蠹群生，不可不誅。"[10]詔曰："其張漢傑昨于中都與王彥章同時俘獲，[11]此際未詳行止，偶示哀矜。今既上將陳詞，群情激怒，往日既彰於借濫，此時難漏于網羅，宜置國刑，以塞群論。除妻兒骨肉外，其他疏屬僕使，並從釋放。"是日，趙巖、張希逸、張漢傑、張漢倫、張漢融、朱珪、敬翔、李振及契丹撒剌阿撥等并其妻孥，[12]皆斬於汴橋下。[13]

[1]霍彥威：人名。洺州曲周（今河北曲周縣）人。五代將領。傳見本書卷六四、《新五代史》卷四六。 王彥章：人名。鄆州壽張（今山東梁山縣壽張集）人。後梁將領。傳見本書卷二一、《新五代史》卷三二。

[2]陳留：縣名。治所在今河南開封市陳留鎮。

[3]"龍德元年夏四月"至"諸軍圍之"：《通鑑》卷二七一龍德元年（921）四月條。《輯本舊史》卷一〇《梁末帝紀下》龍德元年四月條："夏四月，陳州刺史惠王友能反，舉兵向闕，帝命將出師逆擊，敗之。友能走保陳州。詔張漢傑率兵進討。"同年五月丁亥條："丁亥，詔曰：'郊禋大禮，舊有渥恩；御殿改元，比無賞給。今則不循舊例，別示特恩。其行營將士賞賚已給付本家，宜令招討使霍彥威、副招討使王彥章、陳州行營都指揮使張漢傑曉示諸

軍知委。’”詔書亦見《宋本册府》卷一九七《閏位部·慶賜門》。

　　〔4〕“三年”至“以漢傑監其軍”：《通鑑》卷二七二同光元年（923）八月戊子條。按，同光元年即梁末帝龍德三年；“末帝”，原作“梁主”，據《舊史》體例改。《輯本舊史》卷二一《王彦章傳》：“是歲秋九月，朝廷聞晋人將自兗州路出師，末帝急遣彦章領保鑾騎士數千於東路守捉，且以鄆州爲敵人所據，因圖進取，令張漢傑爲監軍。”同書卷二九《唐莊宗紀三》同光元年八月戊戌條：“戊戌，梁左右先鋒指揮使康延孝領百騎來奔，帝虚懷引見，賜御衣玉帶，屏人問之。對曰：‘臣竊觀汴人兵衆不少，論其君臣將校，則終見敗亡。趙巖、趙鵠、張漢傑居中專政，締結宫掖，賄賂公行。段凝素無武略，一朝便見大用，霍彦威、王彦章皆宿將有名，翻出其下。自彦章獲德勝南城，梁主亦稍獎使。彦章立性剛暴，不耐淩制，梁主每一發軍，即令近臣監護，進止可否，悉取監軍處分，彦章悒悒，形於顔色。自河津失利，段凝、彦章又獻謀，欲數道舉軍，令董璋以陝虢、澤潞之衆，趨石會關以寇太原。霍彦威統關西、汝洛之衆自相衛以寇鎮定，段凝、杜晏球領大軍以當陛下，令王彦章、張漢傑統禁軍以攻鄆州，決取十月内大舉。又自滑州南決破河堤，使水東注，曹、濮之間至於汶陽，瀰漫不絶，以陷北軍。臣在軍側聞此議。臣惟汴人兵力，聚則不少，分則無餘。陛下但待分兵，領鐵騎五千，自鄆州兼程直抵于汴，不旬日，天下事定矣。’帝憚然壯之。”同書卷七三《段凝傳》：“梁末帝以戴思遠爲北面招討使，行師不利，用王彦章代之，受任之翌日，取德勝之南城，軍聲大振。張漢倫等推功於凝，凝掎摭彦章之失以間之。”《宋本册府》卷四四三《將帥部·敗衄門三》王彦章條：“王彦章爲北面招討使。及晋王至楊劉，彦章軍不利，遂罷彦章兵權。朝廷聞晋人將自兗州路出師，末帝急遣彦章領保鑾騎士數千於東路守捉，且以鄆州爲敵人所據，因圖進取，令張漢傑爲監軍。”《通鑑》卷二七二同光元年七月甲子條：“王彦章疾趙、張亂政，及爲招討使，謂所親曰：‘待我成功還，當盡誅姦臣以謝天下！’趙、張聞之，私

相謂曰：‘我輩寧死於沙陀，不可爲彥章所殺。’相與協力傾之。段凝素疾彥章之能而諂附趙、張，在軍中與彥章動相違戾，百方沮橈之，惟恐其有功，潛伺彥章過失以聞於梁主。每捷奏至，趙、張悉歸功於凝，由是彥章功竟無成。及歸楊村，梁主信讒，猶恐彥章旦夕成功難制，徵還大梁。使將兵會董璋攻澤州。”同年八月戊子條：“初，梁主遣段凝監大軍於河上，敬翔、李振屢請罷之，梁主曰：‘凝未有過。’振曰：‘俟其有過，則社稷危矣。’至是，凝厚賂趙、張求爲招討使，翔、振力爭以爲不可；趙、張主之，竟代王彥章爲北面招討使，於是宿將憤怒，士卒亦不服。天下兵馬副元帥張宗奭言於梁主曰：‘臣爲副元帥，雖衰朽，猶足爲陛下扦禦北方。段凝晚進，功名未能服人，衆議洶洶，恐貽國家深憂。’敬翔曰：‘將帥繫國安危，今國勢已爾，陛下豈可尚不留意邪！’梁主皆不聽。”同月戊戌條：“戊戌，康延孝帥百餘騎來奔，帝解所御錦袍玉帶賜之，以爲南面招討都指揮使，領博州刺史。帝屏人問延孝以梁事，對曰：‘梁朝地不爲狹，兵不爲少；然迹其行事，終必敗亡。何則？主既暗懦，趙、張兄弟擅權，內結宮掖，外納貨賂，官之高下唯視賂之多少，不擇才德，不校勳勞。段凝智勇俱無，一旦居王彥章、霍彥威之右，自將兵以來，專率斂行伍以奉權貴。每出一軍，不能專任將帥，常以近臣監之，進止可否動爲所制。近又聞欲數道出兵，令董璋引陝虢、澤潞之兵自石會關趣太原，霍彥威以汝、洛之兵自相衛、邢洺寇鎮定，王彥章、張漢傑以禁軍攻鄆州，段凝、杜晏球以大軍當陛下，決以十月大舉。臣竊觀梁兵聚則不少，分則不多。願陛下養勇蓄力以待其分兵，帥精騎五千自鄆州直抵大梁，擒其僞主，旬月之間，天下定矣。’帝大悅。”

[5]李知節：人名。籍貫不詳。五代將領。事見本書本卷、卷一〇。　趙廷隱：人名。籍貫不詳。五代將領。事見本書本卷、卷一〇。　劉嗣彬：人名。籍貫不詳。五代將領。事見本書本卷、卷一〇。

[6]“十月”至“斬首數千級”：《通鑑》卷二七二同光元年十

月壬申、癸酉、甲戌條，原作："壬申，帝以大軍自楊劉濟河。癸酉，至鄆州，中夜進軍踰汶，以李嗣源爲前鋒。甲戌旦，遇梁兵，一戰敗之，追至中都，圍其城。城無守備，少頃，梁兵潰圍出，追擊，破之。王彥章以數十騎走，龍武大將軍李紹奇單騎追之，識其聲，曰：'王鐵槍也！'拔稍刺之，彥章重傷，馬躓，遂擒之，并擒都監張漢傑、曹州刺史李知節、禆將趙廷隱、劉嗣彬等二百餘人，斬首數千級。"《輯本舊史》卷三〇《唐莊宗紀四》同光元年十月甲戌條："甲戌，帝攻之，中都素無城守，師既雲合，梁衆自潰。是日，擒梁將王彥章及都監張漢傑、趙廷隱、劉嗣彬、李知節、康文通、王山興等將吏二百餘人，斬馘二萬，奪馬千匹。"明本《册府》卷二〇《帝王部·功業門二》：同光元年，"十月癸酉，莊宗親御六師至鄆州。是夜，命帝以騎軍爲前鋒大將繼進。詰朝，遇賊軍，一戰敗之，追至中都。俄而大圍合，城無所備，賊潰圍而出，擊之，大破，生擒大將王彥章及監軍張漢傑、趙廷隱等"。《新五代史》卷六《唐明宗紀》同光元年條："梁軍攻破德勝南柵，莊宗退保楊劉，王彥章急攻鄆州，莊宗悉軍救之，嗣源爲前鋒擊梁軍，追至中都，擒彥章及梁監軍張漢傑。"

[7]"末帝遣漢倫馳騎追段凝軍"至"復限水不能進"：《通鑑》卷二七二同光元年十月丁丑條。《輯本舊史·梁末帝紀下》龍德三年十月甲戌條："甲戌，唐帝引師襲中都，王彥章兵潰，於是彥章與監軍張漢傑及趙廷隱、劉嗣彬、李知節、康文通、王山興等皆爲唐人所獲。翌日，彥章死于任城。帝聞中都之敗，唐軍長驅將至，遣張漢倫馳驛召段凝於河上，漢倫墜馬傷足，復限水潦，不能進。"

[8]杜晏球：人名。又名王晏球。籍貫不詳。五代將領。傳見本書卷六四、《新五代史》卷四六。

[9]趙鵠：人名。一作趙鷇。籍貫不詳。後梁、後唐將領。事見本書卷九、卷五九。　張希逸：人名。籍貫不詳。後梁將領。事見本書卷九、卷三〇。　朱珪：人名。籍貫不詳。五代後梁將領，

時爲後梁檢校太傅、匡國軍節度觀察留後、行營諸軍馬步都虞候。傳見本書附録。

[10]“段凝杜晏球上言”至“不可不誅”：《通鑑》卷二七二同光元年十月丙戌條。

[11]中都：縣名。治所在今山東汶上縣。

[12]撒剌阿撥：人名。契丹人。又名剌葛。耶律阿保機之弟。謀亂於契丹，後奔晋。晋王厚遇之，養爲假子，任爲刺史。胡柳之戰，携妻子投於後梁。傳見本書附録。

[13]“詔曰”至“皆斬於汴橋下”：《宋本册府》卷一五四《帝王部‧明罰門三》。此事亦見《輯本舊史‧唐莊宗紀四》同光元年十月丙戌條、卷五九《王瓚傳》，《宋本册府》卷九二七《總録部‧讒佞門》段凝條，《新五代史》卷五《唐莊宗紀下》同光元年十月丙戌條。

張歸厚

張歸厚，字德坤，[1]少驍勇，有機略，尤長於弓槊之用。中和末，與兄歸霸自巢軍相率來降，太祖署爲軍校。[2]時淮西兵力方壯，[3]太祖之師尚寡，歸厚以少擊衆，往無不捷。[4]光啓三年春，與秦宗賢戰于萬勝，大破之。[5]其夏，蔡將張晊以數萬衆屯於赤堈，[6]歸厚嘗與晊單騎鬥於陣，晊不能支而奔，師徒乘此大捷。太祖大悦，立署爲騎軍長，仍以鞍馬器幣錫之。及佐朱珍討時溥，寨于豐、蕭之間，[7]歸厚乘徐壘如行坦途，甚爲諸將歎伏。龍紀初，[8]奏遷檢校工部尚書。[9]其年冬，復伐徐，歸厚以偏師徑進，至九里山下與徐兵遇。[10]時我之叛將陳璠在賊陣中，[11]歸厚忽見之，因瞋目大罵，單馬直往，期于必取，會飛矢中左目而退。徐戎甚衆，莫敢追之。[12]

[1]張歸厚，字德坤：《輯本舊史》之案語："《通鑑考異》引《梁功臣列傳》云：歸厚祖興，父處讓。《薛史·歸厚傳》不言其父、祖名號，當是歸霸從弟。"見《通鑑》卷二五五中和四年（884）五月戊辰條《考異》。《宋本册府》卷三八六《將帥部·褒異門一二》云："張歸厚，歸霸之弟也。"

[2]"中和末"至"太祖署爲軍校"：其事見於《舊唐書》卷二〇〇下《黃巢傳》、《宋本册府》卷一八七《閏位部·勳業門五》中和四年四月丁巳條、《新唐書》卷二二五下《黃巢傳》、《通鑑》卷二五五中和四年五月戊辰條。

[3]淮西：地區名。唐中後期指淮河以西及以南一帶。

[4]"時淮西兵力方壯"至"往無不捷"：亦見《宋本册府》卷三九六《將帥部·勇敢門三》。

[5]秦宗賢：《宋本册府》卷三九六作"秦賢"。　光啓三年春與秦宗賢戰于萬勝大破之：亦見《宋本册府》卷三六〇《將帥部·立功門一三》。

[6]赤堈：《新五代史》卷二二《張歸霸傳》附《張歸厚傳》作"赤岡"。

[7]蕭：縣名。治所在今江蘇蕭縣。

[8]龍紀：唐昭宗李曄年號（889）。

[9]"其夏"至"奏遷檢校工部尚書"：亦見《宋本册府》卷三八六、卷三九六。唯"歸厚嘗與晊單騎鬬於陣""歸厚乘徐壘如行坦途""歎伏"，《册府》卷三九六分別作"歸厚常晊單騎鬬於陣""歸厚來往徐壘如行坦途""嘆服"。

[10]九里山：山名。又名九巍山、象山。位於今江蘇徐州市西北。

[11]陳璠：人名。籍貫不詳。唐末、五代將領。事見本書本卷、卷一三、卷五九。

[12]“其年冬”至“莫敢追之”：亦見《宋本册府》卷三九六；唯“九里山”“陳璠”“因瞋目大罵”，《册府》分别作“九黑山”“陳嘻”“瞋目大罵”。

大順元年，奏加檢校兵部尚書，又命統親軍。是歲，郴王遷寨，[1]未知所往，忽逢充、鄆賊寇甚衆，太祖亟登道左高阜以觀之，命歸厚領所部廳子馬直突之。[2]出没二十餘合，賊大敗將北，[3]而救軍雲至，歸厚即綴賊苦戰，請太祖以數十騎先還。[4]時歸厚所乘馬中流矢而踣，乃持槊步鬭漸退，賊不敢逼。太祖至寨，亟命張筠、劉儒飛騎來迎，[5]然謂已殁矣。歸厚體被二十餘箭，尚復拒戰，筠等既至，賊解乃歸。太祖見之，撫背泣下曰：“得歸厚身全，縱廣喪戎馬，何足計乎！”便令肩舁歸汴，[6]日降問賚，恩旨甚厚，尋遷中軍指揮使。[7]

[1]郴王：即朱友裕。朱温長子。傳見本書卷一二、《新五代史》卷一三。 是歲郴王遷寨：中華書局本有校勘記：“按此處疑有闕文，《册府》卷三六〇作‘是歲，郴王友裕領諸軍屯於濮州之境。十一月，太祖率親從騎士將合大軍，會郴王遷寨’。自‘友裕’至‘會郴王’爲二十八字，檢今存本《永樂大典》每行二十八字，疑清人輯録時涉兩‘郴王’而脱行。”見《宋本册府》卷三六〇《將帥部·立功門一三》。

[2]命歸厚領所部廳子馬直突之：“廳子馬”，《宋本册府》卷三六〇同，《舊五代史考異》：“案：原本作‘厲子馬’，考《通鑑》

注，廂子都係當時軍旅之名，今改正。"見《通鑑》卷二六七乾化元年（911）二月庚午條注。

　　[3]賊大敗將北："大"，《宋本册府》卷三六〇作"戰"。

　　[4]請太祖以數十騎先還：《宋本册府》卷三六〇無"太祖"二字。

　　[5]劉儒：人名。籍貫不詳。五代將領。事見本書本卷、卷五。

　　[6]肩舁（yú）：亦作"肩輿"。由人抬着走。

　　[7]中軍：戰鬥時編成中位居中軍者。

　　景福初，從太祖伐鄆，帝軍不利，太祖爲寇所逼，歸厚殿馬翼衛，左右馳射，矢發如雨，賊騎千百，披靡而退。[1]明年，與葛從周禦晋軍於洹水，[2]殊績尤著。詔加檢校右僕射。[3]其後討滄州，復洺州，咸以功聞，太祖録其勳，命權知洺州事。[4]是郡嘗兩爲晋人所陷，井邑蕭條，歸厚撫之，數月之内，民庶翕然。太祖自鎮、定還，覩其緝理之政，大喜，賞之。[5]

　　[1]"景福初"至"披靡而退"：亦見《宋本册府》卷三六〇《將帥部·立功門一三》。《宋本册府》卷一八七《閏位部·勳業門五》繫於景福元年（892）二月丁亥條，《通鑑》卷二五九繫於景福元年二月甲申條。

　　[2]葛從周：《舊五代史考異》："案：原本作'郭從周'，今據《通鑑》改正。" 晋軍：《輯本舊史》之影庫本粘籤："晋軍，原本作'晋君'，今據《通鑑》改正。" 明年與葛從周禦晋軍於洹水：《宋本册府》卷三六〇同。同書卷三八六《將帥部·褒異門一二》作"大順二年，與葛從周禦晋軍於洹水"。按，朱全忠兩次召葛從周於洹水以禦晋軍，分別繫於《通鑑》卷二六〇乾寧三年

（896）六月條及十月丙子條後，則此“明年”當爲乾寧三年。

　　［3］詔加檢校右僕射：《宋本册府》卷三八六同，卷三六〇無“加”字。

　　［4］“其後討滄州”至“命權知洺州事”：亦見《宋本册府》卷三八六。

　　［5］大喜賞之：中華書局本有校勘記：“《册府》卷六九二作‘大嘉賞之’。”見《宋本册府》卷六九二《牧守部·招輯門》。《輯本舊史》卷二六《唐武皇紀下》光化二年（898）八月條：“時汴將賀德倫、張歸厚等守潞州。是月，德倫等棄城而遁，潞州平。”此事亦見同書卷五二《李嗣昭傳》。《通鑑》卷二六一光化二年正月丁未條後：“楊行密與朱瑾將兵數萬攻徐州，軍于吕梁，朱全忠遣騎將張歸厚救之。”

　　天復元年冬，真拜洺州刺史，加檢校左僕射，尋授絳州刺史。[1]三年秋，改晋州刺史，[2]仍檢校司空。唐帝遷都洛陽，[3]除右神武統軍。[4]天祐二年，改左羽林統軍，與徐懷玉同守澤州。[5]時晋軍五萬來攻，郡中戎士甚寡，歸厚極力拒守，并軍乃還。[6]太祖受禪，加檢校司徒。[7]開平二年夏，[8]劉知俊以同州叛，[9]歸厚副楊師厚、劉鄩等討平之。[10]秋，軍還，授亳州團練使。[11]乾化元年，[12]拜鎮國軍節度使、陝虢等州觀察處置等使。[13]明年夏，以疾卒於位。[14]詔贈太師。子漢卿。《永樂大典》卷一萬八千一百二十六。[15]

　　［1］絳州：州名。治所在今山西新絳縣。　　“天復元年冬”至“尋授絳州刺史”：《輯本舊史》卷二六《唐武皇紀下》天復元年（901）四月條：“四月，汴將氏叔琮率兵五萬自太行路寇澤潞，魏博

大將張文恭領軍自新口入，葛從周領兗、鄆之衆自土門入，張歸厚以邢洺之衆自馬嶺入，定州王處直之衆自飛狐入，侯言以晋、絳之兵自陰地入。”《宋本册府》卷一八七《閏位部·勳業門五》天復元年三月條：“是月，遣大將賀德倫、氏叔琮領大軍以伐太原，叔琮等自太行路入，魏博都將張文恭自磁州新口入，葛從周以兗、鄆之衆自土門路入，洺州刺史張歸厚以本軍自馬嶺入，定州以本軍自飛狐入，晋州侯言自陰地入。”同卷乙卯條：“張歸厚引兵至遼州，刺史張鄂迎降。”《新五代史》卷一《梁太祖紀上》天復元年三月條：“三月，大舉攻晋。氏叔琮出太行，取澤潞。葛從周、張存敬、侯言、張歸厚及鎮、定之兵，皆會于太原，圍之，不克，遇雨而還。”《通鑑》卷二六二天復元年三月癸卯條：“癸卯，遣氏叔琮等將兵五萬攻李克用，入自太行，魏博都將張文恭入自磁州新口，葛從周以兗、鄆兵會成德兵入自土門，洺州刺史張歸厚入自馬嶺，義武節度使王處直入自飛狐，權知晋州侯言以慈、隰、晋、絳兵入自陰地。”同年四月乙卯、丁巳條：“夏，四月，乙卯，叔琮出石會關，營於洞渦驛。張歸厚引兵至遼州，丁巳，遼州刺史張鄂降。”

[2]晋州：州名。治所在今山西臨汾市。

[3]唐帝：指唐昭宗。

[4]右神武統軍：官名。唐置六軍，分左、右羽林，左、右龍武，左、右神武，即“北衙六軍”。興元元年（784），六軍各置統軍，以寵勳臣。五代沿之。其品秩，《唐會要》卷七一、《舊唐書》卷一二記載爲“從二品”，《通鑑》卷二二九記載爲“從三品”。

[5]澤州：州名。治所在今山西澤州縣。

[6]“唐帝遷都洛陽”至“并軍乃還”：《宋本册府》卷三八六《將帥部·褒異門一二》：“昭宗遷都洛陽，除右神武統軍。天祐二年，改左羽林統軍，與徐懷玉同守澤州，拒退并軍乃還。”

[7]加檢校司徒：中華書局本有校勘記：“‘司徒’，原作‘司空’，據《册府》卷三八六改。按本卷上文：‘三年秋，改晋州刺史，仍檢校司空。’”見《宋本册府》卷三八六。

[8]開平：後梁太祖朱溫年號（907—911）。 開平二年夏：中華書局本有校勘記："《册府》卷三八六同，本書卷四《梁太祖紀四》、卷一三《劉知俊傳》、卷二三《劉鄩傳》，《通鑑》卷二六七皆繫其事於開平三年。"見《宋本册府》卷三八六。

[9]同州：州名。治所在今陝西大荔縣。

[10]楊師厚：人名。穎州斤溝（今安徽太和縣阮橋鎮斤溝村）人。唐末、五代將領。傳見本書卷二二、《新五代史》卷二三。

[11]團練使：官名。唐代中期以後，於不設節度使的地區設團練使，掌本區各州軍事。

[12]乾化：後梁太祖朱溫年號（911—912），後梁末帝朱友貞沿用（913—915）。

[13]鎮國軍：方鎮名。後梁開平二年（908），改保義軍爲鎮國軍，治所在陝州（今河南三門峽市陝州區）。 虢：州名。治所在今河南靈寶市。 拜鎮國軍節度使陝虢等州觀察處置等使：《宋本册府》卷三八六作"拜鎮國軍節度使"。

[14]明年夏以疾卒於位：《宋本册府》卷三八六作："明年，以疾卒。"

[15]《大典》卷一八一二六"將"字韻"五代後梁將（一）"事目。

張歸弁

張歸弁，字從冕。始與兄歸霸、歸厚同歸於太祖，得署爲牙校。時太祖初鎮宣武，屢命歸弁結好於近境，頗得行人之儀。[1]乾寧中，以偏師佐葛從周禦并軍於洹水。光化中，[2]又佐張存敬與燕人戰於内黄，積前後功，表授檢校工部尚書。大順初，攻討兖、鄆，命歸弁佐衡王友諒屯單父，[3]軍聲甚振，尋爲齊州指揮使。[4]屬青帥王師範叛，[5]遣將詐爲賈人，[6]挽車數十乘，匿兵器於其中，將謀竊發，歸弁察而擒之，州城以寧。明年春，青寇大舉來伐，州兵既寡，[7]民意頗搖，有本郡都將康文爽等三人欲謀外應，[8]即時擒獲誅之，人心遂定。歸弁又罄發私帑，賞給士伍，青人遂遁。青州平，超加檢校右僕射，遙領愛州刺史。[9]從征荆、襄迴，[10]轉檢校左僕射。

[1]頗得行人之儀：《宋本册府》卷六五三《奉使部・稱旨門》作“頗得行人之禮”。

[2]光化中：中華書局本有校勘記：“‘光化’，原作‘光啓’，據《册府》卷三六〇改。按本書卷二《梁太祖紀二》記梁敗燕軍於内黄爲光化二年事。此傳先敍乾寧事，又敍光化事，後敍大順事，前後舛亂。”見《宋本册府》卷三六〇《將帥部・立功門一三》、《輯本舊史》卷二《梁太祖紀二》光化二年（899）三月條。《宋本册府》卷三八六《將帥部・襃異門一二》作“光啓中”。

[3]友諒：人名。即朱友諒。朱全昱之子，朱温之姪。後梁建國，初封衡王，後襲封廣王。傳見本書卷一二、《新五代史》卷一三。中華書局本有校勘記：“‘友諒’，原作‘友謙’，據劉本、《册府》卷三六〇改。按本書卷一二《梁宗室傳》：‘友諒，全昱子，初封衡王，後嗣廣王。’”見《宋本册府》卷三六〇、《輯本舊史》卷一二《朱友諒傳》。　單父：縣名。治所在今山東單縣。

[4]齊州：州名。治所在今山東濟南市。　尋爲齊州指揮使：《宋本册府》卷三八六作：“大順初，爲齊州刺史。”

[5]王師範：人名。青州（今山東青州市）人。唐末、五代軍閥。傳見本書卷一三、《新五代史》卷四二。

［6］賈人：《宋本册府》卷三六〇作“估人”。

［7］州兵既寡：《宋本册府》卷三八六作“時州兵既寡”。

［8］康文爽：人名。籍貫不詳。五代將領。事見本書本卷。
有本郡都將康文爽等三人欲謀外應：《輯本舊史》之影庫本粘籤：
“都將，原本作‘郁將’，今據文改正。”《宋本册府》卷三六〇亦
作“都將”。

［9］愛州：州名。治所在今越南清化市。

［10］荆：州名。治所在今湖北荆州市。　襄：州名。治所在今
湖北襄陽市。

　　天祐三年春，太祖入魏誅牙軍，魏之郡邑多叛，歸
弁與諸將等分布攻討，封境悉平。而歸弁於高唐攻賊太
猛，[1]飛矢中於臆，[2]太祖嘉之，命賜銀鞍勒馬一疋、金
帶一條。[3]夏五月，命權知晋州。冬十一月，真授晋州
刺史，加檢校司空。[4]太祖受禪，改滑州長劍指揮使。[5]
開平二年秋九月，并軍圍平陽，[6]詔歸弁統兵救之。軍
至，解其圍，加檢校司徒。三年春三月，寢疾，卒於滑
州之私第。子漢融。[7]《永樂大典》卷六千三百五十。[8]

　　［1］高唐：縣名。治所在今山東高唐縣。《輯本舊史》之影庫
本粘籤：“高唐，原本作‘高堂’，今據《通鑑》改正。”見《通
鑑》卷二六五天祐三年（906）四月丙午條。　而歸弁於高唐攻賊
太猛：《宋本册府》卷三六〇《將帥部・立功門一三》、卷三八六
《將帥部・褒異門一二》作“而歸弁於高堂入賊太猛”。

　　［2］臆：胸。

　　［3］命賜銀鞍勒馬一疋金帶一條：中華書局本有校勘記：“‘銀’
字原闕，據《册府》卷三六〇、卷三八六補。”見《宋本册府》卷

三六〇、卷三八六。

[4]"夏五月"至"加檢校司空"：《宋本册府》卷三八六同，卷三六〇則作："夏五月，命權知晋州刺史，加檢校司空。"

[5]長劍指揮使：官名。所部統兵將領。長劍爲部隊番號。

[6]平陽：地名。位於今山西臨汾市。

[7]漢融：人名。即張漢融。張歸弁之子。事見本書卷三〇、卷五九。　子漢融：《新五代史》卷二二《張歸霸》附《張歸弁傳》："歸弁，爲將亦善戰，開平初爲滑州長劍指揮使。子漢融。梁亡，皆族誅。"漢融被誅於後唐同光元年（923）十月，見《輯本舊史》卷三〇《唐莊宗紀四》同光元年十月丙戌條、卷五九《王瓚傳》，《宋本册府》卷一五四《帝王部·明罰門三》、卷九二七《總録部·讒佞門》段凝條，《新五代史》卷五《唐莊宗紀下》同光元年十月丙戌條。

[8]《大典》卷六三五〇"張"字韻"姓氏（二〇）"事目。

　　史臣曰：從周以驍武之才，事雄猜之主，而能取功名於馬上，啓手足於牖下，[1]静而言之，斯爲賢矣。彦章蔚有將才，死於讒口，身既殁矣，國亦隨之，惜哉！歸霸昆仲，皆脱身於巨盗之流，宣力於興王之運，由介胄而析圭爵，[2]可不謂壯夫歟！《永樂大典》卷六千三百五十。[3]

[1]啓手足於牖（yǒu）下：牖下，借指壽終正寢。户牖間之前。

[2]介胄：披甲和頭盔。借指軍隊。　圭爵：官爵。

[3]《大典》卷六三五〇"張"字韻"姓氏（二〇）"事目。

舊五代史　卷一七

梁書十七

列傳第七

成汭

　　成汭，淮西人。[1]少年任俠，乘醉殺人，爲讎家所捕，因落髮爲僧，冒姓郭氏，亡匿久之，及貴，方復本姓。[2]

　　[1]淮西：方鎮名。淮南西道的簡稱。治所在蔡州（今河南汝南縣）。

　　[2]"成汭"至"方復本姓"：《輯本舊史》卷一七《成汭傳》原注録自《大典》卷一八八二〇"姓"字韻"事韵"，應爲"冒姓"或"本姓"事目。《輯本舊史》之原輯者案語："《新唐書》云：入蔡賊中，爲賊帥假子，更姓名爲郭禹。"見《新唐書》卷一九〇《成汭傳》。

唐僖宗朝，[1]爲蔡州軍校，領本郡兵戍荆南，[2]帥以其凶暴，欲害之，遂棄本軍奔於秭歸。[3]一夕，巨蛇繞其身，幾至於殞，乃祝曰："苟有所負，死生唯命。"逡巡，蛇亦解去。後據歸州，[4]招輯流亡，練士伍，得兵千餘人，沿流以襲荆南，遂據其地，朝廷即以旌鉞授之。[5]

[1]唐僖宗：即李儇。873 年至 888 年在位。紀見《舊唐書》卷一九下、《新唐書》卷九。

[2]荆南：方鎮名。治所在荆州（今湖北荆州市）。

[3]秭歸：縣名。治所在今湖北秭歸縣。

[4]歸州：州名。治所在今湖北秭歸縣。

[5]"唐僖宗朝"至"朝廷即以旌鉞授之"：《輯本舊史》卷一七《成汭傳》原注録自《大典》卷五九四〇"車"字韻"事韻"，與内容無涉，誤。中華書局本改作卷五九四九，有校勘記："原作'《永樂大典》卷五千九百四十'，據孔本改。檢《永樂大典目録》，卷五九四〇爲'車'字韻，與本則内容不符，卷五九四九爲'蛇'字韻。"其實陳垣先生在一九六三年《文史》第三輯發表之《〈舊五代史〉輯本引書卷數多誤例》一文中已指出："卷一七《成汭傳》巨蛇繞身條，引《大典》五九四〇，係車字韻，誤。應作五九五〇，蛇字韻。"（《文史》第三輯，中華書局 1963 年版，第 198 頁）應爲"巨蛇"事目。

是時，荆州經巨盜之後，居民才一十七家，汭撫輯凋殘，勵精爲理，通商訓農，勤於惠養，比及末年，僅及萬户。[1]

　　[1]“是時”至“僅及萬户”：《輯本舊史》卷一七《成汭傳》原注録自《大典》卷一一八二七，爲“養”字韻“事韻（二）”，應爲“惠養”或“勤於惠養”事目。

　　汭性豪暴，事皆意斷，又好自矜伐，騁辯淩人，深爲識者所鄙。[1]

　　[1]“汭性豪暴”至“深爲識者所鄙”：《輯本舊史》卷一七《成汭傳》原注録自《大典》卷二九九八，爲“人”字韻“事韻（十八）”，應爲“淩人”事目。

　　初，澧、朗二州，[1]本屬荆南，乾寧中，[2]爲土豪雷滿所據。[3]汭奏請割隸，唐宰相徐彦若執而不行，[4]汭由是銜之。及彦若出鎮南海，[5]路過江陵，[6]汭雖加延接，而猶怏怏。嘗因對酒，語及其事，彦若曰：“令公位尊方面，[7]自比桓、文，[8]雷滿者，偏州一草賊爾，令公何不加兵，而反怨朝廷乎！”汭赧然而屈。[9]

　　[1]澧（lǐ）：州名。治所在今湖南澧縣。　　朗：州名。治所在今湖南常德市。
　　[2]乾寧：唐昭宗李曄年號（894—898）。
　　[3]雷滿：人名。武陵（今湖南常德市武陵區）人。唐末軍閥。傳見《新唐書》卷一八六、本書本卷、《新五代史》卷四一。
　　[4]徐彦若：人名。新鄭（今河南新鄭市）人。唐末宰相、軍閥。傳見《舊唐書》卷一七九、《新唐書》卷一一三。《輯本舊史》之影庫本粘籤：“徐彦若，原本作‘産若’，今據《新唐書》改正。”
　　[5]南海：縣名。治所在今廣東廣州市。

〔6〕江陵：地名。荆州別稱，位於今湖北荆州市。

〔7〕令公位尊方面：中華書局本有校勘記："'令公'，原作'今公'，據殿本、劉本、邵本校、彭校、《北夢瑣言》卷五、《通鑑》卷二六二改。本卷下一處同。"

〔8〕桓、文：指齊桓公、晋文公。

〔9〕赧然：羞愧。　"初澧朗二州"至"汭赧然而屈"：《輯本舊史》卷一七《成汭傳》原注録自《大典》卷二一一二八，爲"屈"字韻"事韻"，應爲"赧然而屈"事目。

因思嶺外有黄茅瘴，[1]患者皆落髮，乃謂彦若曰："黄茅瘴，望相公保重。"彦若應聲答曰："南海黄茅瘴，不死成和尚。"蓋譏汭曾爲僧也。汭終席慙耻。[2]

〔1〕黄茅瘴：每年夏秋之際，南方茅草枯黄時，瘴氣興盛，稱爲"黄茅瘴"。

〔2〕"因思嶺外有黄茅瘴"至"汭終席慙耻"：明本《册府》卷九三九《總録部‧譏誚門》。

累官至檢校太尉，[1]封上谷郡王。楊行密以兵圍鄂州，[2]汭出師以援鄂，汭未至鄂渚，[3]江陵已陷，將士亡其家，皆無鬥志。淮寇乘之，以火焚其艦，汭投江而死。[4]天祐三年夏，[5]太祖以汭没於王事，上表於唐帝，請爲汭立廟於荆門，[6]優詔可之。[7]

〔1〕檢校太尉：官名。爲散官或加官，加此官以示恩寵，無實際執掌。

〔2〕楊行密：人名。廬州合淝（今安徽合肥市）人。唐末軍

閩，後被追爲五代十國吴國太祖。傳見《新唐書》卷一八八、本書卷一三四、《新五代史》卷六一。　鄂州：州名。治所在今湖北武漢市武昌區。

[3]鄂渚：位於今湖北武漢市武昌區西長江中。代指鄂州。

[4]"楊行密以兵圍鄂州"至"汭投江而死"：中華書局本有校勘記："《通鑑》卷二六四《考異》引《薛史》：'汭未至鄂渚，江陵已陷，將士亡其家，皆無鬬志。'按此則係《舊五代史》佚文，清人失輯，姑附於此。"但未補入正文。見《通鑑》卷二六四天復三年（903）五月壬子條《考異》。此則不但爲《舊史》佚文，更爲《舊史·成汭傳》佚文，有此句文意始完整，故補入正文中。《宋本册府》卷九五一《總録部·咎徵門二》成汭條載："唐末爲荆南節度使。時鄂州杜洪爲淮南楊行密所襲，汭出師援之，造一巨艦，三年而成，號曰'和州載'。艦上列廳所司局，有若府署之制；又有齊山截海之名，其宏廓可知矣。及沿流東下，未及鄂渚而澧朗之軍突入江陵，俘掠殆盡。汭之兵士咸顧其家，皆無鬬志，而淮寇乘之，縱火以燔其艦，汭投江而死。"

[5]天祐：唐昭宗李曄開始使用的年號（904）。唐哀帝李柷即位後沿用（904—907）。唐亡後，河東李克用、李存勗仍稱天祐，沿用至天祐二十年（923）。五代其他政權亦有行此年號者，如南吴、吴越等，使用時間長短不等。

[6]荆門：州名。治所在今湖北荆門市。

[7]"天祐三年夏"至"優詔可之"：《舊唐書》卷二〇下《哀帝紀》天祐二年（905）五月："丁卯，荆襄節度使趙匡凝奏爲故使成汭立祠宇，從之。"同卷天祐三年："五月癸酉朔，追贈故荆南節度使成汭、鄂岳節度使杜洪官爵，仍於本州立祠廟，從全忠奏也。"《輯本舊史》在傳末有原輯者案語："《成汭傳》，《永樂大典》闕全篇，今就散見六條，編次如右。"又録《五代史補》："鄭準，不知何許人。性諒直，能爲文章，長于箋奏。成汭鎮荆南，辟爲推官。汭嘗讎殺人，懼爲吏所捕，改姓郭氏，及爲荆南節度使，命準爲表

乞歸本姓，準援筆而成。其略云：'臣門非冠蓋，家本軍戎。親朋之內，盱睢爲人報怨；昆弟之間，點染無處求生。背故國以狐疑，望鄰封而鼠竄。名非霸越，乘舟難效于陶朱；志切投秦，出境遂稱于張禄。'又云：'成爲本姓，郭乃冒稱。本避犯禁之辜，敢歸司寇；別族受封之典，誠愧諸侯。伏乞聖慈，許歸本姓'云云。其表甚爲朝廷所重。後因汭生辰，淮南楊行密遣使致禮幣之外，仍貺《初學記》一部，準忿然以爲不可，謂汭曰：'夫《初學記》，蓋訓童之書爾，今敵國交聘，以此書爲貺，得非相輕之甚耶！宜書責讓。'汭不納，準自嘆曰：'若然，見輕敵國，足彰幕府之無人也。參佐無狀，安可久！'遂請解職。汭怒其去，潛使人于途中殺之。"此所錄《五代史補》之"成爲本姓"，中華書局本有校勘記："'姓'，原作'性'，據殿本、劉本、孔本、《舊五代史考異》卷一、《五代史補》卷二改。""宜致書責讓"，中華書局本有校勘記："'致'字原闕，據《五代史補》（顧校）卷一補。"　"累官至檢校太尉"至"優詔可之"：《輯本舊史》卷一七《成汭傳》原注録自《大典》卷一一八三七"仰"字韻"事韻"。此段文字無有關"仰"字之詞，此注誤。但至今未查出應爲何字韻，存疑。中華書局本有校勘記："疑與本卷上文同出自卷一一八二七'養'字韻'事韻二'。"但此兩段相隔甚遠，無此可能。《舊唐書》卷二〇上《昭宗紀》光化三年（900）八月："壬午，制荆南節度、忠萬歸夔涪峽等州觀察處置水陸催運等使、開府儀同三司、檢校太尉、兼中書令、江陵尹、上柱國、上谷郡王、食邑三千户成汭可檢校太師、中書令，餘如故。"《舊唐書》所載"光化三年七月"至"上谷郡王"，亦見《宋本册府》卷一二九《帝王部·封建門》。

杜洪　鍾傳

杜洪者，江夏伶人。[1]鍾傳者，豫章小校。[2]唐光啓中，[3]秦宗權凶焰颷起，[4]屢擾江淮，[5]郡將不能城守。洪、傳各爲部校，因戰立威，逐其廉使，自稱留後，朝廷因而命之。[6]及爲楊行密所攻，洪、傳首尾相應，皆遣求援於太祖，太祖遣朱友恭赴之，[7]大破淮寇于武昌，二鎮稍寧。[8]及行密乘勝急攻洪、鄂，[9]洪復乞師于太祖，太祖命荊南成汭率荊襄舟師以赴之。[10]未至夏口，[11]汭敗溺死，淮人遂陷鄂州，洪爲其所擒，被害于廣陵市，[12]時唐天復二年也。[13]天祐三年夏，太祖表請爲洪立廟于其鎮，優詔可之。太祖即位，詔贈太傅。[14]先是，鍾傳卒於江西，[15]其子繼之，[16]尋爲楊行密所敗，其地亦入于淮夷。《永樂大典》卷四百九十一。[17]

[1]江夏：縣名。治所在今湖北武漢市武昌區。　伶人：即樂官。　杜洪者，江夏伶人：《輯本舊史》之案語：“《新唐書》：洪，鄂州人。”見《新唐書》卷一九〇《杜洪傳》。《新五代史》卷四一《鍾傳傳》：“江夏伶人杜洪者，亦據鄂州。”《新唐書》卷九《僖宗紀》中和四年（884）：“武昌軍將杜洪陷岳州。”《通鑑》卷二五五中和四年三月條：“武昌牙將杜洪亦逐岳州刺史而代之。”

[2]豫章：地名。位於今江西南昌市。　鍾傳者豫章小校：《輯本舊史》之案語：“《新唐書》：傳，洪州高安人。”見《新唐書》卷一九〇《鍾傳傳》。《太平廣記》卷二九二《驍勇類》引《耳目記》鍾傳條云傳本豫章人，並記其年少搏虎事，其事亦見於《新唐書·鍾傳傳》。《新五代史·鍾傳傳》：“鍾傳，洪州高安人也。”《通鑑》卷二五五中和二年七月己巳條：“以鍾傳爲江西觀察使，從高駢之請也。傳既去撫州，南城人危全諷復據之，又遣其弟仔倡據信州。”

[3]光啓：唐僖宗李儇年號（885—888）。

　　[4]秦宗權：人名。許州（今河南許昌市）人。唐末軍閥。傳見《舊唐書》卷二〇〇下、《新唐書》卷二二五下。

　　[5]江淮：泛指淮河以南、長江下游一帶。

　　[6]“唐光啓中”至“朝廷因而命之”：《輯本舊史》之案語：“《新唐書》：光啓二年，洪乘虛入鄂，自爲節度留後，僖宗即拜本軍節度使。中和三年，傳逐江西觀察使高茂卿，遂有洪州。僖宗擢傳江西團練使，俄拜鎮南節度使。”見《新唐書·杜洪傳》。《新唐書·僖宗紀》光啓二年（886）條：“杜洪陷鄂州，自稱武昌軍節度留後。”《通鑑》卷二五六光啓二年條：“安陸賊帥周通攻鄂州，路審中亡去；岳州刺史杜洪乘虛入鄂，自稱武昌留後，朝廷因以授之。”

　　[7]朱友恭：人名。壽春（今安徽壽縣）人。本姓李，朱温養子。傳見《新唐書》卷二二三下、本書卷一九。

　　[8]“及爲楊行密所攻”至“二鎮稍寧”：《輯本舊史》卷一九《朱友恭傳》：“光化初，淮夷侵鄂渚，武昌帥杜洪來乞師，太祖遣友恭將兵萬餘，濟江應援，引兵至龍沙、九江而還，軍聲大振。”《輯本舊史》卷一三四《楊行密傳》：乾寧四年（897），“行密縱兵侵掠鄰部，兩浙錢鏐、江西鍾傳、鄂州杜洪皆遣使求救於梁。梁祖遣朱友恭率步騎萬人渡江，取便討伐。行密先令都將瞿章據黃州，及梁師至，即棄郡南渡，固守武昌寨。行密遣將馬珣以精兵五千助之，友恭與杜洪大破其衆，遂拔武昌寨，擒瞿章并淮軍三千餘人，獲馬五百疋，淮夷大恐”。《新唐書》卷一八八《楊行密傳》乾寧三年：“帝惡武昌節度使杜洪與全忠合，手詔授行密江南諸道行營都統，討洪。”光化二年：“行密壁黃、鄂間，杜洪真鴆于酒、于井，棄城去，行密知，不入。”同書卷二二三下《朱友恭傳》：“乾寧中，授汝州刺史，檢校司空。楊行密侵鄂州，友恭將兵萬餘援杜洪，至江州，還攻黃州，入之，獲行密將，俘斬萬計。”亦見《宋本册府》卷三六〇《將帥部·立功門一三》、卷三八六《將帥部·褒異門一二》。《通鑑》卷二五九乾寧元年五月辛卯後：“武昌節度

使杜洪攻黃州，楊行密遣行營都指揮使朱延壽等救之。”同年十二月丙辰條後：“吳討畏杜洪之逼，納印請代于楊行密，行密以先鋒指揮使瞿章權知黃州。”同書卷二六〇乾寧三年四月辛酉條後：“錢鏐、鍾傳、杜洪畏楊行密之强，皆求援於朱全忠；全忠遣許州刺史朱友恭將兵萬人渡淮，聽以便宜從事。”同書卷二六一乾寧四年二月乙亥條後：“詔以楊行密爲江南諸道行營都統，以討武昌節度使杜洪。”同年四月己未條後：“杜洪爲楊行密所攻，求救於朱全忠，全忠遣其將矗金掠泗州，朱友恭攻黃州。行密遣右黑雲都指揮使馬珣等救黃州。黃州刺史瞿章聞友恭至，棄城，擁衆南保武昌寨。”同年八月條：“鍾傳欲討吉州刺史襄陽周琲，琲帥其衆奔廣陵。”同卷光化元年（898）七月條：“加鎮南節度使鍾傳兼侍中。”同書卷二六二天復元年十二月條：“江西節度使鍾傳將兵圍撫州刺史危全諷，天火燒其城，士民讙驚。諸將請急攻之，傳曰：‘乘人之危，非仁也。’乃祝曰：‘全諷之罪，無爲害民。’火尋止。全諷聞之，謝罪聽命，以女妻傳子匡時。傳少時嘗獵，醉遇虎，與鬭，虎搏其肩，而傳亦持虎腰不置，旁人共殺虎，乃得免。既貴，悔之，常戒諸子曰：‘士處世貴智謀，勿效吾暴虎也。’”

[9]洪：州名。治所在今江西南昌市。

[10]荊襄：方鎮名。即山南東道，治所在襄州（今湖北襄陽市）。

[11]夏口：地名。位於今湖北武漢市漢水下游長江口地區，因古時漢水自沔陽（今湖北仙桃市）以下稱夏水，故而得名。

[12]廣陵：地名。位於今江蘇揚州市。

[13]天復：唐昭宗李曄年號（901—904）。　時唐天復二年也：中華書局本有校勘記：“本書卷一三四《楊行密傳》、《舊唐書》卷二〇下《哀帝紀》、《通鑑》卷二六五皆繫其事於天祐二年。”“及行密乘勝急攻洪鄂”至“時唐天復二年也”：《輯本舊史》之案語：“《九國志·劉存傳》：存急焚鄂州城樓，梁援兵將突圍而出，諸將欲急擊之，存曰：‘擊之賊必復入，復入則城愈固矣，不若聽

其遁去。'諸將皆曰：'善。'是日城陷，擒杜洪父子，斬于廣陵市。"見《九國志》卷一《劉存傳》。《舊唐書》卷二〇上《昭宗紀》天祐元年七月己卯條："制武昌軍節度、鄂岳蘄黃等州觀察處置兼三司水陸發運淮南西面行營招討等使、開府儀同三司、檢校太師、中書令、西平王、食邑三千户杜洪加食邑一千户，實封二百户。"《舊唐書》卷二〇下《哀帝紀》天祐元年十一月癸酉條："楊行密攻光州，又急攻鄂州，杜洪遣使求援，全忠率師五萬自潁州渡淮，至霍丘大掠以紓之，行密分兵來拒。"天祐二年正月庚申條："春正月庚申朔，楊行密陷鄂州，執節度使杜洪，斬於揚州市。"事亦見《輯本舊史·楊行密傳》。《輯本舊史·楊行密傳》：天祐二年正月，"行密攻陷鄂州，擒節度使杜洪，戮於揚州市"。《新五代史》卷六一《吳世家》："（天復）三年，以李神福爲鄂岳招討使以攻杜洪，荊南成汭救洪，神福敗之于君山。……天祐二年，遣劉存攻鄂州，焚其城，城中兵突圍而出，諸將請急擊之，存曰：'擊之復入，則城愈固，聽其去，城可取也。'是日城破，執杜洪，斬于廣陵。"同書卷六六《楚世家》："行密遣將劉存等攻杜洪，圍鄂州，（馬）殷遣秦彥暉、許德勳以舟兵救之，已而杜洪敗死。"《新唐書》卷一〇《哀帝紀》繫杜洪被戮於天祐二年二月："二月，楊行密陷鄂州，武昌軍節度使杜洪死之。"《新唐書·楊行密傳》天復二年："行密討杜洪、馬殷，以分全忠勢。""杜洪戰屢敗，嬰城，請救於全忠。全忠使韓勍率步兵萬人屯瀙口，荊南節度使成汭亦悉衆救洪。神福逆戰，敗之，汭溺死，勍引衆走。泠業屯平江，爲三壁。殷將許德勳以銳卒號'定南刀'夜襲業，擊三壁皆破，禽業，掠上高、唐年而去。是時，杜洪困甚，且禽。會田頵、安仁義絕行密，行密召神福、存還計事，洪復振。"《通鑑》卷二六三天復三年正月條："（楊行密）以昇州刺史李神福爲淮南行軍司馬、鄂岳行營招討使，舒州團練使劉存副之，將兵擊杜洪。洪將駱殷戍永興，棄城走，縣民方詔據城降。"同書卷二六四天復三年三月戊辰條後："淮南將李神福圍鄂州，望城中積荻，謂監軍尹建峯曰：'今夕爲公焚之。’建峯未之信。時杜洪求救於朱全忠，神福遣部將秦皋乘輕舟至瀾口，舉火炬於樹杪；洪以爲救兵至，果焚荻以應之。”同年四月乙未條後：“杜洪求救於朱全忠，全忠遣其將韓勍將萬人屯瀾口，遣使語荆南節度使成汭、武安節度使馬殷、武貞節度使雷彥威，令出兵救洪。汭畏全忠之強，且欲侵江、淮之地以自廣，發舟師十萬，沿江東下。汭作巨艦，三年而成，制度如府署，謂之‘和舟載’，其餘謂之‘齊山’‘截海’‘劈浪’之類甚衆。掌書記李珽諫曰：‘今每艦載甲士千人，稻米倍之，緩急不可動也。吳兵剽輕，難與角逐；武陵、長沙，皆吾讎也；豈得不爲反顧之慮乎！不若遣驍將屯巴陵，大軍與之對岸，堅壁勿戰，不過一月，吳兵食盡自遁，鄂圍解矣。’汭不聽。”同卷天祐元年三月丁巳條後：“（楊行密）以淮南行軍司馬李神福爲鄂岳招討使，復將兵擊杜洪。朱全忠遣使詣行密，請捨鄂岳，復脩舊好。行密報曰：‘俟天子還長安，然後罷兵脩好。’”同書卷二六五天祐二年二月庚子條：“朱全忠遣其將曹延祚將兵與杜洪共守鄂州，庚子，淮南將劉存攻拔之，執洪、延祚及汴兵千餘人送廣陵，悉誅之。”成汭援杜洪事亦見明本《册府》卷四二〇《將帥部·掩襲門》、卷四三〇《將帥部·乞師門》、卷九五一《總録部·咎徵門二》。

[14]太傅：官名。與太師、太保合稱三師，唐後期、五代多爲大臣、勳貴加官。正一品。　“天祐三年夏”至“詔贈太傅”：《舊唐書·哀帝紀》天祐三年五月癸酉朔條：“追贈故荆南節度使成汭、鄂岳節度使杜洪官爵，仍於本州立祠廟，從全忠奏也。”《新唐書》卷一九〇《成汭傳》：“天祐中，全忠表汭死國事，請與杜洪皆立廟云。”明本《册府》卷二一〇《閏位部·旌表門》：“梁太祖開平元年十二月，詔故荆南節度使、守中書令、上谷王周汭贈太師，故武昌軍節度使、兼中書令、西平王杜洪贈太傅。”“此二鎮也，皆以忠節殁於王事，帝每言諸藩屏豫經綸之業，必有首痛汭、洪之薨，至是追贈之。”《宋本册府》卷八二〇《總録部·立祠門》：“杜洪爲鄂州節度，薨。梁王奏請與洪於本道置立祠廟，哀帝

從之。"

[15]江西：唐代地方監察區名。即江南西道，治所在洪州（今江西南昌市）。 先是鍾傳卒於江西：《輯本舊史·楊行密傳》繫於天祐二年正月杜洪被戮後："其後，江西鍾傳、宣州田頵俱爲行密所併。"《新唐書·鍾傳傳》作"天祐三年卒"。

[16]其子繼之：《輯本舊史》之案語："《九國志·秦裴傳》：天祐三年，洪州鍾傳卒，州人立其子匡時。江州刺史延規，傳之養子，忿不得立，以其郡納款，因授裴西南面行營招討，使攻匡時，城陷，擒匡時以獻。《歐陽史》採用《九國志》，《新唐書》延規作匡範，與《九國志》異。"見《九國志》卷一《秦裴傳》，《新五代史·鍾傳傳》《吳世家》，《新唐書·鍾傳傳》。《通鑑》卷二六五天祐三年四月丙午條後："鎮南節度使鍾傳以養子延規爲江州刺史。傳薨，軍中立其子匡時爲留後。延規恨不得立，遣使降淮南。"同年九月丁卯條後："秦裴拔洪州，虜鍾匡時等五千人以歸。"

[17]《大典》卷四九一"鍾"字韻"姓氏（一）"事目。《輯本舊史》於傳末引《五代史補》："鍾傳雖起于商販，尤好學重士，時江西士流有名第者，多因傳薦，四遠騰然，謂之曰英明。諸葛浩素有詞學，嘗爲泗州管驛巡官，仰傳之風，因擇其所行事赫赫可稱者十條，列于啟事以投之。十啟凡五千字，皆文理典贍。傳覽之驚嘆，謂賓佐曰：'此啟事每一字可以千錢酬之。'遂以五千貫贈，仍辟在幕下，其激勸如此。上藍和尚，失其名，居于洪州上藍院，精究術數，大爲鍾傳所禮。一旦疾篤，往省之，且曰：'老夫于和尚可謂無間矣，和尚或不諱，得無一言相付耶？'上藍強起，索筆作偈以授，其末云：'但看來年二三月，柳條堪作打鍾槌。'偈終而卒。傳得之，不能測。洎明年春，淮帥引兵奄至，洪州陷，江南遂爲楊氏有。'打鍾'之偈，人始悟焉。"見《五代史補》卷一鍾傳重士條、上藍遺鍾傳偈條。《太平廣記》卷二二四《相四》引《北夢瑣言》僧處弘條："江西鍾傳微時，亦以販鹺爲事。遇上藍和尚，教其作賊而尅洪井，自是加敬。至於軍府大事，此僧皆得參

之也。”

田頵　朱延壽

　　田頵，本揚府之大校也。[1]朱延壽，不知何許人。[2]
唐天祐初，楊行密雄據淮海，[3]時頵爲宣州節度使，[4]延
壽爲壽州刺史。[5]頵以行密專恣跋扈，嘗移書諷之曰：
“侯王守方，以奉天子，古之制也。其或踰越者，譬如
百川不朝于海，雖狂奔猛注，澶漫遐廣，終爲涸土，不
若恬然順流，淼茫無窮也。況東南之鎮揚爲大，塵賤刀
布，阜積金玉，願公上恒賦，頵將悉儲峙，具單車從。”
行密怒曰：“今財賦之行，必由於汴，[6]適足以資于敵
也。”不從。時延壽方守壽春，[7]直頵之事，密遣人告于
頵曰：“公有所欲爲者，願爲公執鞭。”頵聞之，頗會其
志，乃召進士杜荀鶴具述其意，[8]復語曰：“昌本朝，奉
盟主，在斯一舉矣。”即遣荀鶴具述密議，自間道至大
梁。[9]太祖大悦，遽屯兵于宿州以會其變。[10]不數月，
事微洩，行密乃先以公牒徵延壽，[11]次悉兵攻宣城。[12]
頵戎力寡薄，棄壁走，不能越境，爲行密軍所得。[13]延
壽飛騎赴命，逼揚州一舍，行密使人殺之。[14]

　　[1]揚府：地名。即揚州。　大校：統兵官的泛稱。　田頵本
揚府之大校也：《輯本舊史》之案語：“《九國志》：頵字德臣，廬州
合肥人。”見《九國志》卷三《田頵傳》。《新唐書》卷一八八《楊
行密傳》云田頵爲楊行密里人，即廬州合淝人。《新唐書》卷一八
九《田頵傳》：“田頵字德臣，廬州合肥人。略通書傳，沈果有大

志。與楊行密同里，約爲兄弟。應州募屯邊，遷主將。行密據廬州，頵謀爲多。攻趙鍠於宣州，鍠出東溪，乘暴流以逸，阻水解甲，謂追騎不能及。頵乘輕舸追之，鍠驚，遂見禽。行密表頵爲馬步軍都虞候。"

［2］朱延壽不知何許人：《輯本舊史》之案語："《九國志》：延壽，廬州舒城人，與《新唐書》同。"見《九國志》卷三《朱延壽傳》、《新唐書》卷一八九《朱延壽傳》。《通鑑》卷二五八大順二年（891）五月條："延壽，舒城人也。"

［3］淮海：指揚州。

［4］宣州：州名。治所在今安徽宣城市。此處代指寧國軍。節度使：官名。唐時在重要地區所設掌握一州或數州軍、民、財政的長官。 時頵爲宣州節度使：《輯本舊史》卷一三三《錢鏐傳》："天復中，鏐大將許再思、徐綰叛，引宣州節度使田頵謀襲杭州。田頵等率師掩至城下，鏐激勵軍士，一戰敗之，生擒徐綰，田頵遁走。"事亦見《新唐書》卷一八六《周寶傳》、《通鑑》卷二六三天復二年（902）九月至十二月。《新唐書》卷一九〇《張雄傳》："時行密大將田頵在宣州，陰圖弘鐸，募工治艦。工曰：'上元爲舟，市木遠方，堅緻可勝數十歲。'頵曰：'我爲舟於一用，不計其久，取木於境可也。'弘鐸介宣、揚間，不自安，而州數有怪。天復二年，大風發屋，巨木飛舞，州人駭曰：'州且易主。'大將馮暉等勸弘鐸悉軍南嚮，聲言討鍾傳，實襲頵。行密知之，遣客説止，不聽。頵逆擊於曷山，弘鐸大敗，收殘士欲入海。"《通鑑》卷二六三天復二年六月條："武寧節度使馮弘鐸介居宣、揚之間，常不自安；然自恃樓船之強，不事兩道。寧國節度使田頵欲圖之，募弘鐸工人造戰艦，工人曰：'馮公遠求堅木，故其船堪久用，今此無之。'頵曰：'第爲之，吾止須一用耳。'弘鐸將馮暉、顏建説弘鐸先擊頵，弘鐸從之，帥衆南上，聲言攻洪州，實襲宣州也。楊行密使人止之；不從。辛巳，頵帥舟師逆擊于曷山，大破之。"

［5］壽州：州名。治所在今安徽壽縣。 刺史：官名。漢武帝

時始置。州一級行政長官，總掌考核官吏、勸課農桑、地方教化等事。唐中期以後，節度、觀察使轄州而設，刺史爲其屬官，職任漸輕。從三品至正四品下。　延壽爲壽州刺史：《通鑑》卷二五八大順二年五月條：“楊行密遣其將劉威、朱延壽將兵三萬擊孫儒于黃池，威等大敗。”同書卷二五九乾寧元年五月條：“武昌節度使杜洪攻黃州，楊行密遣行營都指揮使朱延壽等救之。”同年六月甲午條後：“蘄州刺史馮敬章邀擊淮南軍，朱延壽攻蘄州，不克。”同書卷二六〇乾寧二年四月條：“楊行密圍壽州，不克，將還；庚寅，其將朱延壽請試往更攻，一鼓拔之，執刺史江從勗。行密以延壽權知壽州團練使。”乾寧三年五月癸未條後：“淮南將朱延壽奄至蘄州，圍其城。大將賈公鐸方獵，不得還，伏兵林中，命勇士二人衣羊皮夜入延壽所掠羊群，潛入城，約夜半開門舉火爲應，復衣皮反命。公鐸如期引兵至城南，門中火舉，力戰，突圍而入。延壽驚曰：‘吾常恐其潰圍而出，反潰圍而入，如此，城安可猝拔！’乃白行密，求軍中與公鐸有舊者持誓書金帛往說之，許以婚。壽州團練副使柴再用請行，臨城與語，爲陳利害。數日，公鐸及刺史馮敬章請降。以敬章爲左都押牙，公鐸爲右監門衛將軍。延壽進拔光州，殺刺史劉存。”同書卷二六一乾寧四年十一月癸酉條：“葛從周營於壽州西北，壽州團練使朱延壽擊破之，退屯濠州，聞師古敗，奔還。行密、瑾、延壽乘勝追之，及於淠水。”同書卷二六三天復二年三月壬戌條後云“朱延壽爲奉國節度使”，奉國軍治蔡州，延壽此時爲遙領節度。

　　[6]汴：州名。治所在今河南開封市。

　　[7]壽春：縣名。治所在今安徽壽縣。

　　[8]杜荀鶴：人名。池州（今安徽池州市）人。唐末、五代官員。傳見本書卷二四。

　　[9]大梁：指開封。

　　[10]宿州：州名。治所在今安徽宿州市。　“時延壽方守壽春”至“遽屯兵于宿州以會其變”：《輯本舊史》之案語：“《九國

731

志》：天復初，北司擁駕西幸，昭宗聞延壽有武幹，遣李儼間道齎詔授延壽蔡州節度使。”見《九國志·朱延壽傳》。《通鑑》卷二六四天復三年八月條：“初，寧國節度使田頵破馮弘鐸，詣廣陵謝楊行密，因求池、歙爲巡屬，行密不許。行密左右下及獄吏，皆求賂於頵，頵怒曰：‘吏知吾將下獄邪！’及還，指廣陵南門曰：‘吾不可復入此矣！’頵兵强財富，好攻取；行密既定淮南，欲保境息民，每抑止之，頵不從。及解釋錢鏐，頵尤恨之，陰有叛志。李神福言於行密曰：‘頵必反，宜早圖之。’行密曰：‘頵有大功，反狀未露，今殺之，諸將人人自危矣！’頵有良將曰康儒，與頵謀議多不合，行密知之，擢儒爲廬州刺史。頵以儒爲貳於己，族之。儒曰：‘吾死，田公亡無日矣！’頵遂與潤州團練使安仁義同舉兵，仁義悉焚東塘戰艦。頵遣二使詐爲商人，詣壽州約奉國節度使朱延壽，行密將尚公迺遇之，曰：‘非商人也。’殺一人，得其書，以告行密。行密召李神福於鄂州，神福恐杜洪邀之，宣言奉命攻荆南，勒兵具舟楫；及暮，遂沿江東下，始告將士以討田頵。”“行密夫人，朱延壽之姊也。行密狃侮延壽，延壽怨怒，陰與田頵通謀。頵遣前進士杜荀鶴至壽州，與延壽相結；又遣至大梁告朱全忠，全忠大喜，遣兵屯宿州以應之。”同年九月丁未、戊申條：“田頵襲昇州，得李神福妻子，善遇之。神福自鄂州東下，頵遣使謂之曰：‘公見機，與公分地而王；不然，妻子無遺！’神福曰：‘吾以卒伍事吳王，今爲上將，義不以妻子易其志。頵有老母，不顧而反，三綱且不知，烏足與言乎！’斬使者而進，士卒皆感勵。頵遣其將王壇、汪建將水軍逆戰。丁未，神福至吉陽磯，與壇、建遇，壇、建執其子承鼎示之，神福命左右射之。神福謂諸將曰：‘彼衆我寡，當以奇取勝。’及暮，合戰，神福佯敗，引舟泝流而上；壇、建追之，神福復還，順流擊之。壇、建樓船大列火炬，神福令軍中曰：‘望火炬輒擊之。’壇、建軍皆滅火，旗幟交雜，神福因風縱火，焚其艦，壇、建大敗，士卒焚溺死者甚衆；戊申，又戰于皖口，壇、建僅以身免。獲徐綰，行密以檻車載之，遺錢鏐；鏐剖其心以祭高渭。頵聞壇、建敗，自將水軍逆戰。神福曰：'賊棄城而來，此天亡也！'臨江堅壁不戰，遣使告行密，請發步兵斷其歸路；行密遣漣水制置使臺濛將兵應之。王茂章攻潤州，久未下，行密命茂章引兵會濛擊顥。""田顥聞臺濛將至，自將步騎逆戰，留其將郭行悰以精兵二萬及王壇、汪建水軍屯蕪湖，以拒李神福。覘者言：'濛營寨褊小，纔容二千人。'顥易之，不召外兵。濛入顥境，番陳而進，軍中笑其怯，濛曰：'顥宿將多謀，不可不備。'"同年十月戊辰條："冬，十月，戊辰，與顥遇於廣德，濛先以楊行密書徧賜顥將，皆下馬拜受；濛因其挫伏，縱兵擊之，顥兵遂敗。又戰于黃池，兵交，濛僞走；顥追之，遇伏，大敗，奔還宣州城守，濛引兵圍之。顥亟召蕪湖兵還，不得入。郭行悰、王壇、汪建及當塗、廣德諸戍皆帥其眾降。行密以臺濛已破田顥，命王茂章復引兵攻潤州。"

[11]公牒：官方文書。　行密乃先以公牒徵延壽：《輯本舊史》之案語："《新唐書》：行密妻，延壽姊也。遣辯士召延壽，疑不肯赴，姊遣婢報，故延壽疾走揚州。"見《新唐書·朱延壽傳》。

[12]宣城：縣名。治所在今安徽宣城市。

[13]"顥戎力寡薄"至"爲行密軍所得"：《輯本舊史》之案語："《九國志》：行密別遣臺濛、王茂章率步騎以往，顥委舟師于汪建、王壇，自出廣德迎戰，大爲濛所敗，遂率殘眾遁保宛陵。壇、建聞其敗，因盡以舟師歸款于行密。十二月，顥出外州柵疾戰，橋陷馬墜，爲外軍所殺。"見《九國志·田顥傳》。《新唐書》卷一〇《昭宗紀》天復三年十二月條："楊行密陷宣州，寧國軍節度使田顥死之。"《通鑑》卷二六四天復三年十二月乙亥條："田顥帥死士數百出戰，臺濛陽退以示弱。顥兵踰濠而鬭，濛急擊之；顥不勝，還走城，橋陷墜馬，斬之。其眾猶戰，以顥首示之，乃潰，濛遂克宣州。初，行密與顥同閭里，少相善，約爲兄弟，及顥首至廣陵，行密視之泣下，赦其母殷氏，行密與諸子皆以子孫禮事之。"

[14]"延壽飛騎赴命"至"行密使人殺之"：《舊五代史考異》："案《五國故事》云：延壽既至，行密處正廳，潛兵以見之。

俄而開目曰：'數年不見舅，今日果相覿！'延壽惶駭。遂叱壯士執而殺之。"又，《輯本舊史》之案語："《九國志》：行密迎至寢門，使人刺殺之。《新唐書》從《九國志》，當得其實。《薛史》以爲邐揚州一舍而見殺，《五代史補》又以爲行密自奮鐵槌殺之，疑皆屬傳聞之誤。"見《九國志·朱延壽傳》。《新唐書·昭宗紀》天復三年九月條："楊行密殺奉國軍節度使朱延壽。"《通鑑》卷二六四天復三年九月癸卯條後："朱延壽謀頗泄，楊行密詐爲目疾，對延壽使者多錯亂所見，或觸柱仆地。謂夫人曰：'吾不幸失明，諸子皆幼，軍府事當悉以授三舅。'夫人屢以書報延壽；行密又自遣召之，陰令徐溫爲之備。延壽至廣陵，行密迎及寢門，執而殺之；部兵驚擾，徐溫諭之，皆聽命，遂斬延壽兄弟，黜朱夫人。"

其後延壽部曲有逸境至者，具言其事。又云：延壽之將行也，其室王氏勉延壽曰："今若得兵柄，果成大志，是吉凶繫乎時，非繫於吾家也。然願日致一介，以寧所懷。"一日，介不至，王氏曰："事可知矣。"乃部分家僕，悉授兵器，遽闔中扉，而捕騎已至，不得入。遂集愛屬，[1]阜私帑，發百燎，合州廨焚之。既而稽首上告曰："妾誓不以皎然之軀，爲儺者所辱。"乃投火而死。[2]《永樂大典》卷四千八百五。[3]

[1]遂集愛屬：中華書局本有校勘記："'愛'，殿本、劉本、孔本作'家'。"

[2]"延壽之將行也"至"乃投火而死"：《輯本舊史》引《五代史補》："楊行密據淮南，以妻弟朱氏衆謂之朱三郎者，行密署爲泗州防禦使。泗州素屯軍，朱氏驍勇，到任恃衆自負，行密雖悔，度力未能制，但姑息之，時議以謂行密事勢去矣。居無何，行

密得目疾，雖瘳，且詐稱失明，其出入皆以人扶策，不爾則觸牆抵柱，至於流血，姬妾僕隸以爲實然，往往無禮，首尾僅三年。朱氏聞之，信而少懈弛，行密度其計必中，謂妻曰：‘吾不幸臨老兩目如此，男女卑幼，苟不諱，則國家爲他人所有。今晝夜思忖，不如召泗州三舅來，使管勾軍府事，則吾雖死無恨。’妻以爲然，遂發使，述其意而召之，朱氏大喜，倍道而至。及入謁，行密恐其覺，坐于中堂，以家人禮見。朱氏頗有德色，方設拜，行密奮袖中鐵槌以擊之，正中其首，然猶宛轉號叫，久而方斃。行密内外不測，即時升堂廳，召將吏等謂之曰：‘吾所以稱兩目失明者，蓋爲朱三。此賊今已擊殺，兩目無事矣，諸公知之否！’於是軍府大駭，其僕妾嘗所無禮者皆自殺。初，行密之在民間也，嘗爲合肥縣手力，有過，縣令將鞭之，行密懼且拜。會有客自外入，見行密每拜，則廳之前簷皆叩地，而令不之覺。客知其非常，乃遽升廳，揖令于他處，告以所見。令驚，遂恕之，且勸事郡以自奮。行密度本郡不足依，乃投高駢。駢死，秦彦、孫儒等作亂，行密連誅之，遂有淮南之地。”《北夢瑣言》卷一六朱延壽妻王烈女條：“延壽之將行也，其室王氏勉延壽曰：‘願日致一介，以寧所懷。’一日，介不至，王氏曰：‘事可知矣。’乃部分家僮，悉授兵器，遽闔州中之扉。而捕騎已至，不得入。遂集家僮、私帑帑，發百燎，盧舍州廨焚之。既而稽首上告曰‘妾誓不以皎然之軀，爲仇者所辱。’乃投火而死。”《新唐書》卷二〇五《列女傳》：“朱延壽妻王者，當楊行密時，延壽事行密爲壽州刺史，惡行密不臣，與寧國節度使田頵謀絶之以歸唐。事泄，行密以計召延壽，欲與揚州，延壽信之。將行，王曰：‘今若得揚州，成宿志，是興衰在時，非繫家也，然願日一介爲驗。’許之。及爲行密所殺，介不至，王曰：‘事敗矣。’即部家僮，授兵器。方闔扉而捕騎至，遂出私帑施民，發百燎焚牙居，呼天曰：‘我誓不爲讎人辱！’赴火死。”《通鑑》卷二六四天復三年九月癸卯條後：“初，延壽赴召，其妻王氏謂曰：‘君此行吉凶未可知，願日發一使以安我！’一日，使不至，王氏曰：‘事可知矣！’部分僮僕，授兵闔門，捕騎至，乃集家人，聚寶貨，發百燎焚府舍，曰：‘妾誓不以皎然之軀爲讎人所辱。’赴火而死。”

　　[3]《大典》卷四八〇五“田”字韻“姓氏（四）”事目。

趙匡凝　弟匡明

　　趙匡凝，[1]蔡州人也。父德諲，[2]初事秦宗權爲列校，當宗權强暴時，表爲襄州留後。[3]唐光啓四年夏六月，[4]德諲審宗權必敗，乃舉漢南之地以歸唐朝，[5]仍遣使投分于太祖，兼誓戮力，同討宗權。時太祖爲蔡州四面行營都統使，[6]乃表德諲爲副，仍領襄州節度使。蔡州平，以功累加官爵，封淮安王。

　　[1]趙匡凝：《輯本舊史》之案語：“《新唐書》：匡凝字光儀。”見《新唐書》卷一八六《趙匡凝傳》。《册府》爲避宋太祖諱作“趙凝”，下文引《册府》仍其舊。

　　[2]德諲（yīn）：人名。即趙德諲。蔡州（今河南汝南縣）人。唐末軍閥。傳見《新唐書》卷一八六。

　　[3]留後：官名。唐、五代節度使多以子弟或親信爲留後，以代行節度使職務，亦有軍士、叛將自立爲留後者。掌一州或數州軍政。

　　[4]唐光啓四年夏六月：據新、舊《唐書》，光啓四年（888）二月改元文德，此時已六月，此表述未允當。《舊唐書》卷一九下《僖宗紀》繫於二月戊子條，《新唐書》卷九《僖宗紀》繫於二月庚寅條，《通鑑》卷二五七則繫於五月壬寅條。

　　[5]漢南：地區名。指今湖北漢江下游南側地區。

　　[6]行營都統：官名。唐末設諸道行營都統，作爲各道出征兵

士的統帥。

匡凝以父功爲唐州刺史兼七州馬步軍都校。[1]及德諲卒，匡凝自爲襄州留後，[2]朝廷即以旄鉞授之。[3]作鎮數年，甚有威惠，累官至檢校太尉、兼中書令。[4]匡凝氣貌甚偉，好自修飾，[5]每整衣冠，必使人持巨鑑前後照之。對客之際，烏巾上微覺有塵，[6]即令侍妓持紅拂以去之。人有誤犯其家諱者，往往遭其檛楚，[7]其方嚴也如是。光化初，[8]匡凝以太祖有清口之敗，[9]密附于淮夷，[10]太祖遣氏叔琮率師伐之。[11]未幾，其泌州刺史趙璠越墉來降，[12]隋州刺史趙匡璘臨陣就擒。[13]俄而康懷英攻下鄧州，[14]匡凝懼，遣使乞盟，太祖許之，自是附庸于太祖。[15]及成汭敗于鄂州，匡凝表其弟匡明爲荆南留後。是時，唐室微弱，諸道常賦多不上供，唯匡凝昆仲雖强據江山，然盡忠帝室，貢賦不絶。[16]

[1]唐州：州名。治所在今河南唐河縣。　都校：官名。中級統兵官。

[2]及德諲卒匡凝自爲襄州留後：《通鑑》卷二五九繫於景福元年（892）二月條：“忠義節度使趙德諲薨，子匡凝代之。”

[3]旄鉞：亦作“節鉞”“節旄”。此處代指節度使。

[4]中書令：官名。漢代始置，隋、唐前期爲中書省長官，屬宰相之職；唐後期多爲授予元勳大臣的虛銜。正二品。　累官至檢校太尉兼中書令：《文苑英華》卷四五七有《授趙凝檢校太尉開府制》云其官爲“開封府儀同三司、檢校太尉、平章事、充忠義軍節度使，餘並如故”，岑仲勉《唐方鎮年表正補》（《“國立中央研究院”歷史語言研究所集刊》第十五本，商務印書館 1948 年版）考

其事爲乾寧二年（895）八月前所行。又，《文苑英華》卷四五一有《趙凝進封南康王制》。

[5]好自修飾：明本《册府》卷七九四《總録部·矜嚴門》作“好自脩簡”。

[6]烏巾上微覺有塵：《輯本舊史》之影庫本粘籤：“烏巾，原本作‘烏中’，今據文改正。”明本《册府》卷七九四亦作“烏巾”。《北夢瑣言》卷四趙令公紅拂子條亦有“俄而近侍以紅拂子於烏巾上拂之”。此爲書證。

[7]檟（jiǎ）楚：用檟木荆條笞打。

[8]光化：唐昭宗李曄年號（898—901）。

[9]清口：地名。原爲泗水入淮之口，位於今江蘇淮安市淮陰區。

[10]淮夷：指淮南楊行密勢力。

[11]氏叔琮：人名。河南尉氏（今河南尉氏縣）人。唐末將領。傳見本書卷一九、《新五代史》卷四三。

[12]泌州：州名。治所在今河南唐河縣。中華書局本有校勘記：“原作‘沁州’，據劉本、本書卷二《梁太祖紀二》改。按《新唐書》卷四〇《地理志四》，泌州與襄、唐、隋、鄧諸州均屬山南道；《新唐書》卷三九《地理志三》，沁州屬河東道。”按，據《新唐書》卷四〇《地理志四》，泌州即唐州，治隋淮安郡，武德五年（622）以唐城山更名唐州，天祐三年（906）朱全忠徙治泌陽，表更名。《舊唐書》卷三九《地理志二》有唐州，載其唐初至天寶年間沿革。　趙璠：人名。籍貫不詳。唐末將領。事見本書本卷。　泌州刺史趙璠越堰來降：《新唐書》卷一八六《趙匡凝傳》作：“全忠移書切責，使氏叔琮攻唐州，刺史趙匡璠降。”

[13]隋州：州名。治所在今湖北隨州市。　趙匡璘：人名。籍貫不詳。唐末將領。事見本書本卷。

[14]康懷英：人名。兗州（今山東濟寧市兗州區）人。唐末、五代將領。本名懷貞，避後梁末帝朱友貞諱改懷英。傳見本書卷二

鄧州：州名。治所在今河南鄧州市。

　　[15]"隋州刺史"至"自是附庸于太祖"：《舊唐書》卷二○上《昭宗紀》光化元年（898）七月條："汴將氏叔琮陷趙匡凝之隨、唐、鄧等州。"同卷光化三年七月乙卯條："又以忠義軍節度、山南東道管内觀察處置三司水陸發運等使、開府儀同三司、檢校太尉、中書令、兼襄州刺史、上柱國、南平王、食邑三千户趙匡凝可檢校太師、兼中書令，加實封一百户。"《宋本册府》卷一二九《帝王部·封建門》："（光化二年七月）忠義軍節度趙凝封南平王，後封楚王。"卷一八七《將帥部·勳業門五》："襄州節度使趙凝聞帝軍有清口之敗，密附於淮夷。（光化元年）七月，帝遣氏叔琮率師伐之，未幾，其泌州刺史趙璠越埤來降，隨州刺史趙璘臨陣就擒。"《新五代史》卷一《梁太祖紀上》唐光化元年四月、七月條："四月，遣葛從周攻晉之山東，取邢、洺、磁三州。襄州趙匡凝自其父德諲時來附，匡凝又與楊行密、李克用通，而其事泄。七月，遣氏叔琮、康懷英攻匡凝，取其泌、隨、鄧三州。匡凝請和乃止。"《通鑑》卷二六一光化元年七月條："忠義節度使趙匡凝聞朱全忠有清口之敗，陰附於楊行密。全忠遣宿州刺史尉氏氏叔琮將兵伐之，丙申，拔唐州，擒隨州刺史趙璘，敗襄州兵於鄧城。"同年八月戊午條："汴將康懷貞襲鄧州，克之，擒刺史國湘。趙匡凝懼，遣使請服於朱全忠，全忠許之。"同卷光化二年十一月條："加忠義節度使趙匡凝兼中書令。"

　　[16]"及成汭敗于鄂州"至"貢賦不絶"：《舊唐書·昭宗紀》天復三年（903）九月條："汴將楊師厚大敗青州軍於臨朐。荆南節度使成汭以舟師赴援鄂州，澧朗雷彦恭承虚襲陷江陵。汭軍士聞之潰歸，汭憤怒投水而死。趙匡凝遂以兵襲荆州，據之。"《通鑑》卷二六四繫天復三年十月條："山南東道節度使趙匡凝遣兵襲荆南，朗人棄城走，匡凝表其弟匡明爲荆南留後。時天子微弱，諸道貢賦多不上供，惟匡明兄弟委輸不絶。"同書卷二六五天祐元年（904）五月乙亥條後："忠義節度使趙匡凝遣水軍上峽攻王建夔州，知渝

州王宗阮等擊敗之。”

　　太祖將期受禪，[1]以匡凝兄弟並據藩鎮，乃遣使先諭旨焉。匡凝對使者流涕，答以受國恩深，豈敢隨時妄有他志。[2]使者復命，太祖大怒。天祐二年秋七月，遣楊師厚率師討之。[3]八月，[4]太祖親領大軍南征，[5]仍請削匡凝在身官爵。[6]及師厚濟江，匡凝以兵數萬逆戰，大爲師厚所敗，匡凝乃燔其舟，單舸急棹，沿漢而遁于金陵。[7]後卒於淮南。[8]初，匡凝好聚書，及敗，楊師厚獲數千卷于第，悉以來獻。[9]

　　[1]太祖將期受禪：中華書局本有校勘記：“‘期受禪’，《册府》卷三七四同，《通鑑》卷二六五《考異》引《薛史》作‘圖禪代’。”見《宋本册府》卷三七四《將帥部・忠門五》、《通鑑》卷二六五天祐二年（905）八月己亥條《考異》。

　　[2]“太祖將期受禪”至“豈敢隨時妄有他志”：《新五代史》卷一《梁太祖紀上》：“王欲代唐，使人諭諸鎮，襄州趙匡凝以爲不可。”

　　[3]楊師厚：人名。潁州斤溝（今安徽太和縣阮橋鎮斤溝村）人。唐末、五代將領。傳見本書卷二二、《新五代史》卷二三。

　　[4]八月：中華書局本有校勘記：“《通鑑》卷二六五《考異》引《薛史》作‘辛未’，按辛未爲七月十四日，本書卷二《梁太祖紀二》、《册府》卷一八七皆繫其事於天祐二年七月辛未。”見《宋本册府》卷一八七《閏位部・勳業門五》。

　　[5]太祖親領大軍南征：中華書局本有校勘記：“句下《通鑑》卷二六五《考異》引《薛史》有‘表匡凝罪狀’五字。”見《通鑑》卷二六五天祐二年八月己亥條《考異》。

　　[6]“天祐二年秋七月”至“仍請削匡凝在身官爵”：《舊唐
書》卷二〇上《昭宗紀》天祐元年六月甲寅條：“荆南襄州忠義軍
節度、開府儀同三司、檢校太師、中書令、江陵尹、襄州刺史、上
柱國、楚王、食邑六千户趙匡凝宜備禮册命。”“自帝遷洛，李克
用、李茂貞、西川王建、襄陽趙匡凝知全忠篡奪之謀，連盟舉義，
以興復爲辭。”《舊唐書》卷二〇下《哀帝紀》天祐二年五月丁卯
條：“丁卯，荆襄節度使趙匡凝奏爲故使成汭立祠宇，從之。”同年
八月丁未條：“制削奪荆襄節度使趙匡凝在身官爵。是月乙未，全
忠遣大將楊師厚討匡凝，收唐、鄧、復、郢、隨等州，全忠自率親
軍赴之。荆襄之軍，陣於漢水之陰。”《宋本册府》卷八二〇《總
録部·立祠門》：“成汭爲荆南節度使，薨州。荆趙凝奏請與汭於荆
南建置廟貌，哀帝從之。”《通鑑》卷二六五天祐二年五月甲申條：
“甲申，忠義節度使趙匡凝遣使脩好於王建。”同年八月條：“朱全
忠以趙匡凝東與楊行密交通，西與王建結婚，乙未，遣武寧節度使
楊師厚將兵擊之；己亥，全忠以大軍繼之。”

　　[7]金陵：地名。今江蘇南京市古稱。

　　[8]淮南：方鎮名。原爲唐方鎮，治所在揚州（今江蘇揚州
市）。此處指楊吴政權。　“及師厚濟江”至“後卒於淮南”：《輯
本舊史》之案語：“《新唐書》云：師厚緣陰谷伐木爲梁，匡凝以兵
二萬瀕江戰，大敗，乃燔舟，單舸夜奔揚州。行密見之，曰：‘君
在鎮，輕車重馬輸于賊，今敗乃歸我邪！’匡明亦謀奔淮南，子承
規諫曰：‘昔諸葛兄弟分仕二國，若適揚州，是自取疑也。’匡明謂
然，乃趨成都。《歐陽史》云：行密厚遇匡凝，其後行密死，楊渥
稍不禮之，渥方宴，食青梅，匡凝顧渥曰：‘勿多食，發小兒熱。’
諸將以爲慢。渥遷匡凝海陵，後爲徐温所殺。”見《新唐書》卷一
八六《趙匡凝傳》。《舊唐書·哀帝紀》天祐二年九月條：“辛酉，
楊師厚於襄州西六十里陰谷江口伐竹木爲浮梁。癸亥，梁成，引軍
渡江。甲子，趙匡凝率勁兵二萬，陣於江之湄。師厚一戰敗之，遂
乘勝躡之，陣於城下。是夜，匡凝挈其孥潰圍遁去。乙丑，師厚入

襄陽。丙寅，全忠繼至。壬申，匡凝牙將王建武遣押牙常質以荆南降。言權知荆南軍府事趙匡明今月十一日棄城上峽，奔蜀川。"同卷天祐三年六月甲申條："敕：'襄州近因趙匡凝作帥，請別立忠義軍額，既非往制，固是從權。忠義軍額宜停廢，依舊爲山南東道節度使。'"《宋本册府》卷一八七載唐天祐二年："九月甲子，師厚於陰谷江口造梁以濟師，趙凝率兵二萬振于江湄，師厚麾兵進擊，襄人大敗，殺萬餘衆。乙丑，趙凝焚其州，率親軍載輕舸沿漢而遁。"明本《册府》卷三四六《將帥部·佐命門七》："（天祐）二年八月，（梁）太祖討趙凝於襄陽，命師厚統前軍以進，趙凝嚴兵以備。師厚至穀城西童山，刊木造浮橋，引軍過漢水。一戰，趙凝敗散，携妻子沿漢遁去。翌日，表師厚爲山南東道節度留後，即令南討荆州留後趙明，亦棄軍上峽。"《新唐書》卷一〇《哀帝紀》天祐二年九月甲子條："朱全忠陷襄州，忠義軍節度使趙匡凝奔于淮南。"此事亦見《新五代史·梁太祖紀上》。《通鑑》卷二六五天祐二年："楊師厚攻下唐、鄧、復、郢、隨、均、房七州，朱全忠軍于漢北。九月，辛酉，命師厚作浮梁於陰谷口。癸亥，引兵渡漢。甲子，趙匡凝將兵二萬陳于漢濱，師厚與戰，大破之，遂傅其城下。是夕，匡凝焚府城，帥其族及麾下士沿漢奔廣陵。乙丑，師厚入襄陽；丙寅，全忠繼至。匡凝至廣陵，楊行密戲之曰：'君在鎮，歲以金帛輸全忠，今敗，乃歸我乎？'匡凝曰：'諸侯事天子，歲輸貢賦乃其職也，豈輸賊乎！今日歸公，正以不從賊故耳。'行密厚遇之。"

［9］"匡凝好聚書"至"悉以來獻"：《宋本册府》卷一九四《閏位部·崇儒門》："梁太祖開平元年十月，山南東道節度楊師厚進納趙凝東第書籍。先是，收復襄、漢，帝閱其圖書，至是命師厚進焉。"同書卷八一一《總録部·聚書門》："趙凝鎮襄州，凝好聚書，至數千卷。"

匡凝弟匡明，[1]字贊堯，幼以父貴，一子出身，爲江陵府文學。及壯，以軍功歷繡、峽二州刺史。[2]成汭之敗，其兄匡凝表爲荆南留後，未至鎮，而朗、陵之兵先據其城矣。[3]匡明領兵逐之，遂鎮于渚宮。[4]天祐二年秋，太祖既平襄州，遣楊師厚乘勝以趨荆門。匡明懼，乃舉族上峽奔蜀，[5]王建待以賓禮。[6]及建稱帝，用爲大理卿、工部尚書。[7]久之，卒于蜀。《永樂大典》卷一萬六千九百九十一。[8]

[1]匡凝弟匡明：《册府》爲避宋太祖趙匡胤諱作“趙明”。見明本《册府》卷四三八《將帥部·奔亡門》。

[2]繡：州名。治所在今廣西桂平市下灣鎮。　峽：州名。即硤州。治所在今湖北宜昌市夷陵區。

[3]陵：州名。治所在今四川仁壽縣。

[4]渚宮：地名。位於今湖北江陵縣。　“成汭之敗”至“遂鎮于渚宮”：《新五代史》卷六三《前蜀世家》：“荆南成汭死，襄州趙匡凝遣其弟匡明襲據之。”同書卷六九《南平世家》：“當唐之末，襄州趙匡凝襲破雷彦恭于荆南，以其弟匡明爲留後。”《新唐書》卷一〇《昭宗紀》天復三年（903）十月條：“忠義軍將趙匡明陷江陵，自稱留後。”

[5]蜀：五代十國之前蜀。

[6]王建：人名。許州舞陽（今河南舞陽縣）人。唐末軍閥、前蜀開國皇帝。傳見本書卷一三六、《新五代史》卷六三。　“天祐二年秋”至“王建待以賓禮”：《新五代史·南平世家》：“梁兵攻破襄州，匡凝奔于吳，匡明奔于蜀。”《通鑑》卷二六五天祐二年（905）九月丁卯條：“荆南節度使趙匡明帥衆二萬，棄城奔成都。”同年十一月壬申條：“趙匡明至成都，王建以客禮遇之。”

[7]大理卿：官名。爲大理寺長官。負責大理寺的具體事務，掌邦國折獄詳刑之事。從三品。　工部尚書：官名。尚書省工部主官。掌百工、屯田、山澤之政令。正三品。

[8]《大典》卷一六九九一"趙"字韻"姓氏（七）"事目。

張佶

張佶，不知何郡人也。[1]唐乾寧初，劉建鋒據湖南，[2]獨邵州不賓，[3]命都將馬殷討之，[4]期歲未尅，而建鋒爲部下所殺，軍亂，[5]鄰寇且至。是時，佶爲行軍司馬，[6]屬潭人謀帥，曰："張行軍即所奉也。"佶不得已而視事，旬日之間，威聲大振，寇亦解去。[7]乃謂將吏曰："佶才能不如馬公，況朝廷重藩，[8]非其人不可。"[9]因以牘召殷，[10]殷亦不疑，稟命而至。佶受拜謁禮畢，命升階讓殷爲帥，佶即趨下率衆抃賀。[11]乃自請率師代殷攻邵州，下之。[12]復爲行軍司馬，垂二十年。殷果立大勳，甚德佶。開平初，[13]殷表佶爲朗州永順軍節度使，[14]累加檢校太傅、同平章事。[15]乾化元年夏四月，卒于位。[16]詔贈侍中。[17]《永樂大典》卷六千三百五十。[18]

[1]張佶不知何郡人也：《輯本舊史》之案語："《九國志》：佶，京兆長安人。乾寧初（按，《九國志》實作'咸通初'），以明經中第，累遷宣州從事，復爲秦宗權行軍司馬。後與劉建峯（按，《九國志》實作'劉建鋒'，下引《九國志》同）據湖南，推建峯爲帥。"見《九國志》卷一一《張佶傳》。《通鑑》卷二五六光

啓二年（886）十二月條稱“長安人張佶爲宣州幕僚”。

[2]劉建鋒：人名。蔡州朗山（今河南確山縣）人。唐末軍閥。傳見《新唐書》卷一九〇。中華書局本沿《輯本舊史》作“劉建峯”，《輯本舊史》卷一三三《馬殷傳》、明本《册府》卷四〇九《將帥部·退讓門》同；《九國志·張佶傳》、《新唐書》卷一九〇《劉建鋒傳》、《通鑑》卷二五六、二五七作“劉建鋒”。《通鑑》卷二五六光啓二年十二月條載：“長安人張佶爲宣州幕僚，惡觀察使秦彥之爲人，棄官去；過蔡州，宗權留以爲行軍司馬。佶謂劉建鋒曰：‘秦公剛鷙而猜忌，亡無日矣，吾屬何以自免！’建鋒方自危，遂與佶善。”同書卷二五七光啓三年十一月辛未條載：“秦宗權遣其弟宗衡將兵萬人渡淮，與楊行密爭揚州，以孫儒爲副，張佶、劉建鋒、馬殷及宗權族弟彥暉皆從。”《新唐書·劉建鋒傳》：“劉建鋒字銳端，蔡州朗山人。”按，據“字銳端”，則“鋒”字是，故改。下文同改。　湖南：方鎮名。又稱武安軍。治所在潭州（今湖南長沙市）。

[3]邵州：州名。治所在今湖南邵陽市。

[4]都將：官名。唐、五代時節度使屬將。　馬殷：人名。許州鄢陵（今河南鄢陵縣）人。五代十國南楚開國君主。傳見本書卷一三三、《新五代史》卷六六。　命都將馬殷討之：明本《册府》卷四〇九作“命都將馬殷統步騎討之”。

[5]而建鋒爲部下所殺軍亂：明本《册府》卷四〇九作“而建峯爲其下所殺，州既亂”。《通鑑》卷二六〇乾寧三年（896）四月辛酉條後：“武安節度使劉建鋒既得志，嗜酒，不親政事。長直兵陳瞻妻美，建鋒私之，瞻袖鐵撾擊殺建鋒。”事亦見《新唐書·劉建鋒傳》。

[6]行軍司馬：官名。出征將領及節度使的屬官。掌軍籍符伍、號令印信，是藩鎮重要的軍政官員。

[7]“是時”至“寇亦解去”：《輯本舊史》之案語：“《九國志》：建峯將吏推佶爲帥，佶將入府，常所乘馬忽爾跬齧不止，正

中佶髀。佶謂將吏曰：'吾非汝主，當迎馬公爲之。'與《薛史》
異。《新唐書·劉建鋒傳》從《九國志》。"見《九國志·張佶傳》。
明本《册府》卷四〇九："時佶爲行軍司馬，潭人謀其帥曰：'張行
軍即所奉也。'衆以柄屬之，佶不得已，視事，擒戮亂首，部分軍
政，尋月間威世大振，寇亦解去。"《輯本舊史·馬殷傳》："頃之，
建峯爲部下所殺，潭人推行軍司馬張佶爲帥。"

[8]朝廷重藩：明本《册府》卷八一四《總録部·讓門》作
"明庭重藩"。

[9]非其人不可：明本《册府》卷四〇九作"非其人不可濫
取"。 "乃謂將吏曰"至"非其人不可"：《通鑑》卷二六〇乾寧
三年四月辛酉條後："諸將殺瞻，迎行軍司馬張佶爲留後。佶將入
府，馬忽踶齧，傷左髀。時馬殷攻邵州未下，佶謝諸將曰：'馬公
勇而有謀，寬厚樂善，吾所不及，真乃主也。'"《新唐書·劉建
鋒傳》："衆推張佶爲帥，佶固辭，馬踶傷佶左髀，下令曰：'吾非
而主。'"《輯本舊史·馬殷傳》："時殷方統兵攻邵州，佶曰：'吾
才不及馬殷。'"《新五代史》卷六六《楚世家》："軍中推行軍司
馬張佶爲帥，佶將入府，乘馬輒踶齧，傷佶髀。佶卧病，語諸將
曰：'吾非汝主也，馬公英勇，可共立之。'"

[10]因以牒召殷："殷"字原闕，據明本《册府》卷四〇九、
卷八一四補。

[11]抃（biàn）賀：拍手稱賀。 "因以牒召殷"至"率衆
抃賀"：《通鑑》卷二六〇乾寧三年四月辛酉條後："乃以牒召之。
殷猶豫未行，聽直軍將姚彥章説殷曰：'公與劉龍驤、張司馬，一
體之人也，今龍驤遇禍，司馬傷髀，天命人望，捨公尚誰屬哉！'
殷乃使親從都副指揮使李瓊留攻邵州，徑詣長沙。"《新唐書·劉建
鋒傳》："時馬殷攻邵州未克，於是遣人迎殷。磔瞻于市。"《輯本舊
史·馬殷傳》："即牒殷付以軍府事。殷自邵州旋軍，犒勞將士，誅
害建峯者數十人，自爲留後。"《新五代史·楚世家》："諸將乃共殺
瞻，磔其尸，遣姚彥章迎殷於邵州。殷至，佶乘肩輿入府，殷拜謁

於廷中，佶召殷上，乃率將吏下，北面再拜，以位與之，時乾寧三年也。"《通鑑》卷二六〇繫於五月。

[12] 乃自請率師代殷攻邵州下之：《通鑑》卷二六〇乾寧三年五月條："馬殷至長沙，張佶肩輿入府，坐受殷拜謁，已，乃命殷升聽事，以留後讓之，即趨下，帥將吏拜賀，復爲行軍司馬，代殷將兵攻邵州。"

[13] 開平：後梁太祖朱溫年號（907—911）。

[14] 朗州永順軍：方鎮名。治所在朗州（今湖南常德市）。開平初殷表佶爲朗州永順軍節度使：《輯本舊史·馬殷傳》："唐天復中，楊行密急攻江夏，杜洪求援於荊南，成汭舉舟師援之。時澧朗節度使雷彦恭乘汭出師，襲取荊州，載其寶貨，焚毁州城而去。彦恭東連行密，斷江、嶺行商之路，殷與高季興合勢攻彦恭於澧朗。數年，擒之，盡有其地，乃以張佶爲朗州節度使，由是兵力雄盛。"《新五代史·楚世家》："殷請升朗州爲永順軍，表張佶節度使。"

[15] 同平章事：官名。"同中書門下平章事"之簡稱。唐高宗以後，凡實際任宰相之職者，常在其本官後加同平章事的職銜。後成爲宰相專稱。或爲節度使加銜。後晉天福五年（940），升中書門下平章事爲正二品。

[16] 乾化：後梁太祖朱溫年號（911—912）。末帝朱友貞沿用（913—915）。 乾化元年夏四月卒于位：《輯本舊史》之案語："《九國志》：乾化初，移鎮桂林，卒于治所。"見《九國志·張佶傳》。

[17] 侍中：官名。秦始置。隋、唐前期爲門下省長官。唐後期多爲大臣加銜，不參與政務，實際職務由門下侍郎執行。正二品。

[18]《大典》卷六三五〇"張"字韻"姓氏（二〇）"事目。《九國志·張佶傳》末有具子張少敵事跡，錄之如下："子少敵，有武略，事殷爲軍校。希範襲位，遷永州刺史。天福中卒。"

雷滿

雷滿,[1]武陵洞蠻也。[2]始爲朗州小校,唐廣明初,[3]王仙芝焚劫江陵,[4]是時朝廷以高駢爲節度使,[5]駢擢滿爲裨將,以領蠻軍。駢移鎮淮南,復隸部曲,以悍獷趫健知名。中和初,[6]擅率部兵自廣陵逃歸于朗,[7]沿江恣殘暴,始爲荆人大患矣。率一歲中三四移,兵入其鄗,焚蕩驅掠而去。唐朝姑務息兵,即以澧朗節度使授之。[8]累官至檢校太傅、同平章事。[9]滿貪穢慘毒,蓋非人類。又嘗於府署瀦一深潭,構大亭於其上,每隣道使車經由,必召讌於中,且言:“此水府也,中有蛟龍,奇怪萬態,唯余能游焉。”或酒酣對客,即取筵中寶器亂擲於潭中,因自褫其衣,裸露其文身,遽躍入水底,徧取所擲寶器,戲弄於水面,久之方出,復整衣就座,其詭誕如此。

[1]雷滿:《輯本舊史》之案語:“《新唐書》:滿字秉仁。”見《新唐書》卷一八六《雷滿傳》。

[2]洞蠻:中國古代對南方少數民族的泛稱。

[3]廣明:唐僖宗李儇年號(880—881)。

[4]王仙芝:人名。濮州(今山東鄄城縣)人。唐末農民軍領袖。事見《舊唐書》卷一九下、《新唐書》卷九、《新唐書》卷二二五下。

[5]高駢:人名。幽州(今北京市)人。唐末軍閥。傳見《舊唐書》卷一八二、《新唐書》卷二二四下。

[6]中和:唐僖宗李儇年號(881—885)。

[7]廣陵:地名。位於今江蘇揚州市。

[8]澧朗：方鎮名。即武貞軍。治所在朗州（今湖南常德市）。

"始爲朗州小校"至"即以澧朗節度使授之"：《輯本舊史》之案語："《歐陽史》云：滿殺刺史崔翥，遂據朗州，請命于唐，昭宗以澧、朗爲武貞軍，拜滿節度使。《新唐書》則云：詔授朗州兵馬留後，俄進武貞軍節度使。與《薛史》微有互異。"見《新五代史》卷四一《雷滿傳》、《新唐書·雷滿傳》。《新五代史·雷滿傳》："唐廣明中，湖南饑，盜賊起，滿與同里人區景思、周岳等聚諸蠻數千，獵于大澤中，乃擊鮮釃酒，擇坐中豪者，補置伍長，號'土團軍'，諸蠻從之，推滿爲帥。是時，高駢鎮荆南，召滿隸麾下，使以蠻軍擊賊。駢徙淮南，滿從至廣陵，逃歸，殺刺史崔翥，遂據朗州，請命于唐。昭宗以澧、朗爲武貞軍，拜滿節度使。"《新唐書·雷滿傳》："時武陵諸蠻數叛，荆南節度使高駢擢滿爲裨將，將鎮蠻軍從駢淮南。逃歸，與里人區景思獵大澤中，嘯亡命少年千人，署伍長，自號'朗團軍'。推滿爲帥，景思爲司馬，襲州，殺刺史崔翥，詔授朗州兵馬留後。"《新五代史》與《新唐書》言及雷滿爲帥，時間異。《新唐書》卷九《僖宗紀》乾符六年（879）條："荆南將雷滿陷朗州，刺史崔翥死之。"《輯本舊史》卷一七《成汭傳》："初，澧、朗二州，本屬荆南，乾寧中，爲土豪雷滿所據。"亦見《新唐書》卷一九〇《成汭傳》、明本《册府》卷九三九《總録部·譏誚門》。明本《册府》卷三三八《宰輔部·貪黷門》："乾寧中，雷滿據澧、朗，自稱節度。"《通鑑》卷二五四中和元年（881）十二月條："初，高駢鎮荆南，補武陵蠻雷滿爲牙將，領蠻軍，從駢至淮南，逃歸，聚衆千人，襲朗州，殺刺史崔翥，詔以滿爲朗州留後。歲中，率三四引兵寇荆南，入其郛，焚掠而去，大爲荆人之患。"同書卷二五六光啓元年（885）正月庚申條："雷滿屢攻掠荆南，（陳）儒重賂以却之。淮南將張瓌、韓師德叛高駢，據復、岳二州，自稱刺史，儒請瓌攝行軍司馬，師德攝節度副使，將兵擊雷滿。"

[9]檢校太傅：《輯本舊史》之案語："《新唐書》作檢校太

尉。"見《新唐書·雷滿傳》。　累官至檢校太傅同平章事：《通鑑》卷二六一光化元年（898）七月條："秋，七月，加武貞節度使雷滿同平章事。"《舊唐書》卷二〇上《昭宗紀》光化三年七月戊申條："戊申，制以武貞軍節度、澧朗敍等州觀察處置等使、開府儀同三司、檢校司徒、同平章事、朗州刺史、上柱國、馮翊郡開國侯、食邑一千五百户雷滿檢校太保，封馮翊郡王，餘如故。"《宋本册府》卷一二九《帝王部·封建門》載"（光化）三年七月，封武貞節度使雷滿爲馮翊郡王"，明本則記於光化二年七月。

　　及死，子彦恭繼之，[1]蠻蜑狡獪，深有父風，爐墟落，榜舟楫，上下於南郡、武昌之間，[2]殆無人矣。[3]又與淮、蜀結連，阻絶王命。太祖詔湖南節度使馬殷、荆南節度使高季昌練精兵五千，[4]遣將倪可福統之，[5]下澧州，與潭兵合。先是，滿堙沅江，[6]以周其壘，門臨長橋，勢不可入。殷極其兵力，攻圍周歲，彦恭食盡兵敗，間使求救於淮夷。及淮軍來援，高季昌逆戰於治津馬頭岸，[7]大破之，俄而攻陷朗州，彦恭單棹遁去。[8]馬殷擒其弟彦雄及逆黨七人，[9]械送至闕，皆斬於汴橋下，[10]時開平二年十一月也。《永樂大典》卷二千七百三十一。[11]

　　[1]彦恭：人名。即雷彦恭。朗州武陵（今湖南常德市）洞蠻後裔，雷滿之子，唐末軍閥。事見《新唐書》卷一八六及本書本卷、卷一三三。　及死子彦恭繼之：《輯本舊史》之案語："《新唐書》：滿以天復元年卒，子彦威自立，弟彦恭結忠義節度使趙匡凝以逐彦威。"見《新唐書》卷一八六《雷滿傳》。《新唐書》卷一〇《昭宗紀》天復元年是歲條："武貞軍節度使雷滿卒，其子彦威自稱

留後。”《新五代史》卷四一《雷滿傳》：“天祐中，滿卒，子彥恭自立。”《通鑑》卷二六二天復元年（901）十二月戊戌條後：“武貞節度使雷滿薨，子彥威自稱留後。”

[2]南郡：地名。荆州別稱。

[3]“蠻蜑狡獪”至“殆無人矣”：亦見明本《册府》卷四四八《將帥部·殘酷門》。

[4]高季昌：人名。陝州硤石（今河南三門峽市陝州區）人。五代十國南平開國君主。傳見本書卷一三三、《新五代史》卷六九。

[5]倪可福：人名。籍貫不詳。朱温部將。事見本書本卷。

[6]沅江：水名。源出今貴州東南雲霧山，流經湖南，至漢壽縣注入洞庭湖。

[7]馬頭：渡口名。沅江渡口。今地不詳。

[8]彥恭單棹遁去：《輯本舊史》之案語：“《通鑑考異》引《梁太祖實録》云：‘彥恭没溺于江。’《通鑑》從《紀年録》作奔廣陵。《歐陽史》與《通鑑》同。”事繫於《通鑑》卷二六六開平二年（908）五月壬辰條後：“雷彥恭引沅江環朗州以自守，秦彥暉頓兵月餘不戰，彥恭守備稍懈；彥暉使裨將曹德昌帥壯士夜入自水竇，内外舉火相應，城中驚亂，彥暉鼓譟壞門而入，彥恭輕舟奔廣陵。彥暉虜其弟彥雄，送于大梁。淮南以彥恭爲節度副使。先是，澧州刺史向瓌與彥恭相表裏，至是亦降於楚，楚始得澧、朗二州。”雷滿與馬殷有隙，事繫於《輯本舊史》卷一八《李振傳》：“湖南馬殷爲朗州雷滿所逼，振奉命馳往和解，殷、滿皆禀命。”亦見《宋本册府》卷六五二《奉使部·達王命門》。

[9]彥雄：人名。即雷彥雄。朗州武陵（今湖南常德市）洞蠻後裔，雷滿之子。事見本書本卷。

[10]汴橋：橋名。位於今河南開封市。

[11]《大典》卷二七三一“雷”字韻“姓氏”事目。

　　史臣曰：成汭、鍾、杜、田、朱之流，皆因否運，雄據大藩，雖無濟代之勞，且有勤王之節，功雖不就，志亦可嘉，若較其誠明，則田頵、延壽斯爲優矣。匡凝一門昆仲，千里江山，失守藩垣，不克負荷，斯乃劉景升之子之徒歟！[1]張佶有讓帥之賢，雷滿辱俾侯之寄，優劣可知矣。《永樂大典》卷二千七百三十一。[2]

　　[1]劉景升：人名。即劉表，字景升。山陽高平（今山東微山縣）人。東漢末年軍閥。傳見《後漢書》卷七四下、《三國志》卷六。

　　[2]《大典》卷二七三一“雷”字韻“姓氏”事目。